高等教育旅游类专业应用技术型人才培养精品规划教材

旅游文化

汪东亮　胡世伟　主　编
陆依依　冯　斌　副主编

清华大学出版社
北京

内 容 简 介

本教材从理论上梳理了近年来中国旅游界对"旅游文化"诸课题的研究,并针对旅游文化的构成内容展开具体介绍,同时也对有关文化资源的利用提出相关开发建议和对策。本教材注重培养学生的理论与实践能力,内容丰富,图文结合,每章配有引导案例、学习导航和教学建议,有的章节还配有知识链接、案例和实训项目,既方便学生的学习,又方便教师的课堂教学。本教材以高等、高职院校旅游管理专业旅游文化课程教学使用作为编写目标,也可作为旅游职业培训、学历教育、自学考试的教材。

图书在版编目(CIP)数据

旅游文化/汪东亮,胡世伟主编.--北京:清华大学出版社,2016(2022.8 重印)
高等教育旅游类专业应用技术型人才培养精品规划教材
ISBN 978-7-302-44589-0

Ⅰ. ①旅… Ⅱ. ①汪… ②胡… Ⅲ. ①旅游文化—高等学校—教材 Ⅳ. ①F590

中国版本图书馆 CIP 数据核字(2016)第 175379 号

责任编辑:王宏琴
封面设计:常雪影
责任校对:李 梅
责任印制:宋 林

出版发行:清华大学出版社
      网　　址:http://www.tup.com.cn,http://www.wqbook.com
      地　　址:北京清华大学学研大厦 A 座　　　　邮　编:100084
      社 总 机:010-83470000　　　　　　　　　邮　购:010-62786544
      投稿与读者服务:010-62776969,c-service@tup.tsinghua.edu.cn
      质量反馈:010-62772015,zhiliang@tup.tsinghua.edu.cn
      课件下载:http://www.tup.com.cn,010-83470410
印 装 者:三河市龙大印装有限公司
经　　销:全国新华书店
开　　本:185mm×260mm　　　印　张:16.5　　　字　数:377 千字
版　　次:2016 年 8 月第 1 版　　　印　次:2022 年 8 月第 7 次印刷
定　　价:49.00 元

产品编号:064270-02

前　言

　　旅游业作为一种文化性很强的经济产业,无论是作为旅游者还是作为旅游从业人员,学习和掌握旅游地的文化都是极为重要的。对于旅游者而言,了解旅游地文化可以了解异国情调、游览他乡风物、体验异地文化;对于旅游从业人员而言,可以从文化的视角分析、研究和开发利用旅游资源,发展旅游产业。由此可见,《旅游文化》既是旅游专业人士的必读之书,也是广大旅游爱好者了解异域文化加深旅游体验的参考书目。

　　本书从理论上梳理了近年来中国旅游界对"旅游文化"诸课题的研究,并针对旅游文化的构成内容展开具体介绍,同时也对有关文化资源的利用提出相关开发建议和对策。与其他同类型的书相比,本书具有以下几个方面的特点。

　　一是本书注重培养学生的理论与实践能力。将全书的十二章内容分成三大模块,循序渐进地逐一介绍理论模块、内涵模块和开发利用实务模块,让学习者深入浅出地学习和掌握相关理论和鲜活的文化要素内涵。

　　二是本书编写图文结合,内容丰富。针对文化形式的多样性,单一的文字表述可能无法全面展现文化内涵。教材编写过程中注重图文结合的方式,不仅通过文字对各种文化形式加以详述,同时配以代表性的图片,提升学习者的直观感受,激发学习者的兴趣。

　　三是每章配有引导案例、学习导航和教学建议,同时配合大量的知识链接和案例,既方便学生的学习,又方便教师的课堂教学。

　　四是注重学生自我学习和分析能力的培养。本书每章根据章节内容设定操作性较强的实训项目环节,加强学生自我学习和分析能力;此外,本书还配备相关练习题库,以加强学生对相关知识点的理解和巩固。

　　本书由汪东亮、胡世伟负责全面规划和统稿,具体分工为:胡世伟(成都理工大学工程技术学院)撰写第一章、第四章、第九章,汪东亮(成都理工大学工程技术学院)撰写第五章、第六章,陆依依(云南农业大学)撰写第三章、第七章,冯斌(云南师范大学)撰写第二章、第八章,王舒(成都理工大学工程技术学院)撰写第十一章,敖源岭(成都理工大学工程技术学院)撰写第十章。

　　本书以应用型本科、高等专科、高等职业院校旅游管理专业旅游文化课程教学使用作为编写目标,也可作为旅游职业培训、学历教育、自学考试的教材,同时对旅游管理专业的研究生、政府旅游管理部门、旅游企业相关管理和工作人员亦具有参考价值。

　　本书在编写中参考了众多专家学者的论著，参考和借鉴了一些网络教学资源，在此，对相关作者一并表示诚挚的感谢。由于作者水平有限，书中疏漏及不足之处敬请读者朋友批评指正。

编　者

2016 年 6 月

目 录

上篇 旅游文化理论知识

中篇 旅游文化的构成

下篇　旅游文化资源的开发与利用

上篇

旅游文化理论知识

上篇

旅游文化的理论研究

第一章

旅游文化的概念、结构和研究内容

【引导案例】

旅游胜地斯特拉斯堡①

法国著名的旅游城市斯特拉斯堡,它没有巴黎那样富丽堂皇的凡尔赛宫,也没有以收藏美术珍品而闻名于世的卢浮宫,但是城市里却充满了浓厚的生活和文化气息。斯特拉斯堡博物馆繁多,有考古、历史、装饰艺术、美术、圣母院、民间艺术等各类博物馆。城市以各时期的建筑为主线,构成了一个耐人寻味的旅游风景点,显示出文化旅游城市的特征。城市还有一个歌剧院,二十几个剧院、露天剧场、爵士乐舞厅和众多的流行音乐厅以及各式各样免费的露天音乐活动、诗歌活动和定期的书市等。如此丰富的多元化设施营造了斯特拉斯堡浓郁的文化旅游情调,每年吸引了大量的游客到此观光旅游。

问题讨论:讨论一下,斯特拉斯堡吸引游客的秘诀在哪里?

分析参考:通过资料,我们可以了解到虽然斯特拉斯堡没有像巴黎那样拥有举世闻名的宫殿和博物馆,但不可否认的是这座城市的人文气息却一点也不逊色于巴黎。众多诸如考古、历史、装饰艺术、美术、圣母院、民间艺术等类型的博物馆,以及遍布城市的歌剧院、露天剧场、爵士乐舞厅和众多的流行音乐厅以及各式各样的免费的露天音乐活动、诗歌活动和定期的书市等,这些无疑会为每一个到访的旅游者提供丰富多彩的体验空间。

其实,现代旅游活动归根结底是一种文化内涵的追溯,无论是传统的历史文化还是比较新潮的物质消费文化,都为众多旅游者提供了更为广泛的需求空间。而这一特点也造就了现代旅游研究新的热点话题,越来越多的旅游景区开发围绕着挖掘地区文化,形成文化名片效应,不仅取得了良好的经济效益,同时也带动了本土文化的传承和发展,综合社会效益也日趋显著。

---

① 北京大地风景旅游咨询. 现代文化旅游资源的开发模式探析及经典案例. http://blog. tianya. cn/blogger/post_read. asp? BlogID=3516811&PostID=40889824.

【学习导航】

　　通过学习本章,学生可掌握旅游文化的概念,熟悉旅游文化的结构和特征,理解和掌握旅游文化的研究内容,从而明确学习旅游文化的意义,为旅游文化等领域的研究夯实理论基础。

【教学建议】

　　通过案例,引导学生关注周边发生的旅游文化现象,讲授过程中可注重对旅游文化概念的阐释,让学生理解和掌握旅游文化的结构体系以及研究的主要范畴。

第一节　旅游文化的概念界定

　　旅游文化是文化的一个分支,也是社会文化的一个重要侧面。旅游文化学研究必然要建立在对普通文化学的分析研究基础之上。我们在探讨旅游文化之前,必须首先对文化的一般性问题进行探讨,通过对文化的概念、结构和特征等的分析,为下一步深入探讨旅游文化的概念与特征奠定理论基础。

一、文化的概念

(一) 文化的定义

　　准确把握文化的概念十分必要,人类从原始野蛮时期到古代、近代直至现代文明依赖于文化的进步,人类自身的成长和完善靠文化教化,人类的生产和生活行为要借助于文化包装。可以说,人类自身的存在价值和生存意义与文化之间的脐带联结是无法割舍的。

　　文化的概念内涵博大精深,文化被看作一种人类文明抽象的结构。文化是人类的产物,是人类认识和实践活动的结果,是人类智慧和实践创造能力的结晶。文化的本质是一种精神性的东西,它既体现在人们的精神活动和行为活动中,也体现在人们创造的各种精神产品和物质产品中。

　　"文化"是一个总括性的概念,学术界一般都认同将文化进行广义和狭义之分。所谓广义的文化,泛指人类创造活动及其成果的总和,是人类社会历史发展过程中物质创造和精神创造及其成果的总和。所谓狭义的文化,专指人类的精神创造及其成果。

(二) 文化的结构和类型

1. 文化的要素及结构

　　文化是作为人类社会文明系统而存在的。任何一种文化都是由多种要素按照一定方式或结构组成的有机整体。

从广义的文化概念角度出发,每一种文化都有三个方面的要素,或者说具有三个不同层面的内容。

一是文化的物质要素,也是文化的物质实体层面,一般称为物质文化,包括生产工具、生活用具以及其他各种物质产品。

二是文化的行为要素,也是文化的行为方式,一般称为行为文化,包括行为规范、风俗习惯、生活制度等。

三是文化的心理要素,也是文化的精神观念层面,一般称为精神文化,包括思维方式、思想观点、价值观念、审美标准与情趣、宗教信仰、民族性格等。

在社会文化的内容层次结构体系之中,精神文化是最内层的,所以称为内在文化;而处于中层的行为文化和外层的物质文化,则统称为外在文化。

2. 文化的等级序列

按文化要素的大小形态,文化的等级序列由小到大依次分为文化特质、文化丛、文化模式和文化区。

3. 文化的不同分类

在文化的应用及研究中,可将文化分为主文化和亚文化、雅文化和俗文化、文化和反文化等概念范畴。

(三) 文化的基本特征

1. 地域性

文化的地域性即文化的地域差异性,或称文化的地方性。文化的地域差异性,不仅表现在东西方文化存在极大的差异,就是在一个国家内部,文化的差异也是极易被感知的。我国古代就有"五里不同风,十里不同俗"之说。社会文化的地域性差异是旅游活动产生和发展的原因之一。

2. 民族性

世界上有许许多多的不同民族,而每个民族都有自己的文化传统,从而使其与其他民族区别开来,这就是文化的民族性。每个民族都生活在特定的自然和社会环境中,不同的环境造就了不同的生产和生活方式,形成了不同的语言、文字、艺术、道德、风俗习惯及物质成果等,构成了不同的民族文化。

民族文化一经形成,就会成为稳定性的因素沉淀于一个民族之中,从而成为一个民族强有力的黏合剂和内聚力。比如,分布于世界各地的华人社区长期保留着炎黄文化的优良传统。文化的民族性影响着人类行为活动的各个方面,也是旅游活动产生的直接诱因。

3. 时代性

文化既是在特定的空间中产生和发展起来的,也是在特定的时间内创造与生长的。在不同的社会历史发展阶段,文化的内容和功能是不同的。文化具有鲜明的社会时代性,可以说人类文化时代进化的不同层次,是构成世界文明多样性的原因之一。同时,文化的时代性也是旅游活动产生和发展的原因之一。

中国文化按时代可以分为原始文化、传统文化和现代文化。传统文化是中华民族的历代先人已经创造的物质文化和精神文化,它是一种有别于当代人主体的、凝固了的历史既定存在,具有认识价值和审美价值,是宝贵的历史文化遗产。

中国传统文化中的古代神话传说、古代巫术、诸子百家、古代典籍、汉赋唐诗宋词元曲明清小说、琴棋书画、中华武术、杂技、养生秘诀以及万里长城、故宫、秦始皇陵及兵马俑坑、北京天坛、曲阜"三孔"、武当山古建筑群、丽江古城、洛阳龙门石窟、清东陵和清西陵等举世瞩目的世界文化遗产均可形成颇具魅力、美不胜收的人文景观。

现代文化则是社会主义物质文明和精神文明建设的新成就以及社会风情等。如现代都市风貌与特色小城镇,现代教育、科学、文化、体育、卫生等现象和设施,现代田园生态农业、高新科技工业、伟大工程景观等。

无论是传统文化,还是现代文化,均可构成颇具吸引力的旅游景观。

4. 继承性和变异性

文化的继承性是指一种文化一旦形成,便会在特定的人群中世代相传,使文化得以保存并流传下来,且具有一定的稳定性。文化的变异性是指人类在继承的同时,又在新的历史条件下从事新的文化创造,并且文化交流也以更快的速度推动着文化的变迁。

二、旅游文化的定义

旅游文化是旅游学的基本概念之一,是旅游学研究的重要内容。但在旅游学理论中,"旅游文化"到底指的是什么?它都包含哪些内容?长期以来,人们对此的认识一直比较模糊,没有形成统一的认识。因此,无论是在理论界还是在实业界,"旅游文化"和"文化旅游"这两个概念常常被混为一谈,或者被不恰当地使用。这两个概念在某些词条下各有所指,而在很多情况下,它们又被用来指称同一类事情。在研究界,这种混淆也一直存在,有些论文标题为论述"文化旅游",文章内出现的词语却是"旅游文化";而许多文章标题上冠以论述"旅游文化",主体内容却是论述"文化旅游"资源开发问题。马波在研究中也发现,许多以旅游文化为题的著作、论文,其实只是研究人文旅游资源的形成和特性,无形中将旅游文化等同于一般社会文化。

我们先来区别一下"旅游文化"和"文化旅游"的侧重点和研究重点以及二者的学科归属,再在此基础上,对"旅游文化"的概念和内涵作一些分析。

(1) 二者的侧重点不同。"旅游文化"是以"旅游"为限定词,"文化"为核心词,侧重点在"文化",是文化范畴的一部分。广义的旅游文化包括了文化在旅游中各方面、各层次的体现,也指旅游与文化的所有关系。这是一个非常宽泛的概念,类似于"旅游与文化的关系"。我国目前对于旅游文化的理解和西方对旅游社会学、文化人类学等的研究属于此类。狭义的旅游文化是指由旅游者活动而引起的文化现象。而"文化旅游"却以"旅游"为核心词,"文化"为限定词,侧重点在"旅游"上,是旅游活动和旅游产品中的一个重要类别,是宽泛旅游文化概念系统中的一部分。

(2) 二者的研究重点不同。"旅游文化"研究在广义层面上关注的重心是旅游活动的基础理论,诸如旅游活动的属性、特征、影响等问题;在狭义层面上关注旅游业和旅游活动中的文化。而"文化旅游"研究的重心则是旅游活动的对象物：旅游产品的开发和经营管理问题，以及文化旅游活动的特点、管理体制、文化旅游市场的需求特征问题等。二者的学科归属也不同。按照我国目前的学科划分体系，"旅游文化"主体属于旅游社会学、心理学、伦理学的研究范畴（我国并没有一个笼统的"文化学"学科），部分属于管理学范畴；而"文化旅游"主体属于旅游管理学和旅游开发规划学共同的研究范畴，从西方学术界对于学科的划分体系看，"旅游文化"主要属于基础学科，而"文化旅游"属于应用学科。

进行了"旅游文化"和"文化旅游"的区别和界定，我们来试着分析一下"旅游文化"的概念和内涵。

众所周知，旅游文化实际上是由客源文化、东道主文化和服务文化三种文化综合而成的，这种综合过程必须在旅游过程中才能得以实现，即旅游文化是在旅游活动和为旅游活动提供服务的过程中产生的。因此，我们可以给旅游文化下这样的定义：旅游文化是以旅游活动为核心而形成的文化现象和文化关系的总和。这一定义包含以下几个含义。

1. 旅游活动是旅游文化产生的前提

旅游文化的产生和发展是与旅游活动的产生和发展同步的，没有旅游活动，也就不会产生旅游文化。或者说，旅游文化是在旅游的过程中产生和发展起来的。当然，旅游文化的内容是复杂而广泛的，它不仅仅是旅游者在旅游过程中的文化表现和文化影响，还包括了为旅游者提供产品和服务的资源文化和服务文化的内容。因此，旅游文化是以旅游活动为核心而形成的。

2. 旅游活动本身就是一种文化现象

如前所述，从本质和功能上说，旅游活动本身具有文化属性。虽然它必须以支付必要的花费为前提——以经济形式表现出来，但从本质上说，"旅游者在旅游过程中所追求的是文化享受"，经济在旅游活动中仅仅是起保障作用，"文化和精神享受才是主要目的"，"旅游的主旨和内涵，主要是文化"。因此，旅游活动实际上是一种以一定的经济支出为前提的文化行为。

3. 旅游文化是一种融合文化，具有综合性

旅游文化是由客源文化、东道主文化和服务文化的交流、融合而形成的一种独立的文化形态。这种独立文化的主体包括两部分人：一是旅游者，他们是客源文化的载体；二是旅游目的地的从业人员及其他与旅游者有直接或间接接触的目的地接待人员和工作人员，他们是东道主文化和服务文化的载体。二者在旅游或为旅游者提供服务的过程中发生关系，共同促进了文化的交流，创造了旅游文化。

因此，无论是从旅游文化的内容，还是从旅游文化的形成过程来看，它都具有综合性的特征。

4. 旅游文化是一种冲突文化，具有矛盾性

旅游文化是在不同文化的冲突中产生的，而且即使是在旅游文化内部也同样存在着矛盾冲突。旅游者来自不同的地区和民族，其思想观念、生活习俗和行为规范等都必然带有其民族特色。在旅游过程中,他们虽然可以在一定程度上接受东道主社会的某些习俗和行为规范,但从根本上说他们不可能真正完全脱离自己的传统文化习惯,实际上他们总是倾向于用自己的标准来判断所接触、观察到的各种文化现象,把与自己的价值观相矛盾的习惯和信仰视为不开化和野蛮,而赞扬和接受与自己的价值观相吻合的习惯和信仰。因此,旅游者及其自身的文化是不可能完全融入东道主社会中去的,他们在东道主社会永远是一个相对独立的群体。同时,为尊重他们的民族习惯,满足他们的不同要求,东道主社会——即使是最落后、最贫穷的接待地也要建设一定的适应外来旅游者要求或国际标准的接待设施。这样的设施,可以向旅游者提供他们所熟悉的环境,不降低他们的生活水准。在服务方面也要求标准化,并与旅游者的需求保持一致和相似。这样一来,就逐渐地使旅游系统从该国或该地区的社会和自然生活中脱离出来,形成了一个独立的阶层——旅游业从业人员阶层。这部分人由于长期在特殊的环境里工作,逐渐形成了不同于当地社会的行为规范,如有较超前的意识、见多识广、注重仪容仪表、因有较高的收入而追求高消费等,都会与当地的生活习惯形成很大的反差,从而使他们成为当地社会中的一个特殊群体,并产生与当地传统文化习惯的冲突。

在旅游文化的主体内部也存在矛盾和冲突,这主要表现在服务与被服务的关系中。旅游文化主体内部的两部分人——旅游者和旅游服务人员,他们分别来自不同的国别和民族,有不同的文化背景和价值观念,虽然由于国际旅游业的发展已形成了一些国际通行的惯例,但来自不同文化背景的人对此的认识会有很大的差异,东道主社会的物质文化也会与客源地有很多不同,这就必然导致旅游活动中两个主体之间围绕服务、被服务的关系而产生一定的矛盾和冲突,从而波及旅游文化的各个方面。

5. 旅游文化因主体的背景而异,具有多样性

旅游者来自世界各地,分属于不同的文化区域。同时,他们的足迹又踏遍地球的每一个角落,与各种不同的东道主文化相融合。因此,虽然说旅游文化在空间上存在于整个人类社会,但不同区域的旅游文化却有着不同的表现和特征。同时,由于旅游文化有着不同的主体,而且不同的主体在旅游文化中所扮演的角色不同。因此,通过不同主体表现出来的旅游文化也有较大的差异性,这些情况都体现了旅游文化的多样性特征。

6. 资源文化是旅游文化的重要内容

资源文化作为东道主文化的重要组成部分成为旅游文化直接的内容。这与通过旅游者和旅游就业人员体现出来的旅游文化有所不同,后者是在旅游过程中通过服务与被服务以及旅游过程本身体现出来的,而资源文化却是在旅游开发的过程中被挖掘、整理、建设而显现出来的。其中,自然旅游资源的文化特征主要体现为艺术性和美学价值,人文旅游资源则体现着接待地的传统文化和人文精神,反映着东道主文化的区域性,对旅游者最能起到文化的诱导作用,也是东道主文化与客源地文化交流与融合的重要内容。

人文旅游资源的文化特征既与东道主社会或接待地的区域性和民族性有关,也与资源的种类有关。例如同样是民俗资源,但在不同地区却有不同的表现。以我国的春节为例,北方的过节习俗与南方特别是南方少数民族的过节习俗就有很大的不同。再如园林艺术,我国的江南园林与北方园林无论在结构布局上,还是在艺术特征上都有很大的差别,这既取决于民族的差异,也取决于地区的不同。而不同种类的旅游资源在文化内涵上的差异更大,如上述的园林资源,江南园林体现的是江南人富于浪漫的人生情调和文化品位,将世间美景都集中于自己的园内,守着自己的妻儿老小,时而学着陶渊明的样子把酒东篱下、醉卧菊丛中,何其风雅。而宗教旅游资源则不同,无论是深邃、幽暗的殿堂,还是深沉、悠扬的经声佛号,都能给人以超脱凡世的感觉。济南千佛山兴国禅寺院门两侧有一副著名的对联——"暮鼓晨钟惊醒世间名利客,经声佛号唤回苦海梦迷人",其诱导人们超俗遁世的喻义十分明显。

总之,旅游文化作为一种独立的文化形态,它既是一种文化现象,也是一种文化关系;既是一种融合文化,具有综合性,也是一种冲突文化,具有矛盾性,是在旅游和在为旅游提供服务的过程中形成的各种文化现象和文化关系的总和。

第二节　旅游文化的结构

一、旅游文化结构

学术界对于旅游文化的结构目前还存在诸多不同的见解,具体而言,主要有以下几种观点。

(一) 以文化构成为中心的结构

一些学者直接套用文化的结构模式,将旅游文化分为物质文化、制度文化和精神文化。

1. 旅游物质文化

旅游物质文化也称为旅游文化的物质层面,指的是蕴藏丰富文化意义的自然景观和人文景观,及其附加的必要的游乐设施,以及为旅游者提供服务的交通工具、饭店、餐馆和其他设备等。

2. 旅游制度文化

旅游制度文化也称为旅游文化的制度层面,指的是旅游文化主体所处国家的管理部门或有影响的旅游组织以及大型旅游企业所制定的各种法规、制度及相关的企业管理规则等。

3. 旅游精神文化

旅游精神文化也称为旅游文化的精神层面,指的是旅游活动以及旅游业经营管理中反映出的特定文化心理、价值观和思维方式等观念形态。

旅游文化作为文化大系统中的一个子系统,其产生与发展必然建立在一般文化的基础之上。持此观点的学者们认为,旅游文化的物质、制度和精神三大层面要素是相互交织和渗透的,一起共同组成旅游文化这一不同形态特质的复合体。

(二) 以要素为核心的结构

卢云亭先生从旅游的三大基本要素出发,将旅游文化分为旅游主体文化、旅游客体文化和旅游介体文化。

1. 旅游主体文化

旅游主体文化包括旅游者自身的文化素质、兴趣爱好、性格心理、行为方式及其政治主张、思想和信仰,以及他们的职业和生活背景等。

2. 旅游客体文化

旅游客体文化包括旅游历史文化、旅游宗教文化、旅游建筑文化、旅游园林文化、旅游饮食文化、旅游民俗文化、旅游文学、旅游艺术文化等。

3. 旅游介体文化

旅游介体文化包括旅游餐饮文化、旅游商品文化、旅游服务文化、旅游管理文化、旅游政策法规,以及其他旅游中介文化。

(三) 以地域区分的结构

旅游文化以其整体性著称,但在统一性的基础之上,各地区又显示出独特的差异性。以中国古代旅游文化为例,就有齐鲁旅游文化、三晋旅游文化、关陇旅游文化、吴越旅游文化、荆楚旅游文化、巴蜀旅游文化和岭南旅游文化等地域结构。

(四) 以内容为核心的结构

旅游活动是文化性很强的活动,内涵十分丰富。按照旅游活动中的食、住、行、游、购、娱等内容,旅游文化可分为旅游饮食文化、旅游服务文化、旅游园林建筑文化、旅游娱乐文化、旅游宗教文化等。

(五) 以主体为核心的结构

马波先生从旅游文化的两个主体和旅游交换的过程角度,把旅游文化分为旅游消费文化和旅游经营文化两大块。前者是以旅游者为主体的文化,又细分为旅游消费行为文化和旅游审美文化;后者是旅游经营者(旅游从业人员)所反映或创造的文化,又细分为旅游产品经营文化、旅游企业经营文化和旅游目的地经营文化。

本书对于旅游文化构成的界定,主要还是借鉴卢云亭先生的观点,即旅游主体文化、旅游客体文化和旅游介体文化三大要素,完整而又清晰地构建了旅游活动过程中各种旅游物质和要素所引发的旅游文化现象。

二、旅游文化的特征

纵观旅游发展史,虽然各个时期都有其独特的表现形式,但在本质上却有许多共同之处,即旅游者在旅游活动中所追求的文化享受。文化,作为旅游的灵魂,始终蕴含在旅游活动中,表现出极大的魅力。广义的文化,是指人们在生产和生活中创造出来的物质财富和精神财富的总和,是人类区别于动物的根本标志。文化有很强的民族性和发展性,任何民族都有自己的文化,它们的地域性决定了文化的差异性。但是,地域文化在发展过程中,必然相互联系、相互交流,而人类的旅游活动,就是各种文化相互交流、相互结合的运动。

(一) 综合性

基于旅游活动是社会环境中多种文化现象的综合反映,旅游文化的综合性可以分为旅游文化主体成分、动机的复杂性,旅游文化客体形态、价值取向的多样性,旅游文化媒体形态、分布的广泛性。

1. 旅游文化主体成分、动机的复杂性

社会的人是旅游文化的主体,他们不同的年龄、信仰、职业、种族、情趣、习俗等都会制约和影响其各自对旅游文化的接受、重温、加工与创造。作为旅游文化的主导性因素,各种成分的旅游文化主体使旅游文化带有驳杂的、内部不断运动整合的特征。旅游文化主体参与此类活动的文化消费,由此也具有丰富多彩、需求多样的特征。

2. 旅游文化客体形态、价值取向的多样性

旅游文化客体,有作为物质形态的山水名胜、城乡景观,也有凝结在人文景观之中的文化精神和民俗积存;既有历时性的古代、近现代文化的印记,又有共时性的当地、外域不同空间范围的文化因子;还有特定的宗教、哲学、政治、经济等其他文化分支的渗透影响,从而使旅游文化客体成为可供满足旅游者多种文化需求、多种混合旅游动机的对象。不论是求知、求新、求美、求险、求舒适、求消遣、求放纵、求健康等,都可以在这多重多维组构、几乎无所不包的旅游文化客体中找到自己人格对象化的满足,从而寻找到日常居家生活所没有或不可能有的新鲜感和愉悦感。

3. 旅游文化媒体形态、分布的广泛性

旅游文化媒体发展到现代,已具有服务于旅游主体食、行、游、住、购、娱等方方面面的设施和人员。其提供的旅游产品和各类服务,已使旅游资源得到较为全面与充分的开发。诸如旅行社、旅游中心设立的旅馆、饭店、商店、交通运输机构、娱乐场所以及旅游纪念品生产销售场所,都日趋与特定旅游景点和地区风物、民俗风情等相结合,带有特定的丰富文化内涵。

由上可见,现代旅游文化是一项以文化交流、文化消费为基础,涉及社会各类成员,包括多种形态的旅游客体又依赖于日益丰富的旅游媒体的综合性大众文化。

(二) 民族性

旅游文化不仅涉及某一民族文化的方方面面,还起着各民族文化间接触交流的不可替代的纽带作用,它的民族性是不应忽视的。

民族个性是旅游文化的精髓,浓郁的民族个性交织在旅游文化各个层面中,它应当得到突出和强化。旅游景点的设置建设要注意发掘民族的个性特长,相关旅游从业人员要熟悉了解该民族的历史。旅游活动中作为媒介的其他各类服务也不必去盲目照搬别的民族,而要突出本民族的特色,从而用民族文化的独特性来尽可能地吸引主体对文化殊异性的追求。

(三) 大众性

大众性是参加旅游活动的人数之多、层次之广及其现代旅游文化特质的一种说明。

其集中体现了旅游文化价值不受地域、阶层、人种限制的"超文化"意趣。大众性,与旅游文化的综合性有关,客体的多重"共同美"质素刺激并满足了主体多种多样的旅游动机。

(四) 地域性

作为文化复合体的旅游文化,是众多特定地理范围空间的文化产物,不论是历史传承还是空间移动和扩散,都离不开特定的地域。尽管从历史上看,人的地域行为之历史过程可远溯至游牧生活时代,地域行为深深地扎根于人类的进化史中,人们喜爱并且不愿离开自己及本种族生活的地域;但现代旅游文化却坚信:"只有当人们对他所居住的环境以外的事物产生广泛的兴趣时,只有出于他本身的意愿去注重与陌生而新鲜的事物建立联系,并能估价和享受它们时,才有可能性。"因而,注意在旅游文化的地域性上做文章是相当重要的。

(五) 直观性

直观性是指旅游客体对象直接作用于主体的视听感知,这也是旅游所具有的新奇、感人的永恒魅力之一。唯其如此,旅游主体才切实得到了在原有空间中没有得到的新鲜感受。

(六) 传承性

传承性是从纵向、时间角度而言,与旅游文化地域性的横向、空间角度相对应。任何文化景观都是人类文化长期历史演变的结果。文化沉积,也说明了旅游文化有自身的文化层,是逐渐演变进化而来的。旅游文化的传承性,可以说体现在物质层面上的、制度层面上的和观念层面上的都有。

旅游文化的传承性虽不全以人的意志为转移,但是,在现代旅游文化观念支配下的人类,却应该并且能够摆正对传统的态度,兴利除弊,推陈出新,在对各种旅游文化要素的选择、吸纳与加工融合中,继承人类各民族的精华,从而开拓旅游文化的新视野。

(七) 自娱自教性

旅游文化,对于它的主体——旅游者来说,从本质上讲是一种和谐欢乐的文化,是一种满足人类的求新奇、求愉悦、求享乐本能的文化。其为参与者带来的情感体验,基调是乐观积极的,以至学术界长时期对旅游和娱乐区分不清。可见,旅游对人的身心陶冶有难以替代的自教自娱性。

(八) 季节性

旅游文化的季节性,以旅游资源的地理分布和旅游主体好尚为基础,在现代旅游中表现较为突出。一般来说,表现在旅游文化客体上的季节性,自然景观强于人文景观;表现在旅游文化主体上的季节性,度假旅游要大于差旅性旅游。

1. 客体资源的季节气候变化

从旅游文化客体资源上看,不论是自然景观还是人文景观,都会因季节气候变化而变得对旅游有利些或不利些。以我国为例,按纬度划分的热带、亚热带、温带、寒温带气候,以后两者为主,地域的季节性特征十分明显。特定的季节所显现的自然景观特征是明显不同的。而有的自然景观如雾凇、海市蜃楼等,只有在特定季节里才会出现。某些结合地域特点的旅游活动,如爬山、狩猎、滑雪、骑马、游泳等活动,以及一些同区域民俗、节日庆典(如泼水节、火把节等)结合的相关活动,也与季节性密切相关。至于人文景观,也会因季节的不同给观赏者的感受带来些微差别。旅游者同原所在地区季节气候对比的反差,是大不一样的。

2. 具有季节特色的旅游活动

旅游文化的季节性,还表现在对于具有季节特色的旅游活动,主体评价会因季节因素的影响而不同。在许多地区,由于季节的不同,刮风、下雨和日照时间也不同,特定的旅游资源在该地区呈现的价值也会有所变化。如海滨资源在炎热季节和日照时间较长的地区评价较高,滑雪运动在寒冷时间较长的地区评价较高。结合季节性特点客观评估旅游文化资源,才会因地制宜、合理开发。

第三节　旅游文化研究的对象和内容

一、旅游文化的研究对象

确定旅游文化的研究对象是旅游文化学科构建的头等大事,这是因为:一方面,研究对象的确立是一门学科成立的必要条件,科学研究的区分,就是根据科学对象所具有的特殊矛盾性,旅游文化的研究对象决定着旅游文化研究的方向,是旅游文化研究的逻辑起点;另一方面,尽管旅游学界非常关注对旅游文化研究对象的探索,但会出现各执一端的现象,缺乏交流与沟通、缺乏比较与鉴别,不利于学术交流与对话,不利于旅游文化学科的建设与发展。

梳理国外与旅游文化相关的研究文献,可以发现:旅游客源地民族文化、客源地文化、旅游主客体文化、旅游引发的文化交流与碰撞等都是旅游文化研究的对象与范畴。当然,国外并没有进行旅游文化学科建设的理论和实践探索。因此,国外旅游文化研究对象和范畴就不必然成为我们所构建的旅游文化的研究对象和范畴。

从国内研究现状看,旅游文化学研究对象的确立主要受"客体论""三要素结构论"和"主体结构论"的影响。"客体论"以旅游客体的文化内涵统领旅游文化学研究对象,并据此把旅游资源的文化内涵当作旅游文化学主要的研究对象;"三要素结构论"建立在旅游主体、旅游客体和旅游介体的认知构架上,旅游文化学的研究对象即旅游主体文化、旅游客体文化和旅游介体文化;"主体结构论"强调旅游文化的两个主体和旅游交换的过程,把旅游文化解构为旅游消费文化和旅游经营文化两大板块。

二、旅游文化的研究内容

作为一门学科,旅游文化学应具备系统意义,即把各种旅游文化事象纳入微观和宏观两极系统。微观系统以旅游者文化为核心,辅之以旅游地文化和旅游媒介文化。宏观系统以旅游环境文化为范畴。旅游文化系统以旅游文化过程、旅游文化结构为切入点,对旅游文化进行功能解析。不仅要研究旅游者与旅游地之间的文化交流,还要对旅游文化的发展趋势做出描述和总结,更要构拟旅游文化发展战略以指导旅游文化建设,解决旅游文化发展变迁中的问题。所以,旅游文化学的基本框架,可以根据旅游者文化、旅游地文化、旅游业文化和旅游环境文化四个方面进行搭建。

(一) 旅游者文化

旅游者文化是旅游文化的子文化,也是旅游文化的核心文化。旅游者是旅游活动的主体,旅游主体在旅游过程中会形成一套相对独特的观念和行为,或者说是一种文化形态,即称之为旅游者文化。旅游者文化涵盖甚广,主要包括旅游动机文化、旅游行为文化和旅游消费文化。人们的社会性需要以及好奇心是产生旅游行为的内在动力,也可以说是客观条件,但如果不具备一定的客观条件,人们的旅游行为最终也不会发生。这种内在驱动力也就是旅游动机,也是研究旅游者文化的切入点。从社会学的角度来讲,旅游者是一个社会角色,一旦个人成为旅游者,那么,他的行为在一定程度上就会有别于其在日常生活中的行为,必须遵从一定的行为规范。再者,旅游主体可以划分为不同的亚文化群体,各群体都有自己的观念形态和行为模式。旅游者如何受到来自所属地区群体内部规范的制约,这是旅游行为文化研究的内容。旅游既然是一种文化消费活动,旅游者在旅游过程中的消费行为就是旅游文化的重要表现,是反映旅游文化盛衰的晴雨表。

(二) 旅游地文化

旅游地文化是指一个地域(国家、城市、风景区)的地域文化背景,包括自然地理条件、社会人文背景以及文化氛围和文化脉承,是一种综合性的、地域性的自然地理基础、历史文化传统和社会心理积淀的三维时空组合。旅游地文化是一地之"本"、一地之"神"、一地之"韵"和一地之"格",是一个地区旅游形象的标志。

(三) 旅游业文化

旅游业文化是指由各类旅游企业和旅游部门在提供旅游产品的过程中所创造出来的各种现象和关系。主要有旅游组织文化、旅游中介文化、旅游交通文化、旅游住宿文化和旅游网络文化。旅游业的各个组成部分之间互相关联,不仅提供旅游产品,而且相互作用、相互影响。旅游业文化就是在这种复杂的关系中产生的。

(四) 旅游环境文化

旅游文化本身是一种综合性的活动,对环境的依赖性很强。人文、社会、经济、技术、自然、政治、法律等都构成了旅游文化的环境。所以,旅游文化的研究还包括这些环境因素与旅游活动开展过程中产生的联系和突变现象。

思考与练习

一、实训项目

项目名称	旅游资源的文化要素
实训目的	1. 掌握旅游文化的构成要素 2. 通过理论与实践相结合的教学方法训练学生分析旅游资源所蕴含的文化要素
实训要求	掌握旅游文化的概念,以及体现在旅游资源中的相关构成要素
准备工作	1. 分组,成员 3～5 人 2. 选取一种旅游资源作为分析对象
方法	1. 教师以某个资源为例,示范讲解 2. 根据班级情况,学生分组 3. 每组同学选取一个旅游资源作为分析对象开展小组讨论 4. 小组汇报该旅游资源的文化要素包含哪些方面 5. 教师点评每组同学的表现,总结文化要素在旅游开发中的关键性

二、简答题

1. 什么是旅游文化?

2. 旅游文化的结构是什么?

3. 结合实际谈谈,旅游文化需要研究哪些方面的内容?

第二章

旅游文化的形成、功能与地位

【引导案例】

张裕爱斐堡国际酒庄[①]

北京张裕爱斐堡国际酒庄,位于北京市密云区巨各庄镇,是由烟台张裕集团融合美国、意大利、葡萄牙等多国资本,占地1 500余亩,投资7亿余元,于2007年6月全力打造完成。爱斐堡聘请前国际葡萄与葡萄酒局(OIV)主席罗伯特丁罗特先生为酒庄名誉庄主,参照OIV对全球顶级酒庄设定的标准体系,在全球首创了爱斐堡"四位一体"的经营模式,即在原有葡萄种植及葡萄酒酿造基础上,推出酒庄及博物馆参观、葡萄酒品鉴与培训、DIY个性化制定、葡萄酒主题餐饮、葡萄及应季水果采摘、整桶订购、储酒领地认领及期酒等葡萄酒主题旅游项目,开启了中国酒庄新时代。酒庄内还设有多个欧式建筑,让人回味无穷,同时它也是旅游业的4A级景点。

问题讨论:为什么张裕爱斐堡国际酒庄可以打造为4A级景点?

分析参考:张裕爱斐堡国际酒庄为什么可以成为一个旅游景点,其关键一点在于它能够吸引旅游者,而它的吸引力除了外在的建筑、葡萄园之外,其真正核心是当下越来越流行的葡萄酒文化。

相对于传统的中国消费者而言,白酒是有着深厚的饮用历史的,葡萄酒虽然在我国使用也由来已久,但就其群众基础而言就较为小众一些。但随着我国社会经济水平的逐步提高,越来越多的消费者对葡萄酒产生了兴趣,而且这种兴趣不仅仅是体现在饮用方面,而且很多消费者对于葡萄酒文化产生了浓厚的兴趣。这一特征恰好被精明的商家所捕捉,于是精心规划并开放生产园区,使得这一独特的消费文化走进了大众消费者的视野。在这个过程中,商家的经济效益得以彰显,消费者也沉浸在这一特色酒文化氛围中享受人生,这样的双赢局面,也就使得张裕爱斐堡国际酒庄打造为4A级景点成为实实在在的现实。

---

① 三农网.北京张裕爱斐堡国际酒庄. http://www.3nong.com/News/show.aspx? id=31258.

【学习导航】

　　通过本章的学习，学生可掌握旅游文化形成的条件、途径，熟悉和掌握旅游文化的功能作用，了解旅游文化的地位。

【教学建议】

　　本章中，旅游文化的形成和途径是学习的重点和难点。一般而言，文化的形成是一个较为复杂的过程，因此，在教学过程中可以结合一些实例来对旅游文化形成的条件和途径加以补充和说明，从而提升学生对此部分知识的理解和掌握。

第一节　旅游文化的形成

一、旅游文化形成的基础

(一) 旅游活动是旅游文化形成的前提条件

（1）旅游活动是旅游体验文化形成的前提条件。没有旅游活动，旅游体验文化就既没有体验对象，也没有体验主体，自然也就不能称之为旅游体验文化。相对而言，旅游活动一般包含食、住、行、游、购、娱等方面，旅游者的一切旅游活动的展开都会产生在这一系统的环境下，从而形成不同的衣食住行等文化体验活动。

（2）旅游是旅游介入文化形成的基础。没有旅游活动，旅游介入文化便没有介入的客体，自然不成其为旅游介入文化。正是旅游者作为旅游目的地的外部因素，在旅游目的地一旦展开旅游活动，必然产生旅游者自身文化和旅游地文化相互交融或相互冲突等一系列的文化联系现象，而这种跨文化交流现象进而衍生一些原有文化的变异或旅游者自身文化的弱化等现象，甚至有可能出现两种文化交融产生具有第三特征的"新文化"的现象。

(二) 旅游业为旅游文化形成提供了发展的土壤

（1）旅游业是旅游介入文化形成的重要基础。旅游业的第一属性是经济性，旅游服务文化、景观开发文化、旅游宣传文化的第一属性是文化性，经济是文化的物质基础，这是唯物主义的基本常识。没有旅游业的介入，旅游资源的开发有可能是较为原始或落后的，旅游文化的挖掘、传承和发展都有可能在缺乏相关经济基础的支持下滞后，甚至一些文化由于当地经济条件落后，从而导致地域文化传承后继无人乃至消失等。比如，以丽江的东巴文化为例，在旅游开发之前东巴文和东巴造纸等地域文化出现传承问题，正是由于当地旅游开发带来的旅游业快速发展，不断提升了当地的经济水平，同时也使得该地区这一古老的民族文化得以有序地传承和发展。

（2）现代旅游体验文化的产生离不开旅游业的支持。现代社会,旅游业与旅游密不可分,旅游业已经同旅游一起纳入旅游体验的对象之中,没有旅游业提供上述体验对象,现代旅游体验文化不知要单调多少。

二、旅游文化形成的途径

(一) 相关学者们的观点

对于旅游文化的形成,不同的专家学者做出了不同的解释。一般而言,有关旅游文化形成的途径主要有以下几种。

1. 通过旅游活动的开展而产生

持这种观点的学者们认为,旅游活动是旅游文化产生的首要前提,旅游文化是基于旅游活动的开展而衍生的。例如,他们认为旅游文化是通过对异国异地的文化消费而形成的现代特殊生活方式。

2. 通过旅游业经营、服务活动而产生

部分学者认为旅游文化的产生是因为旅游业发展过程中的经营和服务活动导致旅游行业、旅游者以及旅游目的地之间的各种社会经济文化关系。例如,他们认为旅游文化主要是指旅游组织者为满足旅游者需要所采取的各种文化措施以及接待人员在接待工作中所表现出的精神风貌和文化素养。

3. 通过旅游消费和旅游经营服务活动而产生

还有一些学者认为旅游文化是在旅游消费和旅游经营服务活动中产生的。如有学者就认为旅游文化是"旅游者或旅游服务者在旅游观赏或旅游服务过程中所反映出来的观念形态及其外在表现"。

4. 通过三要素作用而产生

此外,也有学者认为旅游文化是旅游主体、旅游客体和旅游媒介三者之间的相互作用的结果。例如,他们认为"旅游文化是旅游主体、旅游客体、旅游媒体相互作用所产生的物质和精神成果"。

5. 通过旅游客源地文化和旅游目的地文化的交流而产生

一些学者认为跨文化交流才是旅游文化的产生的重要诱因。例如,他们认为"旅游文化是旅游客源地社会文化和旅游接待地文化通过旅游者这个特殊媒介相互碰撞作用的过程和结果"。

(二) 本书的观点

总结前人和相关专家学者们的观点,本书认为旅游文化产生的途径是多渠道的,不能简单地认为单一的途径是旅游文化产生的土壤,而是在旅游活动开展中,任何旅游活动进行的环节都有条件和可能为特定旅游文化现象的产生提供发展的土壤。因此,本书认为旅游文化产生的相关途径主要涉及以下一些方面。

（1）旅游体验主要产生于旅游者的旅游活动之中。旅游体验文化虽然包括旅游体验之前的心理准备,但其核心无疑是旅游体验。因此,旅游体验的形成途径也是旅游体验文化形成的主要渠道。

（2）旅游服务及其所产生的主客交往等文化现象构成完整的旅游服务文化。作为商品，旅游服务在提供给旅游者之前就已经存在，旅游服务主要形成于旅游活动之外而非旅游活动之内。

（3）景观开发是一种经济活动，也是一种文化活动。旅游景观的审美特性决定了开发者必须按照审美的法则塑造景观。景观开发及其文化产品构成了景观开发文化，其主要也形成于旅游活动之外。

（4）旅游宣传及其设计、检验等构成整体的旅游宣传文化。作为政府和企业活动，它主要是通过政府和企业的运作而形成的。旅游活动虽然也是旅游宣传形成的途径，却只能是一条次要的途径。

（5）针对旅游者及其活动的旅游法规是一种纯旅游文化。旅游法规文化的主体是立法、执法机关，立法和执法是旅游法规文化形成的主要途径。此种途径固然与旅游活动有关，但明显独立于旅游活动之外，自成一系。

（6）旅游研究也是一种纯旅游文化，其主体既有旅游业人员、政府官员，也有学界人士、旅游者。除少数人处于旅游活动之中，大部分都在旅游活动之外。可见，旅游研究文化主要也是在旅游活动外形成的。

第二节　　旅游文化的功能

本节从旅游文化自身出发，重点探讨旅游文化的对外功能，即旅游文化在改塑自然、发展文化、推动社会、繁荣经济、陶冶人格方面所发挥的效能和作用。

一、改塑自然

旅游文化对自然的改塑，主要通过诗化、史化、神化、人化等方式。

(一) 诗化自然

诗化自然是通过精神投射或实践改造使本无情义的自然变成既有诗情又有画意的自然。当我们说自然是诗是画或如诗如画，这便是诗化自然了。诗化自然的除旅游者之外，还有旅游文化的其他主体，如导游员、景观开发人员等。

(二) 史化自然

史化自然即赋予自然以历史的意义，使自然"成为"一部史书或历史的见证人。人类对自己历史的特殊感情不但代代相传，而且强有力地投射到自然之中，史化自然也就在所难免了。在史化自然方面，旅游文化起了一定的促进作用。

(三) 神化自然

神化自然即通过观念或行为，赋予自然某种神灵，使之更加神秘、更具魅力。随着社会的进步，大自然的神秘色彩逐渐消退，而造神运动却从未停止。在神化自然方面，旅游文化功莫大焉,景观设计开发者的贡献尤其突出。

(四) 人化自然

人化自然一般是指自然的人文化过程。狭义的人化自然则指自然的人格化,即通过拟人的方式,使自然具有人的属性。如前所述,人是自然之子,对自然既敬畏又热爱。敬畏时敬若神明,热爱时引为同类。于是,在神化自然的同时,又赋予自然以人的情感、人的性格、人的美德。

二、发展文化

促进文化交流、加速文化融合、保持文化传承、推进文化转型,是其发展文化功能的主要表现。

(一) 促进文化交流

旅游文化能够消除由于长期隔绝而造成的偏见和误解,加强各国人民的相互了解、友好往来,有力地促进各国之间的文化交流。《苏莱曼东游记》《马可·波罗游记》《冈察洛夫环球游记》,马苏第的《黄金草原》《伊本·白图泰游记》,阿特金逊的《欧亚纪行》,罗伯特·拜伦的《穿行内陆亚洲》等,均在东西方文化的交流史上起过重要的作用。《穆天子传》、李志常的《长春真人西游记》、王韬的《漫游随录》、康有为的《欧洲十一国游记》、梁启超的《新大陆游记》等都是中国人了解西方的必读书目。

(二) 加速文化融合

在文化的交流过程中,旅游文化因其特有的“公共性”,比较容易发挥桥梁和调节作用,减少文化的冲撞和对抗,使不同文化和谐相融。

旅游体验文化是旅游者本族本地文化与旅游目的地特别是旅游对象“碰撞”的结果,其中既有客源地文化的基因,又有目的地文化的元素,能促进两者的融合。

旅游服务文化是旅游介入文化的核心,在加速文化融合方面作用巨大。旅游研究文化是旅游文化的重要组成部分,在加速文化融合方面有其独特的作用。

(三) 保持文化传承

旅游文化本身包含了各种人类文化信息,旅游文化自身的传承,也使得人类文化得以传承。《黄金草原》记载了9世纪中叶马苏第游历南亚与北非的所见所闻,旁征博引,资料广泛。还有希伯来的《圣经》、古代的传说、波斯的古史、伊斯兰教的《古兰经》和阿拉伯前辈历史学家麦格底西、伊本·希沙姆、泰伯里等人的著作也都记录了当时的种种风土人情。中国游记不但包含了哲学、政治、宗教、道德、民俗等各种不同指向,而且蕴含了中国文化的精神与内核。

(四) 推进文化转型

在西方文化转型过程中,旅游体验自始至终都扮演着一个重要的角色,“通过内向性认证而导致的西方文化转型,其主要动力乃是旅游体验文化带来的"。在中国近代文化的转型过程中,海外游记起到了先导作用。

《漫游随录》是王韬 1867 年旅欧见闻,突破了"夷夏之辩""体用"或"道器"之争的局限,闪烁着超越时代的文化启蒙之光。《新大陆游记》是梁启超旅美游记,既是维新派代表人物政治观念的散射,又为认识和借鉴美国提供了宝贵的第一手材料。

三、推动社会

旅游文化能改变社会观念、导致群体流动、引发社会变迁,重新整合社会,推动社会的进步与繁荣。

(一) 改变社会观念

《马可·波罗游记》使长期流行的"欧洲中心"和"基督教文明至上"等偏见受到冲击,中世纪欧洲人的视野开阔了,越来越多的人加入旅游者的行列中来。林鍼的《西海纪游草》在赞扬美国物质文明的同时对其社会现象多有批评,这种褒贬鲜明的二分法在近代相当长的时期内主导着国人的思想。康有为的《意大利游记》是他于 1904 年 5 月 2 日至 14 日在意大利短暂逗留的所见所闻,畅论中西政俗,继续鼓吹变法,又不改保皇的底牌。

(二) 导致群体流动

首先,旅游文化推动了旅游者的流动。旅游文化不同于旅游资源,但它可以转化为旅游资源,增强旅游资源的吸引力。作为旅游文化的旅游宣传和旅游服务,也是推动旅游者流动的重要力量。其次,旅游文化推动非旅游者的流动。受《马可·波罗游记》影响而参与流动的有探险家、航海家、基督教士、殖民者等。于是,善恶兼及的欧洲人从向往而奔赴东方世界,促使出现世界前所未有的大流动。

(三) 引发社会变迁

广义的社会变迁泛指一切社会现象的变化,包括社会观念的改变、社会人员的流动;狭义的社会变迁特指社会结构的变动,包括局部变化和整体转型。当旅游体验获得满足的时候,旅游地的社会结构却开始悄悄地发生改变。旅游体验的视角都是基于旅游者自己的文化趣味。进而目的地变成了琳琅满目的旅游商品市场,任由旅游者挑三拣四、品头论足,致使一个特殊阶层——旅游从业人员应运而生。当然,旅游体验文化对社会变迁的作用在很大程度上是借助于旅游介入文化发挥出来的。

四、繁荣经济

旅游文化在发展经济方面的突出作用常使其被认定为是实用性、功利性的文化。

(一) 刺激旅游消费

旅游介入文化吸引潜在旅游者加入旅游活动,增加消费量,刺激现实旅游者提高消费档次,扩大消费规模。旅游体验文化吸引潜在旅游者转化为现实旅游者,投入消费。旅游者获得满足的旅游体验,不但激励自己再次旅游消费,还会鼓励亲戚朋友消费。

(二) 增加旅游地的经济收入

旅游地经济收入的增加是刺激旅游消费的结果。在旅游文化的刺激下,旅游者掏出的钱,大部分落入旅游地,特别是旅游业之手,从而为旅游地增加经济收入。旅游介入越适当,旅游体验越满意,旅游者也就越愿意掏钱,旅游地经济收入也就越高。

旅游文化刺激下的跨国旅游具有增加旅游地经济收入的巨大能量。外国游客入境旅游,既要进行商品消费,又要求提供劳务服务,时间长,档次高,从而带来丰厚的外汇收入。

(三) 扩大旅游业产品的生产

扩大旅游业产品的生产也是刺激旅游消费的结果。由于旅游文化的刺激,旅游流量大为增加,旅游消费需求也日益扩大并出现复杂化和多样化趋势,旅游业不得不扩大旅游业产品的生产。

旅游文化不仅通过刺激旅游消费扩大旅游业产品的生产,还以旅游资源的形式为旅游业提供加工原料,直接扩大旅游业产品的生产。旅游文化资源一经开发,旅游业的资源型产品便又多了一族,有时还成为金字招牌和拳头产品。

五、陶冶人格

(一) 提升道德境界

中国旅游文化中的"比德"思想、孝游观念以及宾至如归的服务理念,提升了旅游文化主体的道德境界。在我国五千年的文明发展历程中,涌现出众多"崇尚自然""比德、比兴"的文学作品或游行思想,这些思想和观念依旧影响着我们现代旅游者的审美和旅游行为。

(二) 增强审美修养

旅游文化拓宽了人们的审美空间,丰富了人们的审美内涵。旅游活动的重要目的就是感受美,获得美感。要满足旅游者的审美需要并获得最佳效益,旅游从业人员必须提供美的商品、美的服务。中外旅游文学作品使旅游文化成为一座艺术宝库,使人从这里吸取营养,接受美的熏陶,成为知美、爱美者乃至美学家和艺术家。

(三) 培育科学精神

科学精神的核心是求真、务实,而它的培育,与旅游文化的发展是分不开的。西奥多·泽温格等人文主义学者成为旅行方法学的奠基人。后来的学者逐步将旅行研究的范围划定在以下几个方面:旅行的定义;概念的细分;反旅行的辩论;医学、宗教、实践的忠告;欧洲国家的概况;旅行设备的使用;编撰观察和描述范式。对旅行知识的处理又导致了博物馆、档案馆、图书馆和研究院等文化机构的出现。孟子提倡"尽信书,不如无书"。陆游认为"纸上得来终觉浅,绝知此事要躬行"。后又形成了"读万卷书,行万里路"的认知格言。明代李时珍、徐霞客等注重实际调查,主张从实践中获得真知,使传统的"秀才不出门,便知天下事"的认知方式受到了否定,中国的科学精神由此得以加强。

第三节 旅游文化的地位

旅游文化的地位是指旅游文化在其所在的系统中所处的位置。包括它实际所处的地位和它应该占据的地位。

一、旅游文化在旅游中的地位

(一) 旅游文化是旅游活动的核心

从旅游活动的内容看,旅游者是旅游活动的核心要素,不管是消费旅游服务文化,还是创造旅游体验文化,都是现代旅游活动的核心内容。

从旅游活动的属性看,旅游活动的文化性是第一属性。旅游的主要目的是消遣,是娱乐,是审美,是求知,即满足人们的文化需要。

随着物质文化的丰富,社会竞争的激烈,科学技术的发展,旅游者在未来的旅游活动中将更趋于精神享受,对旅游服务文化品位的要求也将越来越高。

(二) 旅游文化是旅游矛盾的调节器

旅游文化对其主体具有约束、规范和教化功能。只有在旅游文化,尤其是先进旅游文化的基准上,人们才能统一多方面的认识。

旅游文化虽然也会制造矛盾,但其强调不同文化的交融,增进了人们的相互理解和认同,减缓了人与人、人与环境的摩擦;旅游规范文化要求人们遵纪守法,恪守道德,约束了人们的恣意妄为,遏制了矛盾的发生。

二、旅游文化在旅游业中的地位

(一) 旅游文化是旅游业的灵魂

旅游体验文化直接决定旅游企业的发展方向。开发出满足旅游者旅游体验需求的高品质、特色旅游产品,始终是旅游业不懈的追求和努力的目标。

旅游服务文化的核心是旅游服务理念,包括服务的价值观念、精神境界、理想追求等,不但决定旅游服务文化的内容和方向,也昭示了旅游企业的宗旨和目标。

(二) 旅游文化是旅游业发展的新增长点

旅游文化追求先进文化的发展方向,会兼顾社会和生态环境效益,从而使经济发展有一个良好的环境,并推动旅游业朝着持续、健康的方向发展。按照旅游可持续发展理论,未来的环境效益和社会效益将成为旅游业发展的新契机。一些明智的旅游业管理者已开始把目光转向旅游文化,从中寻找自我发展的新增长点。21世纪的旅游业将建立在文化这一高起点上,纯经济型的旅游业正逐步向文化型的经济事业转型。

三、旅游文化在文化中的地位

(一) 旅游文化是文化的一支

旅游文化是隶属于社会总体文化的分支文化,是旅游文化主体以一般文化价值观为指导作用于旅游的过程和结果。作为一种分支文化,旅游文化的发展依赖于社会总体文化,并受社会总体文化发展的环境和规律的制约和牵引;作为依托旅游活动而产生的特殊文化类型,旅游文化又相对独立于社会总体文化,有其自身特有的观念、行为规范和发展规律。

(二) 旅游文化是文化发展的推动力

历史上有许多哲学家都从旅游文化中吸取营养,发展各自的哲学理论。旅游体验是文学创作产生的手段和基础,丰富多彩的旅游生活激发了文学创作活动的活力。史学的发展深得旅游文化之助。爱德华·吉本的《罗马帝国衰亡史》是其在旅途中完成的,是历史著作,也是旅游文化。美学、艺术也深得旅游文化的滋补。许多美学、艺术作品都是旅游体验的直接产物。旅游文化也推动科学的发展。徐弘祖的《徐霞客游记》对中国地理科学的发展有不可磨灭的贡献。旅游文化在推动科学的发展的同时,也推动宗教文化的发展。

思考与练习

一、实训项目

项目名称	节庆文化的变迁
实训目的	1. 掌握旅游文化的形成 2. 通过某一文化载体来理解其文化的产生与发展概况
实训要求	理解旅游文化的形成
准备工作	1. 分组,成员 3～5 人 2. 选取一个节庆文化作为分析对象
方法	1. 教师以某个节庆文化产生与发展为例,示范讲解这种节庆文化在现今旅游开发中呈现出来的文化内涵和外在表现概况 2. 根据班级情况,学生分组 3. 每组同学选取一个节庆文化作为分析对象,进行小组讨论 4. 小组汇报该节庆文化的产生与发展概况 5. 教师点评每组同学的表现;总结旅游文化形成的基础与途径

二、案例分析

阳朔的变迁

西街是阳朔县城中心一条长约 500 米的老街。西街旅游小企业的发展开始于 20 世纪 80 年代初期,已经有 30 多年的历史。目前西街上的旅游小企业已经有 200 多家,包括各类小旅店、酒吧、餐厅、俱乐部、旅游商品店铺、外语培训机构等,已成为中国知名度较高的旅游小企业的集聚区。从 20 世纪 70 年代末至今,已经有无数的游客,特别是海外游客到达阳朔西街。这些游客的到来,不仅仅为西街带来了购买力,更为重要的是,他们带来了不同的行为。他们的行为排斥和动摇了西街当地居民的传统观念,影响了西街的社会习惯和文化传统。旅游属于一种"全方位"的社会活动,因此这最终促成了西街的社会文化变迁。旅游业给西街带来的社会文化变迁主要体现在以下几个方面。

(1)无处不在的英语文化。在 20 世纪 80 年代末,西街人为了与西方游客做生意、打交道,自发地学起了英语。目前西街拥有无处不在的英语现象。街道两边挤满了挂着地道的英文招牌的餐厅、饭店,而所有的饭店和餐厅的菜单也是中英文对照。大多数经营者懂英语,经常可以看到西街人用英语流利地与西方游客谈生意或聊天,甚至七十多岁的老太太也能跟老外交流几句。许多外国游客都说,来到西街没有异域的感觉,不用比手画脚就能与当地人交流。

(2)婚恋观的改变。在西街,随着东西方文化的交流,西街居民逐步地改变或抛弃了原有的一些传统的观念,接受了西方人的观念。这尤为突出地反映在婚恋观的改变上。西街是众多海外游客,特别是自助背包游客的大本营。这些海外游客经常来西街或者长期居住在西街,在西街用餐、居住、游玩、休闲,与当地人频繁交往。在这一过程中,西街的年轻人由于与西方游客有了接触和了解的机会,有了从中培养感情的机会,以至频频出现跨国婚姻。

(3)价值观的变化。社会文化变迁的核心内容体现为价值观的变迁。随着旅游业的发展,受外来文化的影响以及旅游商业的发展,西街居民原有的价值观也在悄然地发生一些改变,当地居民越来越重视对经济利益的追求,西街上也出现了一些不和谐的场面,如"水果老人"等现象。从 2000 年以后,西街就出现了几位专门向外国游客兜售水果的"水果老人"。他们用简单的英语向外国人主动推销水果,但从不理睬中国游客。他们通常会把水果以昂贵的价格卖给外国游客,而该价格往往是市场价格的几倍乃至几十倍。事实上这些老人兜售的水果都是从附近的水果市场购买的。从整体上讲,西街居民的价值观还是相当朴素的,游客对西街居民的评价也是非常高的。但不可否认的是,随着外来旅游者的增加,这种传统的价值观正受到外来观念的影响,来自于阳朔居民和游客的调查显示,43.7%的被访者都认为西街旅游店铺的发展带来了当地居民价值观的变迁。

问题讨论:请结合案例分析一下,旅游发展就一定会带来社会文化形态的改变吗?

三、简答题

1. 旅游文化形成的途径有哪些?
2. 旅游文化的功能包含哪些方面?

第三章

旅游文化的演变与发展

【引导案例】

旅游文化研究的兴起

旅游文化是文化与经济建设发展的重要平台。党的"十七大"特别是"十八大"以来,文化建设取得了重大进展,但与物质文明建设相比,底子很薄,与当前人们日益增长的精神文化需求,特别是多样化、多元化的需求存在较大差距。这与中央对社会发展的要求是不相适应的。因此,加大力度,加快各行各业文化建设已是各地的大事,尤其是"十二五"规划提出,要加快推动文化产业发展成为"国民经济支柱性产业"、加快推动旅游产业成为"战略性支柱产业"。而作为文化产业中的重要行业、旅游业中的主导产业——文化旅游业必然会成为文化传承延续和文化创意发展的骨干行业,并在推进文化与旅游的融合发展上、在打造旅游地区国民经济发展的产业支柱上,都将成为重要的主战场和文化建设、经济建设舞台上的"主角"。

在这样的产业发展背景下,旅游文化学作为一门学科也伴随着旅游产品开发等现实需求得以快速地发展起来,成为旅游研究范畴中一个举足轻重的热点领域。

问题讨论:谈谈旅游文化研究为什么越来越多地受到社会与专家学者们的关注?

分析参考:其实,对于旅游文化的研究早在旅游这门学科建立之初就已经作为旅游研究者关注的问题。只不过在当下中国的旅游发展实践当中,因受旅游投资主体以及相关利益集团的利益驱动,旅游学术界的某些个案性的文化研究,或有一方面扮演着制造假文化的角色而另一方面扮演着毁坏真文化的角色,从而使文化研究堕落成了破坏文化旅游资源以及旅游文化的帮衬、帮闲甚至帮凶。不过,在大多数严肃的文化研究者的努力下,旅游文化学所构建的一些理论成果,已经逐渐成为旅游发展实践当中的重要的理论支撑。当然,这样的一些诱因并不是完全消极的,正是一些效益的引诱也促使这门学科在研究的理论与实践这两方面越来越紧密,从某种程度上来说,社会的这种需求鼓励和刺激着研究者们关注这一研究领域,而务实性的研究成果又极大地诱惑着投资主体加以利用,从而形成一个效益驱动的环路。

【学习导航】

通过本章的学习,学生可掌握旅游文化研究发展的四个阶段,了解我国旅游文化学主要研究的热点问题,了解旅游文化学研究的发展趋势。

【教学建议】

这部分偏重于理论问题的探讨,教学中一方面需要借助相关文献呈现旅游文化学研究的发展脉络,另一方面也需要通过对旅游文化研究内容范畴方面加以归类讲授,从而让学生对这门学科有更清晰的认识。

第一节　我国旅游文化研究的历程

中国旅游文化的研究是伴随着旅游业发展逐步兴起的,其历史不长,表现出鲜明的时间特征,以时间为序基本上可以分为以下四个时期。

一、20世纪80年代的旅游文化研究

20世纪80年代我国的旅游文化研究体现出明显的早期基础研究的特征。比如,主要集中在对旅游文化概念的界定,旅游文化研究的必要性分析,中国旅游文化传统的挖掘,旅游文化学科结构体系的研究。

二、20世纪90年代前期的旅游文化研究

20世纪90年代,伴随着我国旅游事业的蓬勃发展,旅游文化的研究方兴未艾,研究的角度越来越广,研究的层次越来越丰富,我国学者的旅游文化研究开始出现新的特点。特点之一,对20世纪80年代中国旅游业规划的反思,最集中地体现在对国家"八五"旅游规划重旅游经济轻旅游文化的战略偏差提出批评。特点之二,学者们对20世纪90年代中国旅游文化发展的蓝图进行了勾画,对20世纪90年代中国旅游文化的走势进行了预测。特点之三,对模拟景观给予了空前的注视。特点之四,对域外旅游文化和国内地域旅游文化给予了重视。特点之五,在对旅游文化的特征认识上,这一阶段对旅游文化的美学特征特别关注。

三、20世纪90年代后期的旅游文化的研究

20世纪90年代后期,学术界开始重视旅游与经济、社会、宗教等方面的关系的研究,旅游文化这一学科地位得以提升。越来越多的研究成果从企业文化建设角度、旅游接待地的地域形象塑造、市场营销角度来重视旅游文化的新现象,这说明旅游文化的应用性特征得到了学术界的重视。

四、进入 21 世纪后的旅游文化研究

进入 21 世纪，旅游文化研究的视角更为广泛，传统的对旅游文化对象，诸如宗教、民俗、饮食、建筑等的研究不断深化。同时，结合一些社会人类学的观点，跨文化交流等问题也逐步引起众多专家学者们的关注。同时，在研究方法方面借鉴西方研究的特点，旅游文化的研究越来越多地注重与现实案例的结合。可以这样说，旅游文化学在进入 21 世纪后已经成为旅游管理学科中非常重要的研究内容，其研究者从经济、社会和地域文化等多个角度对此展开更为深入的研究和探讨，使得有关研究成果不断涌现。旅游文化学也迎来了其快速发展和逐步成熟的发展阶段。

第二节　我国旅游文化研究的热点问题

一、关于旅游文化基本理论研究

(一) 旅游文化的定义之争

界定旅游文化是进行实质性旅游文化研究的第一步。窦石认为旅游文化是一个金字塔结构的文化体系，其"主体应当是鲜明地反映了旅游经济和旅游活动的特殊需要部分"。除主体外，旅游文化还有广泛的补充部分，它表现在一般社会文化素养的普遍提高及其与旅游活动和旅游服务体系相交错的瞬间。杨时进在其由中国旅游出版社 1987 年出版的专著《旅游述略》中对这一见解进行了进一步完善。魏小安则认为，旅游文化是通过旅游这一特殊的生活方式，满足旅游者求新、求知、求乐、求美的欲望，由此形成的综合性现代文化现象。晏亚仙指出，"旅游文化是根据发展旅游事业的规划和旅游基地的建设，以自然景观和文化设施为依托，以包括历史文化、革命文化和社会主义精神文明为内容，以文学、艺术、游乐、展览和科研等多种活动形式为手段，为国内外广大旅游者服务的一种特定的综合性事业"。陈辽主张"旅游文化是人类过去和现在所创造的与旅游有关的物质财富和精神财富的总和"。喻学才在《中国旅游文化传统》第一章中写道："所谓旅游文化是指旅游主体和旅游客体之间各种关系的总和。"20 世纪 90 年代后期，贾祥春提出：旅游文化是一种全新的文化形态，是环绕旅游活动有机形成的物质文明和精神文明的总和。

尽管旅游文化研究在我国已经发展了近 30 年，对于旅游文化的具体指向，到目前为止，学术界仍然没有一个基本共识，旅游文化的基本内涵与外延一直都是旅游文化研究的重中之重，在未来的研究中将仍是争论的焦点问题。

(二) 旅游文化的学科地位之争

随着旅游文化研究热的出现，进入 20 世纪 90 年代后还出现了专门讨论"旅游文化学"的学科地位的论文。唐友波、徐吉、郭青生、高蒙河的《旅游文化学发凡》已经意识到旅游文化是一种"从本质的高度对旅游进行综合研究，进行宏观的规律性的研究"的学科。据刘垣生《文化——旅游的灵魂——第二届旅游文化学术研讨会侧记》披露，1994 年 8 月在南戴河会上代表们也曾对旅游文化学科的建立问题进行了讨论。毛桃青的《旅游文化

应有自己的学科地位》认为无论是对旅游业健康发展,还是从学科分类的角度上都应设立旅游文化学科。它标志着高等旅游教育已经敏锐地感觉到了旅游业对旅游文化的呼声,也从学科建设角度显示了旅游文化在旅游学中的重要地位。与上述学者急于赋予旅游文化研究以学科地位不同的是,郭栩东、傅吉新两位学者在其《基于旅游文化是一种概念的理解》一文中并不认为旅游文化研究能够形成一门独立的学科,旅游文化应该被看成一种概念——"对旅游文化含义进行了阐述。认为旅游文化其实是一种概念而不是一种现实。它是过去发展起来的一种思想,并且与旅游目的地的政治文化密切结合的一种表现形式;作为一个概念,旅游文化不断地体现一种矛盾:一方面,它吸纳了一种均质化的政治议程,它暗示生活在一个特定旅游地场的人以相同的总体方式活动,并为一个群体划出界限来确定该群体的身份;另一方面,如果一个人仔细观察被描述的行为模式,将会发现这些模式并非真的可以划出界限。因此,对旅游文化是一种概念的理解应侧重于:作为一种继承,旅游文化可视为从过去保留下来的文化遗产;作为一种选择,旅游文化可以被视为一种接受和妥善处理变化的创造性力量。"

(三) 关于旅游文化在旅游业中的作用的研究

20 世纪 90 年代以来,很多学者都指出了旅游文化的重要地位和作用。

1. 旅游文化是旅游业的灵魂和支柱

谢春山指出,文化是旅游的本质特征,是国际旅游名城的主要标志之一,其蕴藏着巨大的经济潜能,而且是提高人的素质、提高管理水平的关键,旅游业提高竞争力的法宝。费振家认为,旅游者和旅游资源都是一定社会文化背景的产物。旅游设施和旅游服务也是一定社会文化环境的反映,并强调重视旅游文化营销。罕华兴也提出旅游文化是旅游业发展的内在动力。于邦成、陈晓辉也指出旅游活动本质上是一种文化活动,发展旅游业必须加强旅游文化建设。

2. 旅游文化是旅游可持续发展的源泉

黄佛君、金海龙、许豫东提出,"在旅游活动中旅游文化是首先要考虑的因素,旅游活动的过程是从经济中进去,从文化中出来的过程,旅游开发的价值最终是体现文化的经济价值";"可持续旅游业要求生态文化作为发展支撑";"旅游文化的可持续成为可持续旅游业的基础"。赵文红也提出,"旅游文化是旅游活动的内涵,旅游文化的载体是旅游资源,而旅游资源又是可持续发展的基础。因此,旅游文化是旅游可持续发展的源泉。"

二、关于旅游文化建设及应用的研究

(一) 关于旅游宗教文化建设及应用的研究

宗教是一种普遍的社会历史现象。据估计,全世界宗教徒占总人口的 3/5 以上。我国从来没有陷入宗教极端主义的狂热中,而是以博大的胸怀兼容了许多外来文化,始终没有被宗教化。杨文棋认为,宗教与旅游文化业的关系是相辅相成、共同发展的。秦永红提出,宗教与旅游通过文化相联,两者既相互独立又相互融合;宗教文化的交流与传播途径之一是旅游活动,同时宗教文化又伴随着市场经济的进程日益成为旅游业的重要组成部分,形成了专项旅游宗教文化之旅。朱桂凤提出,在新的环境下,作为特殊的旅游文化资源之一的佛教旅游已不仅仅是佛教信徒以朝觐为目的进行佛教文化传播的方式,而更多的是人们在旅游中将其作为一种人文景观加以追求和欣赏。我们可以看出,旅游与宗教有着密切的关系,宗教文化已经成为我国人文旅游资源的重要组成部分。

(二) 关于旅游饮食文化建设及应用的研究

人类的饮食生活是一定历史阶段文明基准与文化风貌的综合反映。如马晓京提出,我国清真饮食文化的旅游价值主要表现在它的食用性价值和通过清真饮食文化的核心"善"而表现出来的美学价值两方面。唐留雄提出,我们要继承与发扬中华饮食的精华,满足旅游者对"吃"的需要,推进旅游业的发展;营造、提升中华饮食文化氛围,增强饮食文化作为旅游吸引物的吸引力;把饮食、饮食文化融入旅游节目中去,使其真正成为旅游活动的重要组成部分。刘瑞新提出,只有深层次挖掘饮食文化资源、开发多种特色饮食旅游文化,才能更好地弘扬中华饮食文化,提高旅游地的综合吸引力,促进餐饮业和资源旅游业的进一步发展。中华民族的祖先在自己的饮食生活中倾注的心血是世界上任何其他民族所无法比拟的。因此,中华民族的文化有着更为鲜明独特的"饮食色彩"。这便是中华民族长期积淀形成的博大精深的饮食文化。

(三) 关于旅游民俗文化建设及应用的研究

民俗文化是旅游文化的基础部分,同时也是旅游者最感兴趣的部分之一。如锦英提出,民俗文化与社会生活是水乳交融、混为一体的,民俗从一个角度看,是一种文化意识形态;从另一个角度看,又是社会生活的一部分。张文祥提出,民俗文化作为人类社会文化的一部分,以其丰富的内涵和多彩的外在形式成为旅游审美的重要内容。刘雷提出,旅游市场的消费需求是民族特色文化优势转变为经济优势或者说民俗文化转变为旅游资源的基本动因。张军提出,民俗文化的原真性是相对稳定的,并不是一成不变的,民俗传统也要随着生产力的发展发生变化,而民俗文化也正是在这种继承和发展的综合作用下才得到延续。人人都有猎奇的心理,人人都想从旅游中获得新奇的体验和感受,作为具有异国他乡特色的民俗文化,正好满足广大旅游者猎奇的心理需要。

第三节　我国旅游文化研究的未来趋势

结合旅游文化研究的发展历程,我国旅游文化研究的未来发展趋势主要有以下三个方面的特征。

一、回归文化成为旅游的核心内容和发展方向

旅游在经历了单纯的观光游到如今的深层次的旅游文化,这种回归文化的趋势取决于文化对旅游的作用。旅游业的竞争本质上是文化的竞争,文化因素成为旅游经济发展的决定性因素。在旅游活动中,旅游者物质方面的需求是较低级的需求,易于满足;但是其最终目标是精神文化方面的需求,属于高级而复杂的需求,较难于满足。由于各地域、

各民族的文化差异性往往为一个地域、一个民族所独有,很难模仿和复制,可比性较低,易于创出自己的特色和品牌,形成发展旅游强有力的竞争能力,文化中所带有的民族和地域的独特信息,往往是不可再生也是不可替代的,突出旅游文化特色使之形成区域间文化特质,是培植旅游经济核心竞争力的关键。随着旅游开发逐渐向深度发展,文化像一只无形的手支配着旅游经济活动,只有通过文化创新才能保持旅游经济产业长青。

二、生态旅游与旅游文化交融是旅游业发展的新趋势

20 世纪 80 年代以来,世界旅游业蓬勃发展,全球旅游产业规模日益增大,其过程对环境和自然生态的损害日趋严重,远远超出了人们的估计。生态旅游使人们通过对环境的审美感受,重新发现自然物的环境意义。生态旅游旨在实现经济、社会和美学价值的同时,也寻求适当的利润和环境资源价值的维护。生态旅游资源主要包括自然保护区资源、风景名胜区资源、国家公园资源、森林公园资源以及生态实验站资源;从景观生态角度来看,主要包括地貌、森林、植被、各种水域、沼泽等景观生态资源类型。这类生态旅游资源的共同特点是保持着大自然的原有风貌和良好的生态环境,有些还有丰富独特的人文积淀、浓郁的风俗民情。生态旅游资源正受到越来越多的人的青睐,成为人们回归自然及开展可持续旅游的理想境地。

三、旅游产品开发从"外在型"向"内涵型"转变

实现旅游产业利益最大化和不断发展,关键在于开发利用各种文化资源,满足人们对旅游产品和服务中的文化需求,在深度挖掘旅游文化内涵的过程中,建立产业良性的内部运行机制和外部发展关系,从而提升产业素质,获得可持续发展。

中国旅游业起步较晚,在特定历史条件下,提出"以旅游养旅游""五个一齐上"等发展思路,曾经发挥了积极的作用,使人们对旅游从外事接待到事业再到产业的认识逐渐明晰,一些项目在一定时期内也取得了较好的经济效益。但是,这种外延式扩张的粗放型发展,片面追求经济效益,对于旅游目的地的自然资源和社会文化资源造成的破坏难以用经济数字来计量。科学发展观提出以人为本,全面协调可持续发展,要求旅游产业发展从数量型转向质量型和效益型,通过挖掘旅游文化内涵、提升产品附加价值,向深度发展。

思考与练习

一、实训项目

项目名称	旅游文化学的研究趋势
实训目的	1. 掌握旅游文化学的研究范畴 2. 通过对文献资料的收集和整理,分析未来研究的发展趋势
实训要求	理解和掌握旅游文化学研究的发展沿革和趋势方向
准备工作	1. 分组,成员 10 人左右 2. 利用网络、学校图书馆数据库等资源,收集旅游文化学的相关研究文献

项目名称	旅游文化学的研究趋势
方法	1. 教师讲解相关研究文献的检索方法和数据归纳分析的流程和方式
	2. 根据班级情况,学生分组
	3. 每组同学检索文献,收集资料,开展小组讨论
	4. 小组汇报旅游文化学研究的趋势特征
	5. 教师点评每组同学的表现,总结旅游文化研究的趋势方向

二、简答题

1. 我国旅游文化研究经历了哪些阶段?

2. 我国旅游文化学研究存在哪些热点话题?

第四章

旅游活动中的文化现象

丽 江 旅 游①

地处云南西北部的丽江古城始建于宋末元初,迄今已有800余年历史,展现着汉、纳西、藏、白等各民族和谐相处的生动景观和多元文化形态。1997年12月,丽江古城被列入《世界遗产名录》,填补了中国世界文化遗产中无历史文化名城的空白。

然而,旅游业的蓬勃发展,也造成丽江原住居民大量外迁、传统民族文化遭受冲击、生态环境正在发生改变,"过度开发""太过商业化"的质疑也不绝于耳。盛名之下的丽江古城在保护与利用间艰难地、小心翼翼地寻求着平衡。

据统计,目前古城内(含束河和白沙)依然居住着原住居民6 200多户2.5万多人,而最多的时候原住居民有5万多人。随着原住居民纷纷外迁,以及外地客商和游客的大量涌入,原本就非常脆弱的当地传统民族文化和特有的生活习俗受到强烈冲击。

问题讨论:旅游活动的开展一定会带来社会文化的变迁吗?

分析参考:从文化衍生和发展的角度而言,任何人类活动的开展都会对其群体或社会文化产生某种程度的影响。所以说,旅游活动的开展对社会文化的变迁也必然带来一定的影响。当然,任何问题我们都要根据实际情况具体分析。以丽江为例,古城旅游的发展促使丽江的商业非常繁荣,自古以来丽江就是西南茶马古道上一个非常重要的节点,商旅往来也较为频繁,只不过相对于传统的商业形式而言,现如今旅游发展所衍生的这种商业繁荣形式与原先的茶马古道文化就有着非常大的差异性,从这个角度而言已经较大地改变了原有地区的商业文化,再加上现代商业的"改造性"非常强,对于原有的古城建筑、功能用途、民俗等内容也都产生了后续的影响,比如丽江喧闹而又繁华的酒吧文化就是典型的"舶来品"。

当然,面对这种因旅游发展而带来的文化变迁,丽江政府也意识到无干预措施必将使得古城失去其核心价值。因此,在此后的十余年间,丽江古城的

---

① 人民网.丽江古城"进""退"之间"太过商业化"遭质疑. http://culture.people.com.cn/GB/87423/12773379.html.

管理者们开始摸索出一条适合古城可持续发展的干预措施,以保证古城文化的传承和发展。而丽江古城的这种"用保护世界遗产带动旅游业,以旅游发展反哺遗产保护的实践经验"模式,被联合国教科文组织认为是为中国乃至世界城市类型文化遗产保护面临困惑的共同难题探索出了全新的路子和经验。

【学习导航】

通过本章的学习,学生可了解旅游具有跨文化交流的特征;掌握和理解文化漂移和文化涵化的内涵;了解和掌握旅游的跨文化交流带来的消极影响和积极影响。

【教学建议】

由于旅游跨文化交流的影响涉及人类学的相关范畴,建议对于文化漂移和文化涵化的讲授方面借鉴一些国内外的旅游发展案例,通过情境案例的方式让学生积极参与讨论和分析,从而加深学生对这一方面理论知识的了解和掌握。

第一节　旅游的跨文化交流

旅游是一种特殊的跨文化交流活动。从世界旅游组织每年提出的旅游主题中可以看出,从交往的角度理解旅游和发展旅游是被多次提及的一个主题。如 1980 年的"旅游为保存文化遗产,为和平及相互了解做贡献",1984 年"旅游为国际谅解、和平与合作服务",1985 年"开展青年旅游,让文化和历史遗产为和平和友谊服务",1986 年"旅游——世界和平的促进力量",1989 年"自由的旅游促成世界一家",1992 年"旅游是促进社会经济发展和增进各国人民了解的途径",1996 年"旅游业——促进世界和平与谅解的主要因素",2001 年"旅游业——为和平与文明之间的对话而服务的工具"。这些旅游主题的提出说明旅游这种交往形式为不同国家之间的交流提供了一种方式,需要更好地利用。旅游和交流,尤其是和跨文化交流的密不可分是由旅游活动本身的性质决定的。

一、旅游的交流性

(1) 从主观需求上看,许多旅游者外出的目的就包含了与当地人交流的成分。古巴驻华使馆旅游事务官员马里澳谈及旅游时说:"旅游是了解一个国家以及它的文化和人民的很好的途径,到一地旅游就是要了解当地人是怎么生活的,比如他们在想什么、做什么、唱什么歌、跳什么舞,了解当地的风土人情。"美国著名的旅游学教授罗伯特·W.麦金托什提出的旅游动机有四种:身体方面、文化方面、人际(社会交往)方面以及地位和声望方面。其中除身体外的动机均明显带有交流的目的。文化方面的动机的特点是希望了解异国他乡的文化,包括音乐、艺术、民俗、舞蹈、绘画及宗教等。人际交往的动机包括接触他乡人民、探亲访友、结交新友等。地位和声望的动机则包括事务、会议、考察、研究、追求业余爱好及求学等类型。很多旅游活动本身就是文化技术交流活动,如各种博览会、科技讨论会、学术论坛和讲座、文化艺术展览以及有关教育、文化、艺术、科学等的国际考察和交流。现代特种旅游产品的推广,即专题旅游更是产生了各种各样的旅游形式,出现了修学旅游、学艺旅游等旅游者在旅游中以学习和探求知识、技能为目的的旅游活动。据调查,"英、美、日、德、法、澳等国的旅游者无一例外地把'与当地人交往,了解当地文化和生活方式'当作出境旅游的三大动机之一"。在每一次旅游活动中,旅游者的动机一般不止一种,而是几种的综合。即使不作为主要动机,旅游者仍普遍希望从导游或其他当地人那里获取知识和精神享受,希望了解当地人的生活。学者萨姆瓦认为交流"与人类的行为以及人类要求互相交往这一需求的满足有关。这种需求,有人称之为传通欲望或传通饥渴。几乎人人都需要和其他人进行社会接触,这一需要通过交换信息得以满足"。旅游活动中的人对交流的需求正是这种表达欲望的表现。

（2）旅游活动中由于旅游者的客观需要必然存在交流。旅游者在目的地需要有游览指导和生活服务活动,这只能由当地主人提供,包括食、宿、行、游、娱、购等旅游业的多方面。古代旅游发展缓慢,旅行者的数量也不多,然而旅行者与当地居民的交流却不可缺少。这些交流已经包含了种种内容,如僧侣、道士、普通居民等当地人为游人提供服务的方方面面,旅行者的询问和攀谈,当地人的介绍、提示、建议、答疑及提供食宿,甚至引起纠纷等。现代旅游的发展,使旅游服务业的配套日益完善,完成旅游的要素已不再只是旅游者和旅游资源,而是将旅游业这一媒介也包括进来。大众旅游的特点之一便是利用旅游业提供的便利服务完成旅游活动。旅游业作为服务性行业,要提供食、住、行、游、娱、购的各种旅游服务,医疗、通信、保健、商务、汇兑等部门也参与到这种服务中来。旅游从业人员的增加为旅游者更好地旅游提供了条件,从被动地接受旅游者的请求转为主动为旅游者提供服务,这就增加了更多的交流机会。同时,旅游的普及性让更多的人能够参与旅游活动。双方的大量参与使这种交流从全球范围来看,已经是一种持续的现象,更加值得关注。

二、旅游的跨文化性

旅游者对新奇文化的追求是旅游具有"跨文化"属性的重要原因。在人们有了足够的闲暇时间和经济能力时,好奇心驱使着旅游者希望出去感受异域文化。目的地与客源地的差异性就是吸引游客旅游的重要因素之一。旅游的求异心理促使旅游者倾向于选择与自己文化相异的环境旅游。世界地理环境是丰富多彩的,而人类的定居环境是单调、局限的,微小与宏大、单调与丰富是生活与理想的矛盾。这对矛盾激发着人类本能的好奇心。人们不断地寻找异域,以至现今世界虽渐趋于同质化,但各地为了招徕观光客所开辟的观光旅游点,却是专为满足旅游者观览奇风异俗而设的,供人搜奇猎异。因此,山珍海味、奇花异卉、奇景胜观、奇风异俗,充塞于观光场所。

旅游者具有感知、感受或心理需求上的空白,目的地恰有可以弥补上述空白的事物,这个填补过程只有身临其境才能完成,其他间接的方式难以替代。这被称为两地间具有互补性。自然、历史等因素共同作用下，人类文化的相互分化，产生差异，根据一定原则划分了具有不同功能，不同规模、层次的文化区域。文化区是指具有某种共同文化属性的人群所占据的地区，在政治、社会、经济方面具有独特的统一体功能的空间单位。所以，文化集合性表现出来是占据着一定的地域空间的。地域不同，致使景观出现差异，是旅游地的空间相互作用得以实现的基本条件。

现代社会，信息通过各种渠道传播着，人们对自己乡土以外地区或国家的了解有所增加。这导致人们更加希望离开乡土到其他地方走走，光靠阅读书报或听别人介绍等间接手段了解和想象外部世界，不能满足人们的好奇心。他们需要亲自去看一看和亲身体验一下他乡的新异之处。经济和休闲发展，使不少人具备了旅游的能力。大众旅游的实践证明，相当多的旅游者的旅游动机中都包含这种探新求异的需要或者说好奇心和探索的需要。

当然，旅游者有很多种类型，并非所有旅游者都是为了解一种与自己不同的文化才旅游的。但这并不表示没有这种动机的游客就不经历"跨文化"的旅程。旅游活动有一大特征：离开自己居住地的空间移动。瑞士教授沃特尔·汉兹科和科特·克拉普夫在1942年发表了有关旅游业的一般理论，该理论后来被卡伯特和迈德里克加以引述，两位瑞士教授给旅游下的定义为："旅游是非定居者的旅行和暂时居留而引起的现象和关系的总和。这些人不会导致长期定居，并且不从事任何赚钱的活动。"这一概念后来被国际旅游专家协会（AIEST）所接受。

旅游者被定义为："到他（她）常住地以外的其他地方做不超过12个月旅行的任何人；其旅行的目的是在目的地从事除了赚钱以外的任何活动。""离开常住地"是旅游者的一大特征和判断标准，但由于城镇大小不一，常住地的范围标准难以统一。某些国家对旅游者离家的距离有量化标准，如1978年美国旅游数据资料中心和美国人口普查局将离家的单程距离限定在至少160千米；加拿大采用的是至少80千米的标准，安大略省则缩短至40千米。无论距离长短，这种外出旅行本身也就意味着"跨文化"旅程的开始，如前文论述没有两个人有完全相同的文化背景一样，不同的地域有着不同的文化，以文化景观的形式面对旅游者，它是地表上的文化印迹，显示出一个地区的综合特征，具有明显的区域性，包括可见的物质外貌，如聚落的形态与格局、土地利用类型、工业布局形态、房屋建筑风格、各民族服饰的差异等实物性的文化外在表现；还包括意识形态的非物质文化景观，如语言、艺术、宗教等制度和精神方面的内容。

一般而言，地理位置越近的地方差异越小，越远的地方，特别是不同文化区间的差异越大。国际旅游是本国居民到他国的出境旅游或他国居民到来的入境旅游，跨文化性更是毋庸置疑。

第二节　旅游跨文化交流的影响

一、产生文化漂移和文化涵化

跨文化交流形成文化传播。传播的影响，可以是文化漂移或者文化涵化两种。前者是表现行为上的改变,后者是意识行为的改变。

(一) 文化漂移

旅游目的地社会的文化改变只是体现在暂时性的文化改变上而没有意识行为的改变,就是文化漂移。一般人在追求异文化体验时,往往存在着一种"暂时性的假象",主要表现在具体的旅游时段中,会尽可能地使自己看上去"像个他者"。这种行为背后的动机比较复杂:有时仅仅是想使自己尽可能融入异文化的社会中去,以使自己的旅游看上去更具有异文化形象的特点;有的时候仅仅是为了某种时尚的满足,有的时候是对"我者形象"的厌倦、反感而产生的一种反叛心理,并把这种反叛心理诉诸具体行动。如果涉及最后一种情况,即对"我者形象的厌弃",则这往往是导致文化涵化的重要原因之一。

(二) 文化涵化

"涵化"属于人类学的专业概念,指不管人们愿意还是不愿意,只要发生文化接触,其社会文化就会发生变化。文化变迁是必然的,任何社会、民族或族群都要面对这样两方面力量的对抗:一方面要试图维持本社会的传统文化,以维持传统社会的稳定,保持社会功能最低限度的变化;另一方面,要面对促使其社会文化发生变化的因素,并对社会结构、功能进行调整,以使该群体适应和符合来自不断变化的社会因素的影响。

不同民族发生文化接触,互相借鉴比较容易理解,可是事实上情况会复杂得多。涵化过程会表现出内部因素和外部因素。前者主要表现在某一个社会文化体系中,根据群体的内部需要所产生的发明与创造;外部因素主要是在外部力量的影响和作用下而发生改变。为数众多的旅游者,会带来强大的外部因素压力,加速旅游目的地社会文化的变迁,造成交流上的不平等,甚至将目的地的社会文化引导到"非自主"的方向上。

二、旅游跨文化交流产生的影响

(一) 积极影响方面

1. 旅游区文化带来复苏的契机

被观察本身能激发起反思。文化的交易化是一把双刃剑,它可以带来文化的变迁甚至变质,但同时也带来了文化复苏的契机。地方文化在外来兴趣的作用下,将会得到重新阐释和重新评价,这也是文化自身的一种变革。

旅游也可能带来文化上的精心制作。比如,由于旅游的兴盛,丽江的东巴文化、西双版纳的贝叶经文化等,旅游业的发展使得这些传统的东西得以复兴,因为文化旅游业的发展为地方产品提供了一个更大的贸易市场。甚至有可能为了发展旅游业,而发掘本地区的深层文化,以至于将早已经消失的民俗文化恢复起来,甚至重新发现或者重新建构一种文化传统。

2. 为旅游者与目的地居民互相加深对异文化的了解提供条件

由于旅游者对文化空间的跨越,也使得旅游成为一种移动的文化,旅游团体则成为移动的社会,这样的移动性导致了文化交流与对话的基础。

在这样的交流中旅游者具有主动的地位,他们既是文化交流的主体,又是各自文化的载体,他们将分散的区域相互关联。积极的旅游者可以感知、学习异文化——旅游目的地的文化,同时也将自己的文化和所感受到的文化有意无意地传播给目的地的居民,将目的地社会之外的全部世界展示给当地居民,事实上重塑了他们的社会认同。正因为有了交流与对话,才加深了了解,为目的地居民的社会发展提供了多种的备选方案。在现代科学技术的支持下,任何民族的闭关自守都是不可能的,旅游跨文化交流从某种意义上可以说是检验一个民族自我认同的能力,它可能使传统的民族认同感受到削弱甚至完全丧失,也可能使民族认同感获得提升,或者说是加深对自己文化身份的认同。

3. 为旅游区福利状况改善创造了机遇

很多时候,为迎合旅游者而做出的改变并不构成全部文化变迁的理由。一个社会其文化的演进会受到这个社会民族文化内部和外部的各种因素的影响。一般可由以下三种方式所促成:①社会所处的生态环境的改变;②两种不同文化背景的社会相接触;③发生于社会内部的进化改变,这是一种社会内部已发生了改变从而影响进化的情况。第②种即包括旅游活动对社会文化的影响。旅游活动所带来的文化演进包括在两种(或多种)不同文化背景的社会相接触所影响到的文化演进之中。也就是说,旅游并不构成文化变迁的全部理由。

随着旅游跨文化交流的深入,必然伴随旅游目的地经济收益的增加,以及当地福利条件的改善。为了开发旅游,必然兴建一部分卫生设施,引进现代化的给排水设施等,并伴随着现代化医疗服务设备的改进。由于旅游者的涌入,增长了见识,改变了当地整体环境,可能会改变当地的表层文化甚至深层文化,并且可能使物价上涨明显。当然,从社会发展的角度上来说,这未必不是一种幸事。

(二) 消极影响方面

人们关注跨文化交流,其期望的收益主要在三个方面:①培养人们对不同文化的积极理解的态度;②培养跨文化接触时的适应能力;③培养跨文化交流技能。而跨文化交流的成本则可能引起一些文化特质变迁甚至消失。

1. 不加选择的文化交易化

在旅游跨文化交流中,文化被作为诱饵,被交易化,可是往往没有达到跨文化交流所期望的目的,这是文化旅游最大的机会成本。很多当地政府部门把文化不加选择而任意当作自然资源或商品出售给旅游者,并认为旅游者有权来购买;而大众游客的到来,直接挑战了文化的精神层次(从文化结构上讲,其第一个特征就是层次性。文化的物质层次是表层的;文化的制度层次是中层的,它是为了适应前者的需要,在前者的基础上建立并为保障前者而构建,包括亲族、民族等社会制度,政治、经济、法律、军事、教育等制度和风俗习惯、语言等文化制度;文化的精神层次是深层的,是对前两者的主体思考和高度抽象,包括思维方式、行为规范、价值系统等,共同构成民族精神和民族性格),指摘当地价值标准、行为规范和思维方式。实现文化交易化这种做法对政府来说只需要几分钟时间,而这一做法却可能把具有几百年甚至上千年历史的传统仪式毁于一旦。

　　这种文化交易化的一个典型后果就是：文化的舞台化。从旅游者角度来看，没有人愿意千里迢迢地去看假的东西，所以很多游客排斥旅游目的地民俗展示表演，认为这是伪文化；而从旅游目的地角度来说，则是一种对传统文化的挑战。旅游作为跨文化交流的主要载体，而其表现形式则可以说是一种"交易化"形式。

　　旅游的交易化过程会造成消极结果。比如，旅游目的地事物和事件意义的丧失、目的地居民对生产热情的丧失、为了迎合旅游者而缩短了仪式的过程等，都会引致文化内核的变异。这也可以说是盲目的文化交易化的一种典型消极后果。于是，不但本地文化受到重创，而旅游者原本对该旅游目的地的期待也落空了，旅游者与旅游目的地居民共同承担了不可挽回的损失。

2. 旅游者与目的地居民的"物化"

　　在对异文化做相对短暂的访问时，体现于食品、音乐、工艺品或社会行为等的表层文化差异是易于识别的，但相对深层的文化则鲜有人真正感兴趣。很少的旅游者有理解他人文化的欲望，更少有人愿意沉浸于某一异文化中；但是同样，事实上也没有多少旅游目的地的社会愿意适应旅游者的需要，愿意了解他们，将他们按照文化背景区分开来。

　　旅游区创建后，旅游者和旅游目的地居民，以及他们各自所代表的利益集团之间必然进行的是旅游交易。而西方旅游人类学认为旅游交易首先由陌生性这一条件所界定，而陌生感是相互的，并认为陌生人并不真的被认为是一些个体，而被认为是特殊的一类人，旅游目的地居民和旅游者不仅仅彼此将对方看成一类人，甚至彼此将对方看成客体。尤其当旅游者与目的地居民并非共享同一文化背景时，这种陌生感更加强烈。

　　同时，迎合旅游者又是一件重复而又单调的事情，如同将磁带翻来倒去地重复听一样。如果大众旅游业的经济目标得以实现，如果旅游者人数稳定性增强，个体游客身份就会不明，成为非人化的客体。当游客成了非人化的客体时，他们只能被目的地居民为获得经济利益而容纳；与此同时，游客没有其他选择，也只能带着好奇的眼光将当地人看作某种物体。

　　当这种情况发生时，跨文化交流就彻底失败了，是文化旅游的极大浪费。不仅旅游目的居民为迎合旅游者而做出了巨大的让步，如兴建迎合旅游者需要的接待设施、改变自己生活习惯等，可是旅游者却依然丝毫感受不到当地的文化，只能彼此将对方看作客体，除了单方面暂时的经济收益以外，不能对两方面文化产生积极的后果。

案例 链接

瑞士的旅游业

　　地处欧洲腹地的瑞士，只有 4.1 万平方千米的国土面积，人口 740 万。这里资源匮乏却创造了经济发展的奇迹，成为世界上富有的国家之一。这里人口稠密但不显拥挤，人与自然和谐相处，相得益彰。瑞士的旅游业更是使这个花园式的国家以博大的包容性和发展性展现在世人面前。

　　文化的多元性造就了瑞士旅游业丰富多彩的内容和吸引游人的兴趣点。瑞士文化的多元性首先体现在语言的多元化。该国拥有四种官方语言即德语、法语、意大利语和罗曼语，这些语言区在文化上都趋向于毗邻国家，也就形成了众多的文化区域。文化上的绚丽多彩正是游人急于了解异域风情的兴趣所在，游人来到瑞士就等于进入了万国宫，加深了对欧洲文化和风俗的理解。名人故居，古老的教堂，汇集各种文化的历史博物馆都让游人一饱眼福。正是这种多元性和丰富多彩的民风、民俗从文化层面上促进了旅游业的开发和发展。

以人为本、以客为尊是旅游业健康发展的基础。先进的旅游设施、优质的旅游服务、以人为本的经营理念是促进旅游业健康发展的基础。它要求旅游基础设施应充分体现安全与舒适，旅游产品应充分体现特色与个性，旅游路线应充分体现便捷与需求，旅游服务应充分体现细致与亲和，为游客创造一个"紧张而有序、疲惫但快乐"的旅游氛围。

瑞士旅游业发达的一个突出表现是其先进的设施和热情周到而又细致的高质量服务。为了使游客了解天气，山地景区所有酒店的电视都专门有一个频道实况传送山上的天气状况，游客可以根据气候的好坏选择登山时机。为了给国际游客提供便捷服务，瑞士政府在景区、旅游交通线路上都全面设置了国际标准图形标志，满足了世界各国游客的需求。在瑞士由铁路、邮政巴士、游船、观光缆车组成的瑞士公共交通系统覆盖了瑞士几乎所有的城市和景点，并以其人性化的服务和精确的运营时间而享誉世界。列车始发不差分毫。列车是瑞士最方便、快捷的交通工具，在每个站台上都有详细的列车到达和驶出时刻表。列车内部装饰各具特色。有的车厢装扮得像乡村酒馆，有的车厢布置得富有浓厚的怀旧气息。瑞士的火车站是一个综合的服务中心，既可提供瑞士境内火车、巴士、游船的全方位信息，又配备了懂得多国语言的专业人员提供服务，还为游客设置了预订机票和车票、办理托运、兑换货币、寄存行李、租借自行车、滑雪工具等服务，甚至还提供淋浴。瑞士的徒步旅行线路标识明确。这些徒步旅行线路上有全国通用的黄色标识牌，明确标示了目的地方向、所需时间、海拔高度等信息。瑞士还专门为国际旅游者设计了全国通用的"瑞士旅游通"，针对游客在瑞士的停留天数、旅游类型给予不同的优惠，使用起来十分方便。在瑞士旅游安全、便捷、舒适，是一种享受。

问题讨论：结合案例谈谈，瑞士的旅游业在面对跨文化交流的过程中哪些做法是值得借鉴的。

分析参考：瑞士值得借鉴的做法有以下几个方面。

（1）瑞士旅游业坚持开放的态度，承认外国文化与本国文化的差异；明确不同文化背景下人的需求差异；强调学习跨文化技能（技巧），注重根据有无特殊的习惯和喜好采取不同的接待方式。

（2）强调从旅游者的角度认识和改善旅游服务。在具体问题的分析中，强调从游客和一线旅游服务者对旅游的意见，从细微之处入手，剖析问题的根源，研究对策，从而能够保证旅游服务按照游客的喜好与满意程度进行相应的完善，真正达到旅游人性化的目的。

（3）强调从业者在旅游服务中的热情和周到。瑞士同行认为在旅游发展中，旅游从业者和管理者应当有发自内心的热情。只有这样，才能使客人从人性的角度，理解和感受到旅游目的地人员的热情，才能真正地将旅游做好。

思考与练习

一、实训项目

项目名称	少数民族地区旅游发展对其传统文化的影响
实训目的	掌握旅游跨文化交流的影响
实训要求	理解和掌握旅游跨文化交流带来的消极影响和积极影响
准备工作	1. 分组,成员 10 人左右 2. 选取一个少数民族地区的旅游开发为分析对象,搜集相关旅游开发前后该地区文化变迁的相关资料
方法	1. 教师拟定文化变迁中的分析要素,以引导学生针对旅游开发前后进行对比讨论 2. 根据班级情况,学生分组 3. 每组同学检索文献、收集资料,开展小组讨论 4. 小组汇报该民族地区旅游发展中存在的文化变迁现象 5. 教师点评每组同学的表现,总结旅游跨文化交流的影响

二、简答题

1. 旅游跨文化交流的消极影响有哪些?
2. 旅游跨文化交流的积极影响有哪些?

三、案例分析

野三坡位于河北省保定市涞水县境内,北部和北京房山区接壤,距北京市中心约100 千米。由于交通和历史方面的原因,这里虽然毗邻首都,长期以来却与外界隔绝。在20 世纪 80 年代中期开发旅游之前,当地依然保持着山区农村的传统习俗和朴实的民风。

在野三坡旅游开发的过程中,当地村民的经济意识也发生了深刻的变化。最初人们不相信当地能发展旅游,在游客来了以后也只是拿他们当亲人相待,食宿均不收报酬,“主客间仿佛是亲戚关系,彼此不计较经济得失”。后来随着经济意识的增强,人们广开脑筋寻找致富门路,或开设家庭旅馆和饭馆,或出租马匹、马车,但与此同时,当地的淳朴之风减弱,出现了不择手段追逐金钱的现象,敲诈勒索时有发生。

问题讨论:如何规避或降低旅游开发所带来的消极影响?

中篇
旅游文化的构成

旅游历史文化

古 代 文 明

在世界几大文明古国中,其他几个古代文明,如古埃及文明、两河文明、古印度文明等,都中断了,有的中断得很早,譬如古埃及文明和两河文明,早在纪元前就湮灭了。不但文明中断,原来居住在那里的民族也都不知道换了多少次,已经是面目全非。但是,中华文明却一直生生不息,延续到今天。时间跨度有五千年上下。中间虽有短时间的分裂和外族统治,但中华文明的主体和民族主体从来没有改变过。

问题讨论:谈谈你对中华文明不同于其他古文明,能够一直生生不息延续至今的原因在哪里?

分析参考:回答这个问题可能很不容易,但是可以粗线条地找出些原因。

首先是中国所处的地理位置的影响。中国的自然地理环境并不是多么好,山多,灾害多。中原地区不适合放牧,只适合农耕。中国的主体民族汉族是一个农耕民族。由于土地少,条件差,因此中华民族是世界上最精耕细作的民族。长期和土地打交道,养成了守土为安的习惯和文化。中华民族不喜欢迁徙,不喜欢外出,即便不得不离开家乡的,也讲求叶落归根。长期的共同生活,就形成宗族的纽带,非常牢固。这些因素就造就了中华民族超级的稳定性,其他外部势力很难打破这种稳定。

其次是大一统观念的影响。周朝后期,中国形成战乱不休的局面。如果这样发展下去,很难说中国的历史会怎样发展。但是秦始皇统一了中国,汉朝又把这种大一统通过各种制度巩固下来。而这种大一统,有利于减少战争,有利于农耕民族的劳作,而分裂的国家总是战乱不断的。大一统的国家也有利于减少国家管理成本。譬如,有多少个国家就有多少支军队、就有多少个国家政权等,这就势必加重人民的负担。大一统也有利于集中更多力量抵御外侮,有利于在敌人和灾害面前周旋。由于大一统有许多好处,所以,大一统的观念就深入中华民族的血脉,谁主张分裂都是不得人心的,都会天下共讨之。

再次是中华民族是爱好和平的民族,历史上绝少主动侵略其他国家和民族,多是守土抗战。中华民族内部虽然有众多的少数民族,过去民族之间也有矛盾,但总的来说,我们很少有所谓的"种族歧视",中国历史上从来没有种族歧视这种说法,各民族总体来说是比较平等的。"和""中"等都是中华文化中的重要元素。和,就是和平;中,就是中庸,不走极端。这些都利于民族团结和国家统一。

最后是方块字——汉字。汉字在中华文明的传承中也发挥了极其重要的作用。从秦始皇书同文开始,中国统一用一样的汉字。虽然方言很多,但写起来都是一样的。如果中国古代采用拼音文字,那么不同方言区拼写出来都不相同,时间久了,语言文字就会分化成许多种,最后就会形成不同的民族。欧洲就是这样的,它有许多种不同的民族文字,其实不过是某个语系的不同方言固定下来的。文字的分化导致了新民族的形成,中国不存在这个问题。

【学习导航】

通过本章的学习,学生可掌握我国历史发展的沿革;熟悉和掌握历史相关常识;了解我国古代思想和古代科学文化技术等知识。

【教学建议】

中国几千年衍生的历史文化丰富而又复杂,课程讲授中可以项目任务的形式,让学生积极参与课堂讨论,一方面加强学生的自我学习能力,另一方面也使得枯燥的历史讲解变得生动活泼。

第一节　中国历史发展概述

一、原始社会

(一) 原始群时期

原始群也称"原始游群"(Primitive Horde)(约公元前 170 万年—公元前 10 万年)。氏族公社形成前的早期原始人群体,是人类的童年时期。族外婚导致氏族制度的形成和原始群的解体。原始群活动的历史,大致为旧石器时代的早期和中期,到母系氏族公社形成而结束。我国的元谋猿人、蓝田猿人、北京猿人、马坝人、丁村人等都属于原始群时期的原始人类。

中国现今的理论认为,中国历史中的原始群分为原始群前期(有元谋人、蓝田人、北京人和金牛人)、原始群后期(有马坝人、长阳人和丁村人)。而原始群和其后的氏族公社时期是中国原始社会(公元前 170 万年—公元前 21 世纪)的两个阶段。前期人类称为"直立人",亦称猿人;后期人类称为"早期智人"。

据考古发掘,这些原始人最早使用的工具是石器,通过最简单、粗糙的打制方法制造,故被称为旧石器时代。他们过着群居的生活,靠采集和渔猎为生。北京人已学会使用天然火,已有简单的语言,婚姻形式由乱婚逐渐转变为血缘群婚。

(二) 氏族公社时期

氏族公社,是原始社会在一定发展阶段上以血缘关系为纽带形成的社会组织和经济组织的基本单位,产生于旧石器时代晚期,新石器时代达到鼎盛,在青铜时代趋于瓦解。主要特征为:以血缘为纽带,族外婚,生产资料公有制,共同劳动,产品平均分配,以选举出的氏族首领管理公共事务,重大事务由氏族大会决定。氏族公社经历了母系氏族公社和父系氏族公社两个阶段。母系氏族公社经蒙昧时代高级阶段继续发展,到野蛮时代低级阶段臻于全盛。到野蛮时代的中高级阶段,随着社会生产力和劳动分工的发展,母系氏族公社渐为父系氏族公社所取代。原始社会晚期,社会生产力提高,氏族公社为国家所代替。

大约在 5 万年前,我国古人类进入了氏族社会时期。距今约 1.8 万年的北京山顶洞人已使用磨制石器,会人工取火,会制造和使用弓箭和骨针等。在 6 000～7 000 年前,进入母系氏族公社时期。浙江余姚河姆渡氏族是长江流域母系氏族社会的典型。他们运用榫卯结构建造房屋,学会了打井、饲养家畜、种植水稻。我国是世界上最早种植水稻的国家。西安半坡氏族是黄河流域母系氏族社会的典型,人们已能建造房屋,过着定居生活,学会了纺织、制陶、种植粟、麻和饲养家畜。母系氏族社会中的妇女在社会生活和生产中起主导作用,按母系血统确定亲属关系,子女只知其母、不知其父。氏族成员之间是平等的,婚姻制度是族外群婚制。

大约从公元前 5000 年起,父系氏族公社出现了。山东大汶口龙山文化、浙江良渚文化和河南龙山文化是典型代表。男子在社会生活和生产中居于支配地位,以父系血统确定亲属关系,婚姻由对偶婚过渡到一夫一妻制,墓葬也以单人葬和男女合葬代替了男女分别合葬,随葬品的多少反映出财产私有和贫富差别。贫富分化导致了对财产和奴隶的争夺,形成了统治者和被统治者的对立,氏族社会逐渐向阶级社会转变。

知识链接 5-1

中国史前文化一览表

考古学时代	考古学文化	距今年代	典型遗址所在地
旧石器时代早期	西侯度文化	180 万年	山西芮城西侯度
	元谋人文化	170 万年或 60 万～50 万年	云南元谋上那蚌村
	蓝田人文化	100 万～75 万年	陕西蓝田公王岭
	北京人文化	70 万～20 万年	北京房山周口店
旧石器时代中期	长阳人文化	19.5 万年	湖北长阳大堰乡钟家湾村
	大荔人文化	晚更新世早期	陕西大荔甜水沟
	丁村人文化	晚更新世早期	山西襄汾丁村
	许家窑人文化	10 万年	山西阳高许家窑
	马坝人文化	晚更新世早期	广东曲江马坝狮子山

续表

考古学时代	考古学文化	距今年代	典型遗址所在地
旧石器时代晚期	水洞沟文化	晚更新世	宁夏灵武水洞沟
	哈尔滨人文化	2.3万年	黑龙江哈尔滨市阎家岗
	柳江人文化	（晚更新世）	广西柳江通天岩
中石器时代	灵井文化	1.0万年以上	河南许昌灵井
	沙苑文化	1.0万年以上	陕西大荔沙苑
	白莲洞文化	1.0万年以上	广西柳州白莲洞
新石器时代早期	仙人洞文化	约1.0万年	江西万年仙人洞
	后李文化	约8000年	山东淄博后李官庄
	磁山文化	8 000～7 500年	河北武安磁山
	裴李岗文化	8 000～7 400年	河南新郑裴李岗
新石器时代中期	河姆渡文化	7 000～5 400年	浙江余姚河姆渡
	仰韶文化	7 000～5 000年	陕西西安半坡村
	大汶口文化	6 300～4 400年	山东泰安大汶口
	红山文化	6 000～5 500年	内蒙古赤峰红山后
新石器时代晚期	屈家岭文化	5 500～4 500年	湖北京山屈家岭
	薛家岗文化	5 500～5 000年	安徽潜山薛家岗
	良渚文化	5 200～4 200年	浙江余杭良渚镇
	山东龙山文化	4 400～4 000年	山东章丘龙山镇
	河南龙山文化	4 800～4 000年	河南陕县庙底沟
	马家窑文化	5 200～4 000年	甘肃临洮马家窑

注：更新世是地质时代第四纪的早期。地球历史上的更新世和考古学上的旧石器时代相当。

二、夏、商、周时期

(一) 夏(公元前 21世纪—公元前 16世纪)

公元前21世纪，大禹建立夏朝，这是我国历史上的第一个奴隶制王朝。按照禅让制，大禹死后，应由伯益继位，但大禹的儿子启不服，起兵杀死伯益，登上王位。从此，王位世袭制代替了禅让制。

夏朝的政治中心在今河南省偃师、禹州、登封等一带地区，是从陕西、甘肃、河南一带的仰韶文化发展而来。夏王朝的政治组织制度还比较简单，设有负责观察天体四时的羲氏、和氏，管理政事的牧正、车正、庖正，有专门囚禁犯人的地方"夏台"。羲氏与和氏制定了"夏小正"的历法，把一年分为12个月，就是最原始的夏历。掌管政事的牧正、车正、庖正负责领导人民制造石器、木器等工具并组织生产活动。在偃师二里头夏王朝遗址中，发掘出不少石镰刀、石斧头、蚌刀、木耒等农具，也有一些小型的青铜制的兵器和工具。陶器则有爵、斝、鼎、豆、罐等器物。夏代的农业很发达，考古发现在夏代已经有谷、稻、麦、菽、瓜等多种农作物。夏实行"五十而贡"的税收制度，各部落都要按收入的一定比例向中央政府纳税。后世的井田制度在夏代也已经存在，只是还没有大规模推广而已。

夏朝最后的统治者桀，暴虐无道，狂妄自大。公元前16世纪，黄河下游商部落在首领汤的率领下,起兵伐桀,夏朝灭亡。夏朝共传 14 代 17 王,约 500 年。

(二) 商 (公元前 16 世纪—公元前 11 世纪)

商汤推翻了夏桀的统治,建立了商朝。商朝多次迁都,至盘庚时迁都殷(今河南安阳)。这就是历史上有名的"盘庚迁殷"。因此,商朝又被称为殷朝。武丁时期,提拔傅说为相,任人唯贤,大力改革政治,扩大疆域,人口增多,商朝的势力远及四方,发展到鼎盛,史称"武丁中兴"。至纣王时期,宠爱妲己,荒淫无度,将比干、箕子、微子等贤臣杀害或贬斥,激起社会矛盾。西方属国的国君周武王带领一些小国、部落,向商都进攻,史称"武王伐纣"。公元前 1046 年,双方在牧野(今河南汲县北)激战,纣王战败自焚而死。

商朝是当时世界上文明程度高度发达的国家,农业生产和畜牧业空前发展,手工业达到较高水平。商代农业生产已成为社会生产的主要部门。商代的主要农作物有禾、黍、稻、麦等。耕作的方法采用合力耕种及焚田(即火耕)。农业生产中使用的工具有木、石、骨、蚌,亦有青铜农具。耕具有耒、耜。商代农作物的再生产品有酒、醴、鬯(chàng)。酒为黍或稻所酿,醴为稻所酿,鬯为黑黍及香草所酿。园艺和蚕桑业亦有发展。商代畜牧业也很发达,后世所称的六畜,都已全备。商代的黄河下游中原地区,气候温和,雨量充沛,并有广大的森林、草原、沼泽、湖泊,故作为农业、畜牧业补充的渔猎也很发达。商代的手工业分工较细,各种手工业都已有了显著发展和突出成就,其品种繁多,主要有礼器、兵器、生产工具及车马器,其中最重要的是礼器。礼器中数量最多的是酒器。陶器是商代社会的主要生活用具,制陶是商代重要的手工业。最能代表商代制陶工艺水平的是白陶和釉陶(原始瓷器)。

商代的文字主要有刻在甲骨上的甲骨文与铸在铜器上的金文以及刻在陶器、玉石上的文字。其中发现数量最多的是甲骨文与金文。商代的宗教观念,是天神崇拜和祖先崇拜,且两者紧密结合。商代盛行占卜,凡事都求神问卜,以定凶吉与行止。占卜所用的材料为龟甲与兽骨。先将甲骨整治好,用时在其背面钻凿、灼烧,并依据正面裂出的兆纹来定凶吉,然后由卜官将占卜的过程及内容事项刻写在甲骨上,这种卜辞即是甲骨文。

知识链接 5-2

甲骨文是如何发现的?[①]

清光绪二十五年(公元 1899 年)秋,时任国子监祭酒(相当于中央教育机构的最高长官)的王懿荣(1845—1900 年)得了疟疾,派人到宣武门外菜市口的达仁堂中药店买回一剂中药,王懿荣无意中看到其中的一味叫龙骨的药品上面刻画着一些符号。龙骨是古代脊椎动物的骨骼,这种几十万年前的骨头上怎么会有刻画的符号呢? 这不禁引起他的好奇。对古代金石文字素有研究的王懿荣便仔细端详起来,觉得这不是一般的刻痕,很像古代文字,但其形状又非籀(大篆)非篆(小篆)。为了找到更多的龙骨做深入研究,他派人赶到达仁堂,以每片二两银子的高价,把药店所有刻有符号的龙骨全部买下,后来又通过古

---

① 王兆麟. 甲骨文发现一百年[J]. 炎黄春秋,1999(10).

董商范维卿等人进行收购，累计共收集了 1 500 多片安阳出土的甲骨文。他对这批龙骨进行仔细研究分析后认为，它们并非什么"龙"骨，而是几千年前的龟甲和兽骨。他从甲骨上的刻画痕迹逐渐辨识出"雨""日""月""山""水"等字，后又找出商代几位国王的名字。由此肯定这是刻画在兽骨上的古代文字，从此这些刻有古代文字的甲骨在社会各界引起了轰动，文人学士和古董商人竞相搜求。

曾有人对王懿荣从中药中发现带字龙骨之说提出质疑，认为王懿荣在他的有关著述中没有这方面的记载，并认为王懿荣吃的龙骨在药店已加工成细粒，是看不出刻痕文字来的。而且当时菜市口一带并没有达仁堂药店。对此，后来研究甲骨文的学者周绍良说，当时龙骨在中药店都是成块、成片出售的，直到 20 世纪 30 年代他到中药店买龙骨还是这样。至于达仁堂药店当时确实不在菜市口，但菜市口有家著名的西鹤年堂中药店，当时的人很迷信西鹤年堂，买中药都要去西鹤年堂药店，这也有可能是当时误传造成的结果。

在甲骨文确认以前，河南省安阳市小屯村的农民在耕作时就不断在农田里挖刨出古代甲骨。据说把甲骨当作药材到中药铺去卖的第一个人是一位叫李成的剃头匠。一次他害上一身脓疮，没钱去求医购药，就把这些甲骨碾成粉敷到脓疮上，想不到流出的脓水被骨粉给吸干了，而且发现骨粉还有止血的功效。从此他就把它们收集起来，说成龙骨，卖到了中药铺。

经过许多学者专家考证研究，所谓龙骨其实是商代占卜用的工具。人们在占卜之前，先把龟甲和牛肩胛骨锯削整齐，然后在甲骨的背面钻出圆形的深窝和浅槽，占卜时，先把要问的事情向鬼神祷告述说清楚，接着用燃烧着的树枝，对深窝或槽侧烧灼，烧灼到一定程度，在甲骨的相应部位便显示出裂纹来。于是，占卜者根据裂纹的长短、粗细、曲直、隐显，来判断事情的吉凶、成败。占卜后，便使用刀子把占卜的内容和结果刻在卜兆的近处，这就是卜辞。刻有卜辞的甲骨被当作档案资料妥善收藏在窖穴中，遂得流传于后世。甲骨文发现的故事，后来被人们称为"一片甲骨惊世界"的奇迹，在中国和世界考古史上写下了带有传奇性的篇章。

(三) 周 (公元前 11 世纪—公元前 256 年)

1. 西周

周武王灭商，建立周朝，定都镐京，史称西周。周王室封邦建国，分封了大量同姓和一些异姓诸侯，推行宗法制。农业上推行井田制度，手工业实行工商食官。周王朝制定了礼和刑，礼用来维护贵族内部的等级制度，刑用来镇压奴隶和平民。公元前 9 世纪，周厉王贪财好色，残酷剥削百姓。公元前 841 年，国人暴动，周厉王被逐，由周、召二公执政，史称"共和行政"。这一年为我国历史上有确切纪年的开端。周幽王烽火戏诸侯，终于在公元前 771 年，犬戎攻破镐京，幽王被杀，西周灭亡。

2. 东周

公元前 770 年，周平王迁都洛邑。东周（公元前 770—公元前 256 年）开始。东周时期又称春秋战国时期，分为"春秋"和"战国"两部分，是我国奴隶社会向封建社会转化的时期。

（1）春秋时期。公元前 770 年到公元前 476 年，是春秋时期。它得名于鲁国的史书

《春秋》。周平王东迁后,周天子地位衰落,诸侯和卿大夫势力崛起,出现了争霸的局面。史称的"春秋五霸",一说为齐桓公、晋文公、宋襄公、秦穆公、楚庄王;另一说为齐桓公、晋文公、楚庄王、吴王阖闾、越王勾践。争霸促进了奴隶制瓦解、封建制的成长和民族交流融合。

(2)战国时期。公元前475年至公元前221年,是战国时期。战国时期,主要诸侯国有齐、楚、燕、韩、赵、魏、秦,史称"战国七雄"。为增强国力,各国先后实行变法。魏国李悝变法最早,秦国商鞅变法最彻底。变法使各国封建君主制度逐步完善,封建经济发展,封建等级关系确立。大国之间不断发生兼并战争。战争促进了民族融合与文化交流。最终秦统一全国。

三、秦汉时期

(一)秦(公元前221—公元前206年)

公元前221年,秦王嬴政灭六国,定都咸阳,建立了中国历史上第一个统一的多民族中央集权的封建国家。秦朝的疆域,东临大海,西到陇西,南濒南海,北抵长城一带,全国人口达2 000多万人。秦王嬴政自以为"德兼三皇,功高五帝",自称始皇帝。为加强统治,他出台了一系列的措施。设立"三公九卿"制,地方上推行郡县制,长官由皇帝任命。统一度、量、衡、文字与货币。实行土地私有制,按亩纳税。北击匈奴,修筑长城,南击百越,开凿灵渠,修订《秦律》,广修驰道,巡视各地。严刑酷法和繁重的赋税,激化了阶级矛盾。公元前209年,陈胜、吴广在大泽乡发动了中国历史上第一次大规模的农民起义。公元前206年,刘邦占领关中标志着秦朝灭亡。

(二)汉(公元前202—220年)

项羽与刘邦经过四年楚汉战争,公元前202年,项羽垓下兵败,自刎乌江。刘邦建立汉朝,定都长安,国号汉,史称西汉。刘邦采取无为政治和与民休息的政策,经济得到恢复与发展。至文帝、景帝时,出现中国封建社会第一个治世"文景之治"。汉武帝刘彻即位后,鉴于吴楚七国之乱的教训,颁布"推恩令",削弱诸侯王。将盐铁和铸币权收归中央,增强经济实力。采纳董仲舒"罢黜百家、独尊儒术"的建议,以思想统一巩固政治统一,使儒家思想成为封建社会的统治思想。

西汉时,铁犁牛耕进一步发展,大量兴修水利,农业生产发展迅速。手工业以煤做燃料冶铁,纺织业使用提花机,城市商业繁荣。西汉后期土地兼并严重,公元9年,王莽废汉建立"新"朝,实行复古改制,激起了绿林、赤眉农民起义,"新"朝亡。

公元25年,汉室皇族刘秀称帝,定都洛阳,史称东汉。刘秀即汉光武帝,他称帝后优待武将,削弱兵权;重用文臣,加强监察,减轻徭役,鼓励农耕,使得社会安定,史称"光武中兴"。但是东汉中后期,由于豪强地主大肆兼并土地,广建田庄,农民失去土地。宫廷内部外戚宦官交替专权,政治腐败。公元184年,太平道首领张角组织黄巾军起义,动摇了东汉政权的统治基础。公元196年,以镇压黄巾军起义起家的曹操,胁迫汉献帝迁都许昌,东汉名存实亡。

秦汉时期是中国历史上第一个大统一时期,也是我国封建社会的奠基时期。中华民族思想文化的真正统一及其相应制度的建立,也是在秦汉时代。秦统一后,实行"书同文,行同伦,车同轨,度同制,地同域"(《礼记·中庸》)的"五同"政策。汉武帝时,董仲舒提出的"三纲五常",形成了适合民族心理素质的思想文化制度和伦理道德规范。这一时期,中国科技文化处于世界领先地位,文、史、哲和艺术大放光彩,对后世影响深远。中国的铸铜、制漆、汉字传入朝鲜,铸铜和制铁技术传入日本,丝绸、冶铸、水利技术远播中亚、罗马、欧洲地区。China 即印度梵文"秦地"一词的简化音,不少国家称中国人为"汉人",称中国学为"汉学",显示了秦汉文化对世界的深远影响。秦汉时期所形成的经济制度、官僚政治制度、家庭制度、文教制度以及伦理规范,决定了中国文化的实质和精神。秦汉之制、秦汉思想文化风貌,成为后世遵循的楷模。

四、三国两晋南北朝时期

(一) 三国 (220—280 年)

三国包括了魏、蜀、吴。

曹魏的年代始于公元 220 年,曹丕篡汉,建都洛阳,史称魏或曹魏。统治范围有整个黄河流域、淮河流域,以及长江中游的江北及甘肃、陕西、辽宁的大部分地区。亡于公元 265 年,共历 5 帝、46 年。

蜀汉为刘备所建立的国家,公元 221 年,刘备称帝于成都,国号曰汉,史称蜀或蜀汉。统治区域有今四川、云南、贵州全部和陕西的一部分。公元 263 年为曹魏所灭,共历 2 帝、43 年。

孙吴为孙权所建立的国家,公元 222 年孙权称吴王,229 年称帝,国号吴,建都于建业(南京古称),史称孙吴或东吴。统治区域有今长江中下游、浙江、福建和两广地区。公元 280 年为晋朝所灭,共历 4 帝、59 年。

(二) 两晋南北朝 (265—598 年)

晋朝分为西晋与东晋。

公元 265 年司马炎代魏称帝(晋武帝),国号曰晋,建都洛阳,史称西晋。公元 280 年晋朝灭吴,统一全国,三国以来的分裂,至此再度统一。疆域北至山西、河北及辽东,与南匈奴、鲜卑及高句丽相邻;东至海;南至交州(今越南北部);西至甘肃、云南,与河西鲜卑、羌及氐相邻。但晋武帝死后不久,宗室之间爆发"八王之乱",曹魏以来入徙塞内的游牧民族也乘机起兵称帝,全国又陷入分裂混战的局面。公元 317 年,晋朝宗室司马睿在南方重建晋王朝,占有今长江、珠江及淮河流域,建都于建康,史称东晋。公元 420 年,刘裕代晋,改国号为宋,东晋亡,共历 11 帝、104 年。两晋共历 15 帝、156 年。

公元 489 年,萧道成废宋,建齐。502 年,萧衍进兵建康称帝,建梁。557 年,陈霸先废梁称帝,建陈。宋、齐、梁、陈均立都建康,史称南朝。386 年,鲜卑拓跋部建立北魏,逐步统一北方。后分裂为东魏和西魏。东魏后被北齐所代,西魏后被北周所代。此五朝,史称北朝。南朝、北朝同时并存,史称"南北朝"。

三国两晋南北朝时期,是我国历史上国家分裂、民族大融合时期。南方经济得到进一步开发,科学技术、文化艺术得到进一步发展,在不少领域内取得了世界领先的成就。祖冲之是第一位把圆周率算到小数点后第七位的数学家,比欧洲早1 000多年。贾思勰的《齐民要术》,是世界农学史上的优秀著作之一。北方出现了各民族大融合的趋势。北魏统一后,魏孝文帝迁都洛阳,开始大规模的汉化改革,穿汉服,说汉话,与汉族人通婚,使汉族先进文化融入北魏,为南北朝的统一奠定基础。

知识链接 5-3

五胡十六国

匈奴人刘渊建立汉政权(后改国号曰赵,史称前赵),公元316年,刘渊族子刘曜攻占长安,俘晋愍帝,西晋亡国,共历4帝、52年,北方从此进入所谓的"五胡十六国"时代。五胡十六国,自公元304年刘渊称王起,北方各民族纷纷建立起各霸一方的王国,至439年北魏拓跋焘(太武帝)灭北凉为止,共历135年。

在此期间,共有六个民族各自建立王国,包括汉、匈奴、鲜卑、氐、羌、羯。这些王国的统治区域分布在北方和四川一带,共计有成汉(巴氐人李氏)、夏(匈奴赫连氏)、前赵(匈奴刘氏)、后赵(羯族石氏)、前秦(氐族符氏)、后秦(羌族姚氏)、西秦(鲜卑族乞伏氏)、前燕(鲜卑族慕容氏)、后燕(鲜卑族慕容氏)、南燕(鲜卑族慕容氏)、北燕(汉族冯氏)、前凉(汉族张氏)、后凉(氐族吕氏)、西凉(汉族李氏)、南凉(鲜卑族秃发氏)、北凉(匈奴族沮渠氏)十六国。但另外还有汉人冉闵的魏、鲜卑族慕容氏的西燕及北魏前身的代国等不被计算在内,此即史称的"五胡十六国"时代。

五、隋唐时期

(一) 隋(581—618 年)

隋朝,建都长安(今陕西西安),历文帝杨坚、炀帝杨广、恭帝杨侑,共历3帝、38年。隋朝的开国君主杨坚出身北周贵族,周宣帝时拜上柱国、大司马。后来周静帝年幼即位,杨坚为大丞相,总揽军政大权,在平定了河南、湖北、四川的割据势力后,又铲除了宇文氏诸王室,于大定元年(公元581年)代周称帝,建国号隋,建都长安,是为隋文帝。

隋文帝实行了一系列发展经济、恢复生产、巩固统一成果的措施。他加强中央行政机构的领导,设立三省六部;又改地方"州、郡、县"三级制为"郡、县"二级制;改革府兵制;重颁均田令;制定新刑律;新铸五铢钱;统一度量衡,等等。他使用得力的大臣高颎、杨素、牛弘、苏威等,坚持以农为本,兴修水利,使手工业和商业得到恢复发展。文帝又开通广通渠,以便漕运交通,在长安建大兴城,并完善科举制,通过考试选拔人才。仁寿年间,全国户口增到七百万户,仓廪充实,社会安定,出现欣欣向荣的景象。

开皇二十年(公元600年),文帝废太子杨勇,另立次子杨广。杨广素与宇文述、杨素勾结,建立党羽,阴谋夺位。仁寿四年,文帝突然病死,杨广即位,是为隋炀帝。炀帝得志后骄恣无忌,滥用人力、财力,挥霍无度。公元618年,在隋末农民大起义中被杀于扬州,隋亡。

知识链接 5-4

什么是三省六部制？

三省六部制(见图 5-1)是中国古代封建社会一套组织严密的中央官制。它确立于隋朝,此后一直到清末,六部制基本沿袭未改;对于三省制,其中尚书省形成于东汉(时称尚书台);中书省和门下省形成于三国时,目的在于分割和限制尚书省的权力。在发展过程中,组织形式和权力各有演变。到了隋朝,才整齐划一为三省六部,主要掌管中央政令和政策的制定、审核与贯彻执行。各不同时期的统治者做过一些有利于加强中央集权的调整和补充。

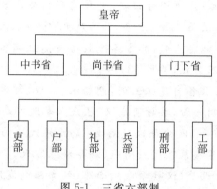

图 5-1   三省六部制

(二) 唐 (618—907 年)

唐朝,是中国历史上最重要的朝代之一,也是公认的中国最强盛的时代之一。李渊于公元 618 年建立了唐朝,以长安(今陕西西安)为都,后来又设洛阳为东都。唐朝的建立者是唐高祖,而领兵用十年时间完成统一大业的则是唐太宗李世民。李世民通过玄武门之变登位之后,经过励精图治,使唐朝在中国封建社会空前繁荣,出现了"贞观之治",在政治、经济、文化等各方面都居于当时世界领先地位。公元 690 年,武则天改国号为周,史称武周。直到公元 705 年,唐中宗恢复大唐国号。此后,唐玄宗时期出现"开元盛世",国强民富,升平之世再次出现。但到天宝十四年(公元 755 年)安史之乱后,唐朝一方面形成藩镇割据的局面,同时又出现宦官专权与官僚势力激烈斗争的现象,逐渐削弱了唐帝国的统治,唐朝日渐衰落。黄巢农民大起义后,唐朝很快走向灭亡。至公元 907 年朱全忠篡位,唐朝灭亡。唐共传 20 帝,历时 289 年。

唐朝经济发达、文化繁荣、国力强盛,国际地位超越以往任何朝代,是中国历史上继汉代出现的又一鼎盛局面,史称"强汉盛唐"。在农业方面,曲辕犁得到进一步改进,筒车的发明运用,提高了生产效率。手工业在冶金制造工艺方面有很大提高。陶器以唐三彩最为著名。唐都长安规模巨大,布局严整,是当时世界上规模最大、商业繁荣、人口最多的都市;还有很多国家和民族的商人、使者、留学生,是一座国际性大都市。在对外交往上,出现前所未有的盛况,与唐通商的亚、欧国家有 70 多个。各国使节、商人、学者云集长安。

唐天宝末年,驻长安外国使节达 4 000 多人,商人近 2 000 人,学者众多。由于唐文化是当时世界上最先进的文化,对亚洲和西方乃至世界文明的影响是巨大和深刻的。至今不少海外华人居住区被叫作唐人街,穿着的衣服被称为唐装。由此可见,唐朝确实是中华民族历史上一个光辉灿烂的伟大时代。

知识链接 5-5

贞 观 之 治

"贞观之治"是指中国唐太宗在位期间的清明政治。唐太宗继承唐高祖李渊制定的尊祖崇道的国策,并进一步将其发扬光大,运用道家思想治国平天下,取得天下大治的理想局面。当时年号为"贞观"(627—649 年),故史称"贞观之治"。这是唐朝的第一个治世,同时为后来的开元盛世奠定了厚实的基础。

"贞观之治"的重要内容有四个方面。

(1) 唐太宗君臣论治。唐太宗与大臣们经常议论历代王朝兴衰成败的原因,经常以亡隋为戒,注意对人民的剥削压迫要有所节制。

(2) 选贤任能,兼听纳谏。唐太宗坚持任人唯贤,不因血缘、地域甚至是政敌而舍贤才。因此能够从各阶层搜罗许多杰出人才,并注意对地方官吏的任用和考察。他能够兼听众议,注意纳谏。其臣下敢于犯颜直谏,形成了封建社会中少有的良好政治风气。

(3) 轻徭薄赋,发展生产。唐初赋税徭役比隋朝有所减轻,尤其力役征发比较有节制,注意不夺农时。对灾区免除租赋,开仓赈恤。另外还紧缩政府机构,以节省政府开支,减轻人民的负担。并通过"互市"换取大批牲畜,用以农耕。

(4) 布德怀柔,民族关系密切。对于依附的各族,一般不改变其生活方式,社会制度尊重其习俗,任命各族首领以统辖本部。还通过"和亲"进一步发展民族关系。唐太宗被少数民族尊奉为"天可汗"。

六、五代十国、辽宋夏金元时期

(一) 五代十国(907—960 年)

五代十国这一称谓出自《新五代史》,包括五代(907—960 年)与十国(891—979 年)等众多割据政权,是中国历史上的一段动荡时期,自公元 907 年唐朝灭亡开始,至960 年宋朝建立为止,部分史家则定义为到 979 年宋朝统一十国剩余政权为止。

五代依次为梁、唐、晋、汉、周五个朝代,史称后梁、后唐、后晋、后汉与后周。五代之外有众多割据政权,其中前蜀、后蜀、吴、南唐、吴越、闽、楚、南汉、南平(荆南)、北汉十个称制立国(称王或称帝)的割据政权被称为十国。

十国之外,还有晋、岐、卢龙(燕)、定难、成德(赵)、义武(北平)、朔方、归义、河西、武平、殷、清源(泉漳)、静海等诸多割据势力。北宋路振撰《九国志》,其孙路纶续作《荆南志》,遂合称《十国志》,其后刘恕又作《十国纪年》,《新五代史》则著"十国世家",遂有"十国"之称。部分史家循晋为后唐之前身、殷属闽国之分支均不单独列入十国之列,以北汉为后汉之残余而不列入十国,将燕、岐纳入代表性割据政权称"十一国",故又有"五代十一国"一说。二者均指同一历史时期,唯对政权定位存在略小差异,因历史正统性和长期使用习惯一般仍多称五代十国。

(二) 辽宋夏金时期 (960—1271 年)

公元 960 年,赵匡胤在陈桥驿发动兵变,其手下将士将一件黄袍披在他身上,拥立他做皇帝。这就是历史上有名的"陈桥兵变,黄袍加身"。赵匡胤废后周皇帝,建立宋朝,定都东京(今开封),史称北宋。他采取了"杯酒释兵权",设立枢密院与政事堂、转运使、文人知州等政策,将兵权、政权、财权和用人权最大限度地集中于皇帝手中。公元 979 年,北宋消灭了其他割据政权,结束了五代十国的分裂局面。

公元 916 年,北方的契丹族建契丹国,后改辽,与宋长期对峙。经过多次战争,至1004 年"澶渊之盟"后,维持了相对稳定的局面,开展了经济文化交流。

宋的西北由党项族在 1038 年建立了大夏国。1044 年宋和西夏也由战至和,订"庆历和约"后,便相对稳定,开展互市。宋辽、宋夏和议,每年宋政府要支出"岁币"给辽、夏,加上军费和官俸开支过大,地主兼并土地,出现了社会危机。

宰相王安石在神宗支持下进行了以"富国强兵"为宗旨的改革,15 年变法,取得了显著成效。宋神宗死后,新政几乎全部被废。1115 年,东北的女真族建立金国;1125 年宋金联合灭辽;1127 年,金灭北宋。同年,赵构在河南商丘即位称帝,后迁临安(今杭州),史称南宋。宋金长期对峙期间,岳飞是最著名的抗金将领。岳飞被害后,1141 年,宋金订"绍兴和议",宋向金称臣。1206 年,蒙古族铁木真被推举为"成吉思汗",力量不断壮大,消灭了西夏和金。1271 年,成吉思汗孙忽必烈定国号为元,建都大都(今北京)。1276 年,元攻占临安,南宋亡。

(三) 元 (1271—1368 年)

南宋灭亡后,元朝的疆域在中国历史上是空前辽阔的。其疆域"北逾阴山,西极流沙,东尽辽左,南越海表",版图超过汉唐,初步奠定了现代中国疆域的基本轮廓。元朝实行一省制度,在中央设中书省,对地方实行"行省制度",开中国行省制度之先河。西藏在元代成为正式行政区。元统治者为维护蒙古族的特权,实行"分民四等"的民族分化政策,把中国人分为四等:一等蒙古人,二等色目人,三等汉人,四等南人。这一政策具有强烈的民族歧视色彩,加大社会矛盾。元朝末年政治黑暗,经济崩溃,灾荒连年,民不聊生,红巾起义爆发。1368 年,朱元璋的军队攻占大都,元朝在全国的统治结束。

知识链接 5-6

《马可·波罗行纪》

《马可·波罗行纪》(也称为《马可·波罗游记》)由马可波罗在狱中口述,由狱友写成。《马可·波罗行纪》第一次较全面地向欧洲介绍了中国,是一部影响极大的著作,描述了中亚、西亚、东南亚等地区的许多国家的情况,而其重点部分则是关于中国的叙述,以大量的篇章和热情洋溢的语言,描述了中国无穷无尽的财富、巨大的商业城市、极好的交通设施,以及华丽的宫殿建筑。这些叙述在中古时代的地理学史、亚洲历史、中西交通史和中意关系史诸方面,都有着重要的历史价值。

《马可·波罗行纪》共分四卷,第一卷记载了马可·波罗诸人东游沿途见闻,直至上都止。第二卷记载了蒙古大汗忽必烈及其宫殿、都城、朝廷、政府、节庆、游猎等事;自大都南行至杭州、福州、泉州及东地沿岸及诸海诸洲等事。第三卷记载日本、越南、东印度、南印度、印度洋沿岸及诸岛屿、非洲东部。第四卷记载成吉思汗后裔诸鞑靼宗王之间的战争和亚洲北部的概况。每卷分章,每章叙述一地的情况或一件史事,共有229章。书中记述的国家、城市的地名达100多个,而这些地方的情况,综合起来,有山川地形、物产、气候、商贾贸易、居民、宗教信仰、风俗习惯等,此外还有一些国家的琐闻逸事、朝章国故也时时被提及。

马可·波罗的这本书是一部关于亚洲的游记,它记录了中亚、西亚、东南亚等地区的许多国家的情况,而其重点部分则是关于中国的叙述,马可·波罗在中国停留的时间最长,他的足迹所至,遍及西北、华北、西南和华东等地区。以叙述中国为主的《马可·波罗行纪》第二卷共82章,在全书中分量很大。在这卷中有很多篇幅是关于忽必烈和北京的描述。

七、明清时期

(一) 明 (1368—1644 年)

红巾军领袖朱元璋在元末大动乱中脱颖而出,翦灭群雄,于1368年(洪武元年)建立明朝,是为明太祖,中经16帝,至1645年(弘光元年)灭亡,历277年。明朝实行两京制度,初以应天为南京(今江苏南京市),以汴梁(今河南开封市)为北京。1398年建文帝即位,第二年明成祖朱棣发动靖难之役,在1402年夺得皇帝位,并于1421年(永乐十九年)迁都于北京(今北京市)。其后,历仁宗、宣宗、英宗。1449年(正统十四年),明英宗率师北伐瓦剌,兵败被俘,英宗之弟朱祁钰即皇帝位,是为景帝。景帝任用兵部尚书于谦击败瓦剌,迎还英宗。英宗于公元1457年(景泰八年)复辟。其后历宪宗、孝宗、武宗、世宗、穆宗、神宗、光宗、熹宗、思宗。1644年李自成率农民军攻破北京。思宗自缢,福王即位于南京,1645年(弘光元年,清顺治二年)清军攻破南京,明亡。也有不少史家以1644年作为明朝灭亡之年。

(二) 清 (1636—1912 年)

清朝是中国历史上第二个由少数民族建立的统一政权,也是中国最后一个封建帝制国家,对中国历史产生了深远影响。1616年,建州女真部首领努尔哈赤建立后金。1636年,皇太极改国号为清。1644年入关,逐步统一全国。清朝前期,统一多民族国家得到巩固,基本上奠定了我国版图,同时君主专制发展到顶峰。1840年鸦片战争后进入近代,遭列强入侵,主权严重丧失。1911年,辛亥革命爆发,清朝统治瓦解,从此结束了中国两千多年来的封建帝制。1912年2月12日,清帝被迫退位。清朝从后金建立开始算起,共有12帝、277年。自此之后,中国进入了民主时期。

八、中华民国时期

1912年1月1日,中华民国临时政府在南京成立,宣告了清朝统治的结束。不久,袁世凯窃取了辛亥革命的胜利果实,妄图在中国重建中华帝国,改元洪宪,在全国上下一致的讨伐下,洪宪帝制被迫取消。1915年,陈独秀在上海创办《青年杂志》,开始了新文化运动,提倡民主,反对专制;提倡科学,反对迷信。以后又提倡新道德,反对旧道德;提倡新文学,反对旧文学。代表人物有陈独秀、李大钊、鲁迅、吴虞、胡适等人。俄国十月革命后,一些激进的民主主义者开始在中国传播马克思主义,代表人物有陈独秀、李大钊等。1919年5月4日,五四运动爆发,标志着中国旧民主主义革命阶段的结束。

1919年五四运动开始,中国转入新民主主义革命时期。1921年,中国共产党在上海成立。从此,中国革命的面目焕然一新。1924年,中国共产党与孙中山领导的国民党实现了第一次国共合作。1926年国民革命军北伐并取得了初步胜利。1927年,国民党右派蒋介石在上海发动反革命政变,汪精卫在武汉大屠杀,宁汉合流,建立法西斯独裁统治,第一次国内革命战争失败。1927年8月1日,中国共产党举行南昌起义,随后又举行了秋收起义、广州起义等,开始创建井冈山革命根据地和其他多处革命根据地,开创了先占领农村,以农村包围城市,最后武装夺取全国政权的新民主主义革命道路。1931年,“九·一八事变”发生,日本侵占了中国东北。1935年的遵义会议,确立了毛泽东为代表的中央正确领导。经过二万五千里长征,中共中央和中央红军胜利到达陕北。从此,延安成为中国革命的圣地。1936年12月12日,“西安事变”发生,蒋介石被迫接受了停止内战、联共抗日的条件。1937年7月7日,“卢沟桥事变”发生,国共两党实行第二次国共合作,全面抗日战争开始。中国各族人民投入了争取祖国独立和民族解放的伟大战斗。经过八年浴血抗战,1945年,日本宣布无条件投降,抗日战争胜利结束。这是中华民族在中国近现代史上反侵略战争所取得的第一次完全的胜利。1945年8月,国共两党就和平建国等问题在重庆进行谈判,10月10日,签订“双十协定”。1946年6月,蒋介石悍然撕毁和谈协议,向解放区发动进攻,全面内战爆发。经过三年战争,共产党粉碎了国民党的全面进攻和重点进攻,转入反攻阶段,并取得了辽沈、淮海、平津战役的胜利。1949年4月20日晚,渡江战役开始,人民解放军胜利进军,占领南京,标志着蒋家王朝的覆灭。1949年10月1日,中华人民共和国在北京宣告成立,毛泽东担任中央人民政府主席。中国新民主主义革命时期结束,转入社会主义革命时期。

第二节　中国历史文化常识

一、国号名称的主要来由

我国历史悠久,朝代更替较为频繁。每朝的创建者要做的第一件事就是确立国号(朝代名称)。国号就是一个国家的称号。正所谓名不正言不顺,确立了国号就代表一个新的朝代从此诞生。《史记·五帝本纪》曰："自黄帝至舜禹,皆同姓而异其国号,以章明德。"每一个政权国号名称虽然是人命名的,但起名总有某种依据。中国历史上的国号名称的来由主要有以下几种。

(一) 根据原来的部族名定国名

根据原来的部族名定国名,如相传商(今河南商丘南)的始祖契曾帮助禹治水有功而受封于商,以后就以"商"来称其部落(或部族),汤灭夏后,就以"商"作为国名;周部落到古公亶父时,迁居于周原(今陕西岐山),武王灭殷以后,就以"周"为朝代名;秦朝是平王东迁后发展起来的诸侯国。

(二) 根据发迹地定国名

无论是周朝以前由后人追记的国号,还是之后由开创者定的国号,都存在这种情况。如夏部落酋长启建国,以夏为国号。周酋长姬发(即周武王)灭商建国,以周为国号;秦的祖先为嬴姓,因养马有功被周封于秦地,遂以秦为国号,后升为诸侯,仍以秦为国号,秦王嬴政灭六国称始皇帝,继续沿用秦为国号;宋太祖赵匡胤称帝前曾为后周归德军宋州(今河南商丘)节度使,因该地原属古宋国,便以宋为国号。

(三) 根据封爵定国名

这种国号直接来自创建者的爵名,历史上类似朝代最多。如隋的国号来自杨坚称帝前承袭其父杨忠的随国公之爵,"随"本为地名,到杨坚称帝时,因"随"字从走,征兆国家政权不稳定,就改随为隋。而创建者爵位往往与某一地名相一致,如汉高祖刘邦被项羽封为汉王,封地在汉中,平定天下后便以"汉"为国号;三国时魏国创建者曹操曾受封为魏王,儿子曹丕承袭爵位后建国,仍以魏为国号。

(四) 根据谶语定国名

南朝齐的国号就是来自谶语。《南齐书·崔祖思传》载:"宋朝初议朝太祖(尚道成)为梁公,祖思启太祖曰:金刀利刃齐刘之,今宜称齐,实应之,从之。"元朝国号则源于文义,是取《易》中的"大哉乾元",元为首、为刚,遂由蒙改称为元。而清朝国号之所以为清,系因前朝为明朝,清又五行属水,明属火,水克火。

(五) 根据发迹地特产定国名

这种国号多见于少数民族政权,如契丹人所建的辽国。"辽"字在契丹语中是镔铁之意,辽太祖发迹地盛产镔铁,故该国第六代皇帝辽圣宗改国号为辽,象征国家如铁坚强。而金太祖认为,"辽以镔铁为号,取其坚也,镔铁虽坚,终亦变坏,唯金不变坏。"为显示比辽更坚强,便以金为国号。

(六) 以建立者的姓氏定国名

如春秋末期,晋国被韩、赵、魏三家瓜分,于是建立以这三家姓氏为国号的国家。又如南朝陈国建立者陈霸先在梁末曾被封为陈王,建国时也以陈为国号。

(七) 尊崇前朝沿用

历史上曾出现几个周朝,建立者大都尊崇周礼,欲仿周制或因周朝延续长久而沿用之。如宇文觉的北周,武则天改唐为周,后周太祖郭威自认是周朝王族姬姓后裔,均属此类;后汉刘知远也认定自己是汉高祖刘邦后代而沿用汉为国号。凡此种种,无非是显示皇族历史悠久和血统高贵。

(八) 按同音通假定国名

比如清,即"后金"之"金"。努尔哈赤国号大金,皇太极更名大清。"清"通"金",便是按同音通假来定的国名。

(九) 以社会上流行的口号定国名

比如明朝。朱元璋是白莲教徒,白莲教是崇奉阿弥陀佛的,阿弥陀佛就是"诸佛光明之王",就是明王。当时民间盛传"弥勒降生,明王出世"。故朱元璋取得政权后,国号称"明"。

二、帝王、皇族的称谓

(一) 帝王的称谓

1. 后、王、天子

奴隶社会中最高统治者可称后、王、天子。后、王的称谓源自原始社会。夏、商、周三代的最高统治者称王。"天子"一称在西周时出现,意指君主君临天下,犹天之子。周王也称天子,诸侯国的君主也有称王的。战国时,大诸侯国君主均称王,汉代开始,分封的诸侯称王。

2. 皇帝

公元前220年,秦王嬴政统一六国后,认为自己"德兼三皇,功高五帝",把"皇"和"帝"连起来始称皇帝,为始皇帝,为后来历代君主所沿用。"皇帝"也简称"皇"或"帝",如唐明皇、汉武帝等。

知识链接 5-7

历代帝王的自称、他称

古代皇帝的称呼有大王、君王、皇帝、帝、王、上、君、天子、天皇、帝王、我主、国家、国君、县官、主上、人主、君上、人君、当今、今上、皇上、圣上、宅家、大家、圣君、陛下、所天、万岁、官家、主公、圣天子、九五、飞龙、乘舆、车驾、驾、万乘、明上、道君、圣明天子等。

周代开始君天下者以上天之子自居,故称天子,也称"大王"或"君王"。"上"在古汉语中与"尚"同义,代表至高无上之意,古文中即以"上"代指皇帝。"上"是很早的称呼,比"皇帝"这一称呼出现得还早。

春秋战国称呼为"君上"。

"朕"是皇帝的自称。秦王嬴政称帝前,普通人皆可自称"朕",嬴政称帝后,"朕"成为皇帝一人的专称。秦始皇开创始称皇帝,秦灭亡后的各朝代再口称皇帝就是大不敬。

秦汉时期口语一般称"陛下""我主""上"。

东汉(25—220年)时称皇帝为"国家",这是由于古代称诸侯为"国",称大夫为"家",人们便以"国家"作为国的通称;皇帝是国的化身,因而称皇帝为"国家",汉代也称"主公"。晋代(265—420年)仍然沿袭这种称呼。

唐代称皇帝为"圣人"者居多。自唐朝开始使用"万岁"表达对皇帝的祝福,后来也衍生成为皇帝的代词。唐代(618—907年)称皇帝为"圣人",在皇宫里面称皇帝为"宅家";因为皇权至高无上,"以天下为宅,四海为家",故称"宅家"或"大家"。

宋代时内侍、普通百姓一般称呼皇帝为"官家""官里""吾主万岁",大臣一般称为"陛下""圣上"。

宋朝灭亡以后"陛下"就从口语中消失,只在书籍里面出现了。明代时多称皇帝为"上"或"万岁""今上""明上""上位""上"等,皇帝也自称"我"或"朕"。

到清代时不再称呼皇帝为"陛下",正式场合概称皇帝为"皇上""圣上""吾皇万岁,万岁,万万岁",内宫呼"万岁""万岁爷",书籍里面出现"上"。

(二) 皇族的称谓

1. 太上皇、太皇太后、皇太后、皇后、嫔妃

太上皇:皇帝对其父亲的尊称。

太皇太后:皇帝对祖母的尊称。

皇太后:皇帝对母亲的尊称。

皇后:皇帝的正妻。

嫔妃:皇帝诸妾的通称。诸如美人、贵人、才人、昭仪、婕妤、贵嫔、贵妃等。

2. 皇太子、皇太孙

皇太子:皇帝诸子中的嫡长子或另行指定的皇位法定继承人。

皇太孙:由皇帝册立的有皇位继承权的嗣孙。如明朝的建文帝。

3. 公主、驸马

公主:皇帝之女。汉代制度规定,皇帝的女儿称公主,皇帝的姊妹称长公主,皇帝的姑母称大长公主,后历代大致沿用。

驸马:魏晋开始,皇帝的女婿大都封"驸马都尉"之职。魏晋以后,皇帝的女婿照例加此称号,简称驸马。清代称"额驸"。

三、帝王的称号

(一) 谥号

古代对死去的人,主要是帝王、大臣、贵族,按其生平事迹评定后,给予褒贬或同情的称号。始于西周,至秦废,西汉时恢复。谥号的作用主要有两条:一是区别尊卑,维护封建等级制度;二是明示褒贬,用以激励后人。谥号所用的字相对固定,大致分为以下三类。

褒扬类:有文、武、景、惠、烈、昭、穆、英、武、康等。如"经纬天地曰文、道德博闻曰文";"威强睿德曰武、克定祸乱曰武";"布义行刚曰景";"柔质慈民曰惠"。

贬抑类:有炀、厉、灵、幽等。如"好内远礼曰炀、逆天虐民曰炀","杀戮无辜曰厉"。

同情类:有哀、怀、愍、悼等。如"恭仁短折曰哀"。

谥号按理应该是死者生前业绩和品德之概括,但实际上选用谥号出于统治者的需要,往往与事实不符合,甚至完全是虚伪的。

(二) 庙号

中国古代帝王死后,继位者立庙奉祀,追尊为"某祖""某宗"的名号,即庙号。汉代以后,每一个朝代的第一位皇帝称"祖",之后的嗣君称"宗"。但也不乏例外,如西汉仅刘邦称祖,南北朝开始至唐朝,几乎无帝不称宗。明清前几个皇帝都称祖,如明太祖朱元璋、明成祖朱棣、清太祖努尔哈赤、清世祖福临、清圣祖玄烨。"帝"字从汉代起与谥号结合后,也成为庙号。

(三) 尊号

尊号也称"徽号"。封建社会对皇帝、皇后生前或死后奉上的尊崇颂扬性的称号,称尊号。如称刘邦为"高皇帝"、称叶赫那拉氏为"慈禧",另外如"太上皇""皇太后"等。

(四) 全称

全称即庙号、尊号、谥号的合称。如乾隆皇帝全称为"高宗法天隆运至诚先觉体元立极敷文奋武钦明孝慈神圣纯皇帝"。其中,"高宗"为庙号,"纯"为谥号,其余均为尊号。

当代史书在提及皇帝名时,有时简化为"庙号＋谥号＋皇帝"的形式,如称清乾隆皇帝为"高宗纯皇帝"。

习惯上,对隋以前的帝王一般称谥号,如汉武帝、隋文帝,因为此间的谥号大都为一个字,最多两个字,使用方便;唐至元的皇帝通常称庙号,如唐太宗、宋太祖,因此间谥号较长,年号较乱,而用庙号最便利;明、清两代的皇帝除明英宗两次即位当皇帝用了两个年号外,其余的均用一个年号,所以人们常以其年号来称呼当时在位的皇帝,如"永乐皇帝""嘉靖皇帝""康熙皇帝""乾隆皇帝"。另外,有些古代书画作品纪年用帝号和年号,如"乾隆六年","乾隆"是清高宗的帝号,六年指用此帝号的第六年,"高宗"是庙号。一个皇帝只有一个庙号,但帝号可能有数个。

(五) 年号

中国古代皇帝为记载自己在位的年数而确立的名号叫年号。始于西汉武帝即位之年的"建元"(公元前 140 年),称"建元"元年,所以年号也称建元。新君继位,于次年改用新年号,名为"改元"。一个皇帝在位期间,遇到重大事件如祥瑞、灾异等,也常改元。汉武帝在位 54 年用了 11 个年号。武则天在位期间,用了 17 个年号。年号一般用两个字,也有四个字的。

(六)陵号

封建帝王陵寝的名称叫陵号。始于西汉,如乾陵(位于西安以西 80 千米的梁山上,是唐高宗李治与皇后武则天的合葬墓)、茂陵、昭陵、孝陵、长陵、阳陵、杜陵、霸陵等。

四、天干地支、年月日辰与历法、四时节气

(一)天干地支

天干地支简称为干支。甲、乙、丙、丁、戊、己、庚、辛、壬、癸总称为十天干,子、丑、寅、卯、辰、巳、午、未、申、酉、戌、亥叫作十二地支。如表 5-1 所示。天干地支组合形成了古代历法纪年。在民俗学上认为天干对应一些预兆。10 干和 12 支依次相配,组成 60 个基本单位,又形成了一套干支纪年法。从殷墟出土的甲骨文来看,天干地支在中国民间主要用于纪日、卜卦和配合记事,后来更用于风水、术数等领域,而干支用来纪年月日时的历法叫作干支历。

表 5-1 天干和地支分别为序数表达

序数	1	2	3	4	5	6	7	8	9	10	11	12
天干	甲	乙	丙	丁	戊	己	庚	辛	壬	癸		
地支	子	丑	寅	卯	辰	巳	午	未	申	酉	戌	亥
生肖	鼠	牛	虎	兔	龙	蛇	马	羊	猴	鸡	狗	猪

干支如同树干与树枝的配合。10 干与 12 支的循环相配,最小公倍数是 60,可分为 60 组,用以纪年,称为 60 花甲子。如表 5-2 所示。

表 5-2 干支纪年(60 年)

甲子	乙丑	丙寅	丁卯	戊辰	己巳	庚午	辛未	壬申	癸酉
甲戌	乙亥	丙子	丁丑	戊寅	己卯	庚辰	辛巳	壬午	癸未
甲申	乙酉	丙戌	丁亥	戊子	己丑	庚寅	辛卯	壬辰	癸巳
甲午	乙未	丙申	丁酉	戊戌	己亥	庚子	辛丑	壬寅	癸卯
甲辰	乙巳	丙午	丁未	戊申	己酉	庚戌	辛亥	壬子	癸丑
甲寅	乙卯	丙辰	丁巳	戊午	己未	庚申	辛酉	壬戌	癸亥

干支纪年法是中国文化的一大特色,对我国人民的生活、生产有着广泛而深远的影响,中国数千年文明史的所有年代和日月皆可用干支法准确地记录或推算出来。各地旅游景点中的楹联、碑刻和古今书画,据其干支,可推其年份。

知识链接 5-8

天干地支计算方法

1. 年干支

计算公元后年份的口诀是："公元年数先减3,除10余数是天干,基数改用12除,余数便是地支年。"以2010年为例,年份减3得基数2 007,除以10得余数7,对查天干次序(甲、乙、丙、丁、戊、己、庚、辛、壬、癸)得"庚";再将基数2 007除以12得余数为3,再循环对查地支次序(子、丑、寅、卯、辰、巳、午、未、申、酉、戌、亥)得"寅",故2010年为庚寅年(若得0可理解为1之前即12)。

2. 月干支

月的地支是固定的如正月起寅之类,只计算月干。

月干＝年干数乘2＋月份。例如,2010年(庚寅)三月(辰月)的天干＝7×2＋3＝17,天干10为周期,就去掉10,得7,天干第7位为庚,则此月干支为庚辰。

3. 日干支

900—1999年日干支基数＝(年尾二位数＋3)×5＋55＋(年尾二位数－1)除4;

2000—2099年日干支基数＝(年尾二位数＋7)×5＋15＋(年尾二位数＋19)除4(只用商数,余数不用,数过60就去掉60)。

例如,2010年4月12日星期一。

日干支基数＝(10＋7)×5＋15＋(10＋19)/4＝47(已去掉60的倍数)这就是1月1日的干支数。从1月1日到4月12日为47＋31(1月天数,以下类推)＋28＋31＋12＝149,去掉60的倍数得29。天干去10的倍数余9为壬,地支去12的倍数余5为辰,2010年4月12日的干支就是壬辰。

4. 时干支

$$时干＝日干序数×2＋日支序数－2$$

5. 倒推年龄法

从今年的干支推出任何年龄的干支,即年龄去掉60为基数,去掉10的倍数为天干倒推数,去掉12的倍数为地支倒推数。如某年为庚寅年,此年56岁者其生年的干支这样推:56去50余6,天干从庚倒推6位是乙,地支为56去掉48余8,从寅倒推8位是未,生年就是乙未年。此年65岁者其生年去掉60余5,从今年的天干倒推5位为丙,从今年的地支倒推5位为戌,生年就是丙戌年。

(二) 年月日辰

1. 年

年,是地球绕太阳运行一周的时间,古人测出365.25日为一太阳年。"年"这个名称到周朝才有,夏朝时"年"被称为"岁",商朝时被称为"祀"。据《说文》载:"年,熟谷也。"因当时是每岁一熟,故人们又以年为岁名。古代采用三种纪年方法。

帝号纪年法。我国古代最早的纪年法,是用帝王名号纪年。帝王即位之年为元年,依次为二年、三年按序计算,直到退位。

年号纪年法。公元前 141 年,汉武帝刘彻即位,次年使用"建元",首创年号纪年。自此,历代帝王依例建立自己的年号。自公元前 141 年建元元年起,至公元 1911 年宣统三年止的 2051 年中,其建立过 600 多个帝王年号。

干支纪年法,萌芽于西汉,东汉元和二年(85 年)以政府命令的形式在全国通行。如黄巾起义口号"岁在甲子,天下大吉",由此可见,当时民间已普遍流行这种纪年方式。近代史上"甲午战争""戊戌变法""辛亥革命"等重大事件就是用干支纪年来表示的。

2. 月

古代计算月亮绕地球与太阳一个"合朔"周期的时间为 29.3059 日,叫一个月。有 30 日的大月,也有 29 日的小月,一年一般 12 个月,闰年 13 个月。干支也曾用以纪月。由于 12 个月与 12 地支相等,所以每月的地支是固定的。我们现在所说的"夏历",正月为寅月,二月则为卯,三月为辰,其余依次下推,十一月为子,十二月为丑。其前再配以天干。闰月不设独立的干支纪月。

古代把每月初一叫"朔"(通"苏",表示月亮复苏了),每月的最后一日叫"晦"(意为月尽无光),大月十五、小月十六叫"望"(太阳和月亮此升彼落,东西相望)。"望"的第二天叫"既望"。每月初三叫"朏"(月牙出现)。每月还有"上弦"和"下弦",即月亮如弓弦,上弦指初七或初八,下弦指二十二或二十三日。一个月又分为三部分,十天为一旬,共三旬,即上、中、下旬。

3. 日

古代以一昼夜为一日。用干支纪日在殷商甲骨文时代就实行了。因为两个月加起来是 59 天,所以用干支纪日可依次下推,如正月初一是甲子,三月初一就是癸亥,五月初一则是壬戌,七月初一是辛酉。

4. 辰

大约从西汉开始,古人将一日分为 12 个辰,也叫"时辰"。用十二地支记,每日 24 小时,一个时辰两个小时。如表 5-3 所示。

表 5-3　地支与时辰

子	丑	寅	卯	辰	巳	午	未	申	酉	戌	亥
23 时至 1 时	1 时至 3 时	3 时至 5 时	5 时至 7 时	7 时至 9 时	9 时至 11 时	11 时至 13 时	13 时至 15 时	15 时至 17 时	17 时至 19 时	19 时至 21 时	21 时至 23 时

(三) 历法、四时节气

1. 历法

中国历史悠久的农业与四时交替的自然节律息息相关,观测物候、天象,制定历法,排定节气,对先民生产生活尤为重要。中国古代天文学家对天象的长期观察和记录使我国能够产生世界一流的历法。

夏代历法《夏小正》,又称《夏历》,是我国最早的历法。它按夏历 12 个月的顺序,分别记述每个月的天象、物候和农时节令。春秋末年,又出现了四分历,即以一回归年为365.25日,这比罗马人采用的儒略历早了近400年。四分历规定19年中置7个闰月以调整阴阳历,这是具有世界意义的贡献。

宋代沈括提出按节气来定历法的"气历",一年为四季,每季分孟、仲、季3个月,按节气定月份,大月31天,小月30天,取消闰月。于是,月份与季节变化完全吻合,没有闰月的麻烦,堪称当时最先进的历法,可惜未能得以推行。元代郭守敬集先代历法之大成,制定授时历,这是中国古代使用时间最长,也是最精确的历法。它以365.2425天为一年,比地球绕太阳公转一周的实际时间仅差26秒,经过3320年后才相差一天,与当今国际通行的公历(格里高利历)完全相同。但格里哥利历到公元1582年才开始使用,比授时历晚了300年。

2. 四时

四时又称"四季"。早在距今3000年前的西周,就有了春夏秋冬四季的名称。后来人们按夏历把12月进行划分,正月、二月、三月为"春",分别为孟春、仲春、季春;四月、五月、六月为"夏",分别为孟夏、仲夏、季夏;七月、八月、九月为"秋",分别为孟秋、仲秋、季秋;十月、十一月、十二月为"冬",分别为孟冬、仲冬、季冬。

3. 节气

农历一年分二十四个节气,基本上半个月一个节气。春秋时期测定了冬至、夏至的日期。战国末年,《吕氏春秋》中出现了立春、春分、立夏、夏至、立秋、秋分、立冬、冬至8个节气。至西汉初年,《淮南子·天文训》就出现了全部的二十四节气:立春、雨水、惊蛰、春分、清明、谷雨、立夏、小满、芒种、夏至、小暑、大暑、立秋、处暑、白露、秋分、寒露、霜降、立冬、小雪、大雪、冬至、小寒、大寒。其名称与顺序已与今天完全一致。二十四节气是中国历法的独特创造,是我国宝贵的文化遗产,对农业生产有着重要的指导作用。

五、阴阳、五行、八卦与生肖

(一)阴阳

阴阳是中国传统文化中的一个重要范畴。"阴阳"最早见于《易经》,原指向日为阳,背日为阴,如山阳、山阴,河阳、河阴。后扩展引申到相互对立或消长等现象、事物、联系等方面,如阴阳、日月、天地、君臣、男女、夫妻、父子、刚柔、雄雌、强弱、上下、动静、暖寒、前后、脏腑等。风水、占卜之术中,"阴阳"被更加广泛地应用。

(二)五行

"五行"最早见于《尚书》,先于"阴阳"观念产生。五行代表了金、木、水、火、土5种基本物质,它们相生相克,构成万事万物的变化发展。

五行相生:木生火、火生土、土生金、金生水、水生木。

木生火:木干暖生火;

火生土:火焚木生土;

土生金:土矿藏生金;

金生水：金销熔生水；

水生木：水润泽生木。

五行相克(胜)：金克木，木克土，土克水，水克火，火克金。

刚胜柔，故金胜木，因为刀具可砍伐树木；

专胜散，故木胜土，因为树木可稳住崩土；

实胜虚，故土胜水，因为堤坝可阻止水流；

众胜寡，故水胜火，因为大水可熄灭火焰；

精胜坚，故火胜金，因为烈火可熔解金属。

古代把五行与五色、五方、五脏、五音等相配(见表 5-4)。

表 5-4　五行与五色、五方、五脏、五音

五行	五色	五方	五脏	五音
土	黄	中	脾	宫
金	白	西	肺	商
木	青	东	肝	角
火	红	南	心	徵
水	黑	北	肾	羽

(三) 八卦

八卦是中国古代儒家论述万物变化的重要经典——《周易》中用的八种基本图形(见图 5-2)，亦称八卦，用"—"和"--"符号组表示，八种符号象征八种基本自然现象。八卦为：乾(乾一)、坤(坤八)、兑(兑二)、离(离三)、震(震四)、巽(巽五)、坎(坎六)、艮(艮七)，分别象征天、地、泽、火、雷、风、水、山八种自然现象，以推测自然和社会的变化。为了方便记忆，南宋的朱熹编了一首八卦歌诀，如表 5-5 所示。

图 5-2　八卦图

表 5-5　八卦歌诀

卦名	乾	坤	震	艮	离	坎	兑	巽
口诀	乾三连	坤三断	震仰盂	艮覆碗	离中虚	坎中满	兑上缺	巽下断
卦象	天	地	雷	山	火	水	泽	风

(四) 生肖

生肖，也称十二属相，是中国人创造性的习俗之一。发端于战国，东汉时已有明确记载，汉王充《论衡》已载此说。以动物十二种分配十二地支，以人所生年定其所属之动物。子鼠、丑牛、寅虎、卯兔、辰龙、巳蛇、午马、未羊、申猴、酉鸡、戌狗、亥猪。中国人以 12 年为一周年，每一年都有一只动物来"值班"；每一个炎黄子孙都拥有一个动物生灵为自己的

属相,如出生在 2000 年的属龙,出生在 2009 年的属牛。

六、姓、氏、名、字、号与避讳

在我国,姓的形成经历了几千年的历史,历史上出现过的有 22 000 多个姓氏。据统计,至今各种姓已达到 11 939 个,其中单姓 5 313 个,复姓 4 311 个,三字姓 1 615 个,四字姓 571 个,此外,还有五字姓、六字姓甚至九字姓。从地域分布上看,每个省都有其比其他省特殊的高比率的姓氏人口。如广东的梁、罗、赖,山东的孔,江苏的徐、朱,广西的黄、韦等。

(一) 姓氏

1. 姓氏的含义

姓氏是一个人血统的标志。姓的起源可以上溯到母系氏族社会。其作用是"别婚姻",即识别、区分氏族,实行族外婚。当时的先人已经认识到杂交婚姻与近亲交配的危害,于是在同姓氏族内部禁婚,若干异姓氏族互相通婚,以保证氏族的人种健康兴旺。姓原本表示妇女世代相传的血统关系,由女性方面决定。从目前已知的古老姓氏,如姬、姜、嬴、妊、姒、妫等姓中均带有"女"字偏旁,就是母系氏族社会的痕迹。

"氏"原为"姓"的分支,起源于父系氏族社会。其主要作用,在于"明贵贱"。贵者有氏,贱者有名无氏。起初,"姓"原是比"氏"更大的概念,是整个大部落的标记;而"氏"从属于"姓",是指较小的、派生的氏族:黄帝轩辕氏即属于姬姓部落。氏成为古代贵族的标志,宗族系统的称号,用以区别子孙之所由出生。

在先秦时期,姓和氏有不同的含义。关于姓与氏的性质和作用,主要是:男子称氏,妇人称姓;以姓别婚姻,以氏明贵贱。

秦始皇一统天下后,西周旧的氏族及姓氏制度受到强烈冲击,姓和氏开始合二为一。西汉时期,姓氏完全融为一体。姓氏合称,仍取姓之义,表明个人出生家族的符号,并且自天子到庶民人人皆有姓氏,姓氏的使用和发展才真正步入正轨。

2. 姓氏的由来

中国姓的形成有以下八种原因。

(1) 用族号作姓。如秦始皇,姓嬴名政,嬴是他祖先的族号。

(2) 受封的国名、地名作姓。如周朝时的周公,名旦,本姓姬,但因封地在周,后其子孙即以周为姓。

(3) 用居住的地名作姓。如西门豹,西门是他先辈居住的地方,西门便成了他的姓。

(4) 用官名作姓。如司马迁,其祖先曾任过司马的官职,司马便作了他的复姓。

(5) 以从事的技艺为姓。如"弓、巫、陶"三姓,因其祖先曾世代做弓匠、巫医、陶工,便以此作姓。

(6) 非汉族的复姓,多以部落命名。如呼延、完颜等。

(7) 以母系姓为姓氏。在母系氏族社会,婚姻在不同的母系氏族之间进行。现有的一些古姓如姬、姚、姜等都是从女旁,表示出对母亲的无限崇拜。

（8）以图腾为姓氏。如姜姓从女从羊，羊可能是羊姓氏族的图腾。马、牛、龙、毛、桃、李、林、云等姓，都可能是一种图腾的标志。

(二) 名、字、号

1. 名

名是一个人别于其他人的称号，上古婴儿出生三个月后就由父亲命名。当代国人一般只有名而无字，名与名字的含义相同。古代中国人名与字有不同的含义和用途。古人幼时起名以供长辈呼唤。

2. 字

字是古人成年后起的别名。古代男子到 20 岁成人，要举行冠礼，标志其人可立身于社会了，要另起一个字。女子到了 15 岁许嫁时，举行及笄礼，也要起字，未许嫁时叫"待字"闺阁。字必须在名的基础上起，它是解释名的，所以叫"表字"，解释的是名的性质和含义，所以也叫"表德"。名与字的联系如下。

（1）意义相近。如屈平——字"原"；诸葛亮——字"孔明"。

（2）意义相反。如赵孟頫——字"子昂"；韩愈——字"退之"。

（3）其他联系。如孔丘——字"仲尼"（其父在尼丘山上祈祷而得）。

周代在字前加"伯、仲、叔、季"表示排行，伯是老大，仲是第二，叔是第三，季最小，如"伯禽"为家中老大。

3. 号

号，亦称别号。古人在名和字以外的别名，一般为尊称、美称，而呼人的号比呼其字更示尊重与客气。如，陆游号放翁；范蠡号陶朱公；秋瑾号鉴湖女侠。另有一类号叫"诨号""浑名"，即通常说的"绰号""外号"，如梁山好汉 108 人中的"智多星""豹子头""母夜叉"等，大都含亲昵、憎恶或开玩笑的意味。

古人在人际交往中，名具有"名以正体"的严肃性，一般用于谦称、卑称。上对下、长对少方可称名；下对上、平辈之间，称字不称名。在一般情况下直呼对方的名是不礼貌的。字具有"字以表德"之意，或以明志趣，或以表行第。因此，对人称呼常用字，字的使用率大大超过名。名人雅士的号则更是"号为尊其名更为美称焉"。号比字更加尊重、响亮。如孙中山先生，"文"是其名，"逸仙"是字，而"中山"则是号。他的自称是名"文"，父兄长辈直呼其名"孙文"理所当然；一般人直呼他"孙文"的通常是其政敌，带有咒骂、蔑视之意；称他"逸仙"的往往是其早期的同辈和挚友；辛亥革命以后，人们大都称之为"中山先生"或"孙中山先生"。

(三) 避讳

1. 避讳的含义

中国古代，人们言谈和书写时遇到君父尊亲的名字要设法回避，不可直接书写或称呼，而用别的词语来代替，以表示尊敬，这就叫避讳。避讳习俗起于周，成于秦，盛于唐宋，严于两宋，苛于清代。对帝王及孔子之名，众所共讳，称公讳、君讳或圣讳；此外，人子也不能直言父辈尊亲之名,称家讳或私讳。

2. 避讳的方法

(1) 改字。用同义词或近义词来代替。如避汉高祖刘邦的讳,汉人就用"国"字代"邦";避唐太宗李世民的讳,唐人就用"人"字代"民";隋文帝父亲名忠,"忠""中"同音,于是改官名"中书"为"内史"。

(2) 缺笔。即缺避讳字的一笔。如避康熙皇帝玄烨的讳,玄字不写最后一笔;避孔丘的讳,丘不写第四笔。

(3) 空字。即空着不写避讳的字。如许慎《说文解字》中"秀""庄"等字下都空着,不作分析,标上"上讳"二字,是避汉光武帝刘秀、明帝刘庄讳。

(4) 改读音。用改读的办法。如《红楼梦》中林黛玉的母亲名敏,因此她读书时,凡遇"敏"字皆念作"密"字,写字遇到"敏"字亦减一二笔。

七、科举制度

科举制度是中国古代封建社会选拔官吏的一种制度。由国家设立许多科目,定期举行统一考试,通过考试来选拔官吏,也叫"开科取士"。科举考试,萌生于南北朝,正式形成于隋朝,发展于唐宋,完备于明清,直到 1905 年清末才被废除,历时 1 300 余年。科举是中国古代官员选拔制度的重大改革,对中国社会和文化产生了巨大影响,直接催生了不论门第、以考试产生的士大夫阶层。以下以明清科举考试为例进行介绍。

(一) 院试

院试又称郡试、道试。由各省学政主持,依次到所管辖的各府、直隶州进行考试。参加考试的是府县初试及格的童生。院试合格被录取的叫生员,也叫秀才。秀才分两类,优秀的由国家供给廪膳,叫廪生,其余的叫增生或附生。

(二) 乡试

乡试又称秋闱和乙榜,每三年一次,凡子、卯、午、酉之年八月,在省城举行。本省府州县之生员(秀才)与贡生、监生均可参加,中试者为举人,第一名称解元。

(三) 会试

会试也称春闱和甲榜,在乡试的第二年,即丑、辰、未、戌之年三月,在京师举行,只有举人才有资格参加。会试由礼部主持,考中的称贡士,其中第一名称会元。

(四) 殿试

会试及格的贡士还要由皇帝亲自考试,称殿试。殿试中选者为进士,分一二三甲。一甲指前三名,赐进士及第,称状元、榜眼、探花;二甲若干名,赐进士出身;三甲若干名,赐同进士出身。

若某人在乡试、会试、殿试中均考取第一名,即解元、会元、状元,就叫连中三元。

知识链接 5-9

连 中 三 元

科举制度称乡试、会试、殿试的第一名为解元、会元、状元,合称"三元"。接连在乡试、会试、殿试中考中了第一名,称"连中三元"。连中三元是科举制度下古代读书人渴望得到的最高荣誉,中国古代所有读书人获得过这一称号者也寥寥无几。

中国古代的科举考试中,共有 17 人三元及第,他们是文科 14 位,武科 3 位。

1. 文三元

唐朝的张又新、崔元翰;

宋朝的孙何、王曾、宋庠、杨置、王岩叟、冯京;

金朝的孟宋献;

元朝的王宗哲;

明朝的黄观、商辂;

清朝的钱棨、陈继昌。

2. 武三元

此外,历史上也出过 3 位"武三元"。

第一位是明朝嘉靖年间的尹凤,连中武科三元,官拜参将,辅佐俞大猷在福建、浙江沿海的抗倭战争中屡建战功。今存南京"三元巷"以示纪念。

第二位是明朝万历年间,浙江永嘉人王名世连中武科三元,官授锦衣卫千户。他博通经史,工诗善书,时人称其武艺、诗词、书法为"三绝"。尤其值得称道的是他秉性刚介,不媚权贵,颇有直道君子之风。

第三位是清朝顺治年间,也是浙江人王玉璧,连中武科三元。此人在明末曾参加武秀才考试,射箭第一,号称"神射手",故人们赞其为"武四元"。他虽是武士出身,但手不释卷,文笔斐然,也有文武全才之誉。

科举考试的必读书是"四书五经"。"四书"是《大学》《中庸》《论语》《孟子》的合称。南宋朱熹撰《四书章句集注》,始有"四书"之名。"五经"是《诗》《书》《礼》《易》《春秋》的合称。

知识链接 5-10

状元、榜眼、探花的来历

状元是中国古代科举考试殿试进士的第一名。它为什么叫"状元"而不叫别的呢?原来,唐朝的科举考试结束后,要由主考官将录取档案交到门下省,再由门下省写成状子,呈报给皇帝恩准,这份状子里的头名当时叫"状头"。这本是朝廷官员在完成例行公事时使用的专用术语。后来人们觉得"状头"太不雅,于是改称"状元"了。

宋代才开始有了"榜眼"之说。当时填进士榜时,状元的姓名居于上端正中,第二、第三名的名字分列左右,其位置好像是人面部的两只眼睛,又称"榜眼"。后来"榜眼"就成了第二名的专称。

"探花"最早出现在唐朝,但当时并非是指殿试进士的第三名,只是一种戏称,与登第名次无关。唐朝的新科进士放榜在每年的春季,此时正是京城长安杏花盛开的季节,新科进士为了尽情庆贺自己中第,要举行一场游园盛会,称为"杏园宴"。挑选进士中两名年少英俊者为"探花使",负责到各园采摘鲜花,迎接状元,于是这两个人便被称为"探花郎"。也就是说,唐朝的"探花"只表示一榜进士中年龄最小的两个人,与殿试取得的名次没有任何联系。到了南宋,探花才正式成为第三名的专称。

第三节　中国古代思想与科学技术

一、中国古代思想

中国古代产生了很多有关社会、政治、经济、军事、伦理、道德等方面的思想,构成了中国古代思想宝库的内容。这里仅从文化角度对中国比较重要的思想文化进行介绍。

(一) 儒家思想

儒家思想一直是中国封建社会中处于统治地位的思想,对中国的社会政治结构、伦理规范和民族文化心理等产生了深刻影响。从先秦儒家产生,虽经两千多年的演变和发展,但儒家思想文化的精神和核心却一脉相承。儒家道德文化中"仁义礼智信""温良恭俭让"被认为是道德标准和"君子五德"。

1. 孔子的思想

孔子(公元前 551—公元前 479 年),名丘,字仲尼,春秋末期鲁国陬邑(今山东省曲阜市)人。孔子是儒家学派的创始人,也是中国伟大的思想家、政治家、教育家。其言行思想主要反映在《论语》中,思想核心是"仁"与"礼"。孔子被尊为"至圣"。

"仁"从字面上讲,是指人与人之间的亲善关系。孔子将它变成一个道德范畴,认为"仁者,人也"。"仁"是人之所以为人的根本,是生命的相互感通,是人、我、群、己之间的普遍联系与相互滋养润泽。他第一个把整体的道德规范集于一体,形成了以"仁"为核心的伦理思想结构,包括孝、悌、忠、恕、礼、知、勇、恭、宽、信、敏、惠等内容。其中孝、悌是仁的基础,是仁学思想体系的基本支柱之一。他提出要为"仁"的实现而献身,即"杀身以成仁"的观点,对后世产生很大的影响。

2. 孟子与荀子的思想

孔子死后,其弟子及再传弟子各自从不同的角度继承、发挥孔子的思想,形成了不同的学派。其中影响比较重大的是以孟子和荀子为首的两派。孟子在儒学中的地位被尊称为"亚圣",荀子为儒学集大成者。

孟子名轲,战国中期鲁国邹人。他是战国中期儒家的代表,继承并发展了孔子的思想,但较之孔子的思想,他又加入自己对儒术的理解。其弟子及再传弟子将孟子的言行记录成《孟子》一书。孟子把孔子的"仁"发展为"仁政"的学说。他认为实行"仁政",就必须"制民恒产"。同"仁政"学说相联系,孟子还提出了"民贵君轻"的思想,认为"民为贵,社稷次之,君为轻"。他认为君主只有得到人民的拥护,才能取得和保持统治地位,因此他主张国君要实行"仁政",与民"同乐"。伦理道德观上,他主张人性本善说;倡导"养浩然之气"的人格精神。

荀子名况,字卿,其代表著作有《荀子》一书。他继承儒家思想,但又杂取百家,与孔孟思想并不完全一致,其主流是儒与法的结合。政治上他主张隆礼重法、统一天下、勤政爱民;哲学上反对唯心主义的天命论,提出无神论的自然观,反对性善论,主张"性恶论",强调后天的教育;提出"天行有常""制天命而用之"的命题。

3. 儒家思想的演变

儒家学派之前,古代社会贵族和十通过"师"与"儒"接受传统的六德(智、信、圣、仁、义、忠)、六行(孝、友、睦、姻、任、恤)、六艺(礼、乐、射、御、书、数)的社会化教育。在经历了夏、商、周的近 1 700 年之后,孔子创立的儒家学说在总结、概括和继承了夏、商、周三代"尊尊亲亲"传统文化的基础上形成了一个完整的思想体系。

秦朝是以法家思想为政权的统治思想,而汉朝在汉武帝之前以道家思想作为正统思想。秦始皇焚书坑儒后,加之汉字尚处于雏形,不具备准确表达的功能,正统的儒家思想已基本消失。

汉朝以后,历朝历代四书五经被无数次修订,孔子原作已面目全非。儒学在魏晋时期演变成玄学。唐代政权基本上以儒家思想为主导,但是也渗透了道教和佛教。宋代时发展为理学,尊周敦颐、程颢、程颐为始祖,朱熹为集大成者。后取得官方地位。元明清时期,科举考试都以朱熹的理学内容为考试题目,对思想产生了很大的束缚。直到五四运动才取消了儒学的统治地位。

知识链接 5-11

儒学的主要流派

1. 程朱理学

广义的理学泛指以讨论天道性命问题为中心的整个哲学思潮;狭义理学专指程朱学派(广义的理学包括以陆九渊、王守仁为代表的心学。本书此处的理学特指程朱理学)。理学肇始于北宋的周敦颐,奠基于程颢、程颐,完成于南宋的朱熹。朱熹集前人之大成,建立了理学体系。他把太极之理作为哲学的最高范畴,提出了系统的格物致知说和知行学说,建立了完整的人性学说和有关修养方法的学说。

宋朝时,尊周敦颐、程颢、程颐为始祖,朱熹为集大成者,后取得官方地位,因此程朱理学成为儒学主流。朱熹作《伊洛渊源录》,确立了北宋理学产生、发展、传衍的历史统绪,使之具有一个统一的学术流派的地位。

2. 陆王心学

中国宋明时期的哲学流派以陆九渊、王守仁为代表。南宋时,针对朱熹等人的"理"在人心之外,陆九渊提出"心即理";针对朱熹"即物"才可"穷理"的理论,陆九渊提出更为便捷的"发明本心"的主张。到明代中期,王守仁提出"心外无物""心外无理"的命题,在认识论上主张"致良知"和"知行合一"。

陆九渊的哲学观点是"明心见性""心即是理",经明朝王阳明发展为心学,形成了"陆王心学"。程朱理学的理论基础是《大学》中的"格物致知",而陆王心学的根据则是《尚书》中的十六字心传——"人心惟危,道心惟微,惟精唯一,允执厥中"。

明代晚期,程朱理学和陆王心学之间进行的义理之争转入了儒家文献的全面考证,由此产生了顾炎武的汉学。

3. 宋学与汉学

汉学与宋学的对立是清代儒学的主线,又因清朝变成儒学和皇权的道统之争,康熙等以宋学的名义逐渐从儒学士人手中夺取儒学道统。所谓宋学,又称道学、新儒学,是以中晚唐的儒学复兴为前导,由韩愈、李翱开启的将儒学思想由外转而向内,援佛道以证儒理,通过两宋理学家多方共同努力而创建的中国后期封建社会最为精致、最为完备的理论体系。由于这个思想体系以"理"作为宇宙最高本体,以"理"为哲学思辨结构的最高范畴,所以被称为理学。这个思想体系虽以儒家礼法、伦理为核心,却因其融合佛道思想精粹而区别于原始儒学,所以被称为新儒学。到清代时,考据学大兴,清儒们推尊汉儒,对宋代理学家空疏解经的弊病肆意攻击,遂呼之为"宋学"以示与"汉学"相区别。汉学大师惠栋认为"宋儒之祸,甚于秦火"。戴震进而指出无论程朱还是陆王都掺杂了释道的成分,作《原善》《诸言》《孟子私淑录》以及《孟子字义疏证》寻找纯粹的孔孟之道。

(二) 道家思想

道家是春秋时期产生的学术派别之一,创始人是老子,战国时期发展成以庄子为代表的学派。与儒家的积极入世的态度相反,老子的道家学说对现实人生采取了消极避世的态度,而专心于对宇宙自然的探讨。道家思想后来成为中国传统文化中与儒家互补的重要组成部分,也是后来道教的主要思想源头之一。

1. 老子的思想

老子(公元前571—公元前471年),姓李名耳,字聃,又称老聃,楚国苦县厉乡曲仁里人(今河南省鹿邑县)。春秋时期思想家,著有《老子》(又称《道德经》)一书。

老子的核心思想可以简括为:道法自然,无为而治。这是因为《老子》以"道"解释宇宙万物的演变,以为"道生一,一生二,二生三,三生万物"。"道"乃"夫莫之命(命令)而常自然",因而"人法地,地法天,天法道,道法自然"。"道"为客观自然规律,同时又具有"独立不改,周行而不殆"的永恒意义。老子的"无为"并不是什么都不做,并不是不为,而是含有不妄为、不乱为、顺应客观态势、尊重自然规律的意思。有人认为"无为"就是毫无作为、消极等待,只是听从命运的摆布,这实在是误解了老子的本意。

此外,老子还提出了大量朴素辩证法观点,如一切事物均具有正反两面,"反者道之动"，并能由对立而转化，"正复为奇，善复为妖"，"祸兮福之所倚，福兮祸之所伏"。

2. 庄子的思想

庄子(约公元前369年—公元前286年)，名周，字子休(亦说子沐)，战国中期宋国蒙(今安徽蒙城)人。著名的思想家、哲学家和文学家，道家学派的主要代表人物。老子思想的继承和发展者。后世将他与老子并称为"老庄"。代表作品为《庄子》以及名篇《逍遥游》《齐物论》等。

庄子继承和发展了老聃的"道法自然"的观点，认为"道"在时间和空间上都是无限的物质实体，是一切事物存在的基础。他否认有神的主宰，认为万物的生长和发展，是按照客观规律进行的，自然界本身就有它的规律，不以人的意志为转移。庄子的主要思想有"天道无为"、相对的认识论、无条件的精神自由等。他的思想属于唯心主义体系。他片面夸大一切事物的相对性，否定客观事物的差异，否定客观真理，在认识论上走向相对主义。从这种认识论出发，他对待生活的态度是：一切顺应自然，安时而处顺，知其不可奈何而安之若命。在政治上，他主张无为而治，反对一切社会制度，摒弃一切文化知识。

3. 道家思想的演变

道家思想起始于春秋末期的老子，他是最早质疑宗教、反对迷信的人。古代道家崇尚自然，有辩证法的因素和无神论的倾向，但是主张清静无为，反对斗争。司马迁之父司马谈在《论六家要旨》中评价古代道家为易行难知，事少而功多。

先秦各学派中，道家虽然没有儒家和墨家有那么多的门徒，地位也不如儒墨崇高，但随着历史的发展，道家思想以其独有的宇宙、社会和人生领悟，在哲学思想上呈现出永恒的价值与生命力。

汉朝董仲舒提出了"罢黜百家、独尊儒术"，不再遵从道家思想的政策。道家从此开始就遁入非官学的潜流，但继续在推动中国古代思想的发展中扮演着重要角色。魏晋玄学是最明显的复兴思潮。两汉的毁灭造成儒家信仰的崩溃。虽然如此，但当时的学儒为了把持优势地位，通过恶意地篡改《老子》《庄子》的文字(可以参见日本皇宫馆藏之东晋庄子注)，故意破坏其章句顺序，对道家造成了几乎致命的影响，原本简明易懂的人生随笔科学作品，变为晦涩难懂之神秘学，并且在字句中偷偷掺杂进儒家的天命说、不言说、退让说，从根本上瓦解了老庄成为正统学派的能力。

唐代初期，道教一度被定为国家宗教，取代儒学地位成为显赫学问。唐代灭亡，宋代开始，程朱和陆王都曾从后期禅宗五家那里汲取营养，禅宗自身发展理论的能力反而枯竭了。同时重新发现道家中尚存无几的理性主义的思想，从《庄子》残本中学来内圣外王的概念，从《老子》残本中又汲取格物思想以为己有。同时由于失去政治实力的支持，道家也就再度衰落了。

在西方，道家与道教被统称为 Taois，以 Religious Taoism(道教)和 Philosophical Taoism(道家)将它们区分开来。西方学者普遍认为道教是纯哲学的道家思想没落腐败的产物，而道教支持者认为道教和道家在思想上有互补之处。

(三) 其他诸子百家思想

1. 墨家

墨家是战国时期重要学派之一,创始人为墨子,著有《墨子》一书。这一学派以"兼相爱,交相利"作为学说的基础:兼,视人如己;兼爱,即爱人如己。"天下兼相爱",就可达到"交相利"的目的。政治上主张尚贤、尚同和非攻;经济上主张强本节用;思想上提出尊天事鬼。同时,又提出"非命"的主张,强调靠自身的强力从事。

2. 法家

法家因主张以法治国,"不别亲疏,不殊贵贱,一断于法",故称之为法家。代表人物为韩非、李斯、商鞅,其中集大成者是韩非。这一学派,经济上主张废井田,重农抑商、奖励耕战;政治上主张废分封,设郡县,君主专制,仗势用术,以严刑峻法进行统治;思想和教育方面,则主张禁断诸子百家学说,以法为教,以吏为师。其学说为君主专制的大一统王朝的建立提供了理论根据和行动方略。

3. 阴阳家

阴阳家因提倡阴阳五行学说,并用它解释社会人事而得名。这一学派,源于上古执掌天文历数的统治阶层,代表人物为战国时齐人邹衍。阴阳学说认为阴阳是事物本身具有的正反两种对立和转化的力量,可用以说明事物发展变化的规律。邹衍根据五行相生相克说,把五行的属性释为"五德",创"五德终始说",并以之作为历代王朝兴废的规律,为新兴的大一统王朝的建立提供理论根据。

4. 兵家

兵家是中国先秦、汉初研究军事理论,从事军事活动的学派,是诸子百家中最活跃的一家。兵家的代表人物是孙武、孙膑、吴起等。其中孙武所著《孙子兵法》,流传千古,成为世界名著。

5. 纵横家

纵横家是中国战国时以纵横捭阖之策游说诸侯,从事政治、外交活动的谋士,列为诸子百家之一。代表人物是苏秦、张仪,创始人是鬼谷子。

二、科学技术

(一) 农业、畜养、种植

农业生产是人类集体向自然斗争取得的成果。中国农业历来受到统治者与人民大众的重视,取得了很多的成就。

中国为世界栽培植物重要起源地之一。浙江余姚河姆渡遗址发现的水稻,证明中国是世界上最早种植水稻的国家。起源于中国的农作物还有粟、稷(黍子)、荞麦;豆类有大豆、毛黄豆;蔬菜有白菜、萝卜;果树有桃、杏、李、梨、柑橘、荔枝等。中国在五千多年前就已饲养马、牛、羊、鸡、犬、豕"六畜"了。中国是最早饲养猪、鸡、鸭、马的国家之一,也是最早用杂交方法培育骡的国家。

北朝时期贾思勰所著的《齐民要术》,是中国现存最早、最完整的农书。唐代陆羽所著的《茶经》是世界上第一部茶叶专著,陆羽被誉为"茶圣"。明朝徐光启的《农政全书》,综合介绍了我国传统农学成就,建立了一个比较完整的农学体系。

(二) 天文

中国是世界上天文学起步最早、发展最快的国家之一。商代历法中有世界上最早关于日食的记录。春秋时期,留下了世界上公认的首次哈雷彗星的确切记录,这一记录比欧洲早六百多年。战国时期,出现了世界上最早的天文学著作《甘石星经》。

西汉天文学家制定出中国第一部较完整的历书"太初历",开始以正月为岁首。东汉时,张衡发明了世界上最早以水力驱动的浑天仪和遥测地震发生方向的地动仪。

唐朝天文学家僧一行是世界上用科学方法实测地球子午线长度的创始人。他制定的《大衍历》比较准确地反映了太阳运行的规律,系统、周密,表明中国古代历法体系的成熟。元代郭守敬创制、改进了近二十件天文仪器,主持了全国范围的天文测量,主持编订出我国古代最先进、施行时间最久的历法《授时历》。

(三) 中医学

中医学是研究人体生理、病理以及疾病的诊断和防治的一门科学,具有数千年的悠久历史,是中国传统文化的重要组成部分,是中国和世界医学史上的一颗明珠。中医药学的完整体系形成于秦汉时期,基本特点主要体现在整体观念和辨证论治两个方面。

战国时期的扁鹊创立望、闻、问、切四诊法,成为我国中医的传统诊病法,两千多年来一直为中医所沿用。西汉编定的《黄帝内经》是我国现存较早的重要医学文献。它奠定了祖国医学的理论基础。东汉的《神农本草经》是中国第一部完整的药物学著作。东汉末年华佗发明麻沸散,被人誉为"神医"。东汉末年的名医张仲景,被称为"医圣",其代表作《伤寒杂病论》是后世中医的重要经典。唐朝孙思邈被尊为"药王",著有《千金方》。唐高宗时期编修的《唐本草》,是世界上最早的、由国家颁行的药典。明朝李时珍的《本草纲目》,记载药物一千八百多种,方剂一万多个,全面总结了16世纪以前的中国医药学,被誉为"东方医药巨典"。

(四) 数学

中国是数学古国,中国古代数学杰出的成就向来为中外数学史家称道。西汉《周髀算经》是我国的第一部算学著作,最早提出了勾股定理。东汉的《九章算术》是当时世界上最先进的应用数学,它的出现标志着中国古代数学形成了完整的体系。南朝祖冲之精确地计算出圆周率小数点后第六位,这一成果比外国早近一千年。中国是世界最早采用十进位制的国家,在世界数学史上具有极其重要的地位。中国的珠算是一项巧妙的发明,算盘是计算机出现前最有效的运算工具。后来还传到日本、朝鲜等东亚国家,至今仍有人使用。此外,还有许多定理或解法,如毕氏定理、高次方程和高次方程组的数值解法等都是中国首先求出的。

(五) 发明创造及其他

1. 四大发明

造纸术、印刷术、火药、指南针四大发明是中国古代劳动人民的重要创造,也是对人类文明做出的巨大贡献。

（1）造纸术。我国是世界上最早发明造纸术的国家。最早的纸是陕西西安出土的灞桥纸。东汉蔡伦根据前人的经验,用树皮、麻头、散布、破渔网为原料,制造出一种质量较高的纸,史称"蔡侯纸"。造纸术后传入世界各国,对世界文化发展起到重大推动作用。

（2）印刷术。雕版印刷术发明于隋唐时期。868 年印制的《金刚经》,是世界上现存最早、有确切日期的雕版印刷品。北宋毕昇发明了活字印刷术,比欧洲早了 4 个多世纪。

（3）火药。火药的研究始于古代炼丹术。唐朝中期的书籍里,已有了制成火药的配方。唐朝末年,火药开始用于军事。南宋发明了管形火器"突火枪",开创了人类作战史的新阶段。元代金属管形火炮的问世,是世界兵器史上的里程碑。

（4）指南针。早在战国时期,我国古人就发现了磁石有指南的特性,并制成了一种确定方向的仪器"司南"。在宋代,指南针已普遍使用于航海交通上。13 世纪传入阿拉伯和欧洲各国。

2. 地理学

西晋裴秀绘制出《禹贡地域图》,提出了绘制地图的原则。北魏地理学家郦道元的《水经注》,全面而系统地介绍了水道流经地区的自然地理和经济地理等诸方面的内容,是一部历史、地理、文学价值都很高的综合性地理著作。明朝徐霞客的《徐霞客游记》,是我国最早的一部野外考察记录和优秀的地理学著作,他也是世界上第一个研究岩溶地貌的人。

3. 科技著作

北宋科学家沈括的《梦溪笔谈》,总结了我国古代许多科技成就,在我国和世界科技史上有重要地位。英国学者李约瑟称沈括是"中国科技史上最卓越的人物",《梦溪笔谈》是"中国科学史的里程碑"。明代宋应星的《天工开物》,总结了明代农业、手工业的生产技术。国外称它为"中国 17 世纪的工艺百科全书"。

三、其他文化成就

(一) 文学

春秋战国时期的文学作品以散文和诗歌最具代表性。我国的第一部诗歌总集是《诗经》,分为风、雅、颂三部分。爱国主义诗人屈原的《离骚》是不朽的浪漫主义杰作。他用楚国方言自有声调,开创了楚辞体。

汉代著名的文学体裁是"赋"和"乐府"。杨雄、司马相如、班固、张衡被誉为"汉赋四大家"。比较有名的作品有司马相如的《上林赋》、班固的《两都赋》。乐府是汉代收集民歌的音乐机构,后来就成了民歌的代名词,汉代乐府民歌以《孔雀东南飞》为最杰出代表。

南北朝时期陶渊明开创了田园诗体,出现了北朝最有名的叙事长诗《木兰辞》。

唐代是我国古典诗歌的黄金时代。最著名的有"诗圣"杜甫、"诗仙"李白。他们的诗歌成为典范,世人称颂。另外还有浪漫派诗人王翰、王之涣,隐逸派诗人孟浩然、王维,新乐府运动的核心人物元稹和白居易,著名的散文学家韩愈、柳宗元等。

宋代的文学作品以词最为有名。这期间出现了范仲淹、柳永、欧阳修、王安石、苏轼、黄庭坚、李清照、杨万里、陆游、辛弃疾、文天祥等著名诗人、词人。

元代的散曲和杂剧是文学的主流。最优秀的杂剧作家是关汉卿,《窦娥冤》、《救风尘》、《望江亭》等是其代表作。元曲四大家是白朴、关汉卿、郑光祖、马致远,其代表作分别为《梧桐雨》《窦娥冤》《倩女离魂》(全名《迷青琐倩女离魂》)、《汉宫秋》)。

明清文学艺术成就很高,是我国小说和戏剧发展史上的一个重要历史时期。文学家们以宋元时期的话本和杂剧为基础,创作了许多脍炙人口的古典名著。如罗贯中的《三国演义》,施耐庵的《水浒传》,吴承恩的《西游记》,兰陵笑笑生的《金瓶梅》,冯梦龙和凌濛初的《三言》《二拍》,蒲松龄的《聊斋志异》,吴敬梓的《儒林外史》,曹雪芹的《红楼梦》,等等。

(二) 史学

中华民族是具有深刻历史意识的民族。梁启超在《中国历史研究法》中说:"中国各学问中,惟史学为最发达;史学在世界各国中,唯中国为最发达。"中国古代史学在其发展的光辉历程中,涌现出数以百计的史学家和浩如烟海的史籍。丰富的内容和多样的表述形式的结合,是中国史学的特点和优点之一。

中国古代史书就体裁而言,有编年体、纪传体、典章制度体和纪事本末体四大体裁。

编年体史书出现较早,其特点是"以天时记人事",以时间为中心,按年月日顺序记述史事。鲁国的《春秋》是我国的第一部编年体史书。北宋司马光主编的《资治通鉴》是我国第一部编年体通史。纪传体史书的创立者是西汉史学家司马迁,他所著的《史记》是我国的第一部纪传体通史。东汉班固所著的《汉书》是中国古代第一部纪传体皇朝断代史。《史记》和《汉书》奠定了历代"正史"的体制。典章体史书,以历代典制为中心分门别类,记述历代典章制度及其因革损益。中国的第一部典章制度史书是唐代杜佑的《通典》。纪事本末体出现时间较晚,它以记事为主,详细叙述重大历史时间的起因至结束的过程为特点。南宋袁枢的《通鉴纪事本末》是第一部纪事本末体的历史著作。

(三) 古代典籍

明代《永乐大典》是我国最大的一部类书。编撰于大明永乐年间,是由时任内阁首辅解缙总编的一部中国古典集大成的旷世大典,初名《文献大成》,是中国百科全书式的文献集,全书 22 937 卷(目录占 60 卷),11 095 册,约 3.7 亿字,汇集了古今图书七八千种,显示了古代汉族文化的光辉成就。《不列颠百科全书》在"百科全书"条目中称我国明代类书《永乐大典》为"世界有史以来最大的百科全书"。

清代康熙时期由陈梦雷编辑的《古今图书集成》是现存规模最大、资料最丰富的类书。全书共 10 000 卷,目录 40 卷,原名《古今图书汇编》,编辑历时 28 年,共分 6 编 32 典。《古今图书集成》,采撷广博,内容非常丰富,上至天文、下至地理,中有人类、禽兽、昆虫,乃至文学、乐律等,包罗万象。它集清朝以前图书之大成,是各学科研究人员治学、继续先人成果的宝库。

《四库全书》是在清代乾隆皇帝的主持下,由纪昀等360多位高官、学者编撰,3 800多人抄写,费时13年编成,是中国历史上也是当时世界上规模最大的丛书。丛书分经、史、子、集四部,故名四库。共有3 500多种书,7.9万卷,3.6万册,约8亿字,基本上囊括了中国古代所有图书,故称"全书"。

思考与练习

一、实训项目

项目名称	我国古代的思想流派
实训目的	1. 掌握古代思想流派的类型 2. 了解和掌握古代思想流派各自的精神内涵以及对中国文化的影响
实训要求	搜集相关资料,分析和归纳古代思想流派的精神内涵和对中国传统文化的影响
准备工作	1. 分组,成员10人左右 2. 选取我国古代一种思想流派作为分析对象
方法	1. 根据班级情况,学生分组 2. 选取我国古代一种思想流派作为分析对象 3. 小组搜集资料,分析该流派发展沿革、代表人物、主要思想以及对我国传统文化的影响 4. 小组汇报 5. 教师点评每组同学的表现,总结相关思想流派对传统文化发展的影响

二、选择题

1. "隋炀帝"这一谥号属于( )。

　　A. 表同情的　　　　　　　　　　B. 表褒扬的

　　C. 表贬义的　　　　　　　　　　D. 无褒贬同情之意

2. 古代科举制中,院试考中者称为( )。

　　A. 秀才　　　　　B. 举人　　　　　C. 解元　　　　　D. 会元

3. 《清高宗实录》、"文景之治"、《永乐大典》三个专名中的"高宗""文景""永乐"依次分别是( )。

　　A. 谥号、年号、年号　　　　　　B. 庙号、谥号、年号

　　C. 年号、尊号、庙号　　　　　　D. 尊号、谥号、庙号

4. 我国历史上被誉为"药王""茶圣""书圣""诗仙"的四个人依次是( )。

　　A. 张仲景、贾思勰、吴道子、杜甫　　　B. 孙思邈、陆羽、王羲之、李白

　　C. 孙思邈、贾思勰、苏轼、杜甫　　　　D. 华佗、陆羽、吴道子、李白

5. 汉高祖刘邦中的"高祖"是( )。

　　A. 庙号　　　　B. 谥号　　　　C. 年号　　　　D. 字号

6. 古代把每月初一叫（　　）。

    A. 晦　　　　　　　　B. 朏　　　　　　　　C. 望　　　　　　　　D. 朔

7. 《齐民要术》属于（　　）。

    A. 医术　　　　　　　B. 史书　　　　　　　C. 农书　　　　　　　D. 科技书

8. 自然界中的水、火、山、泽，在八卦中为（　　）。

    A. 乾、坤、坎、离　　　　　　　　　　B. 坎、离、兑、震

    C. 坎、离、艮、兑　　　　　　　　　　D. 乾、坤、兑、震

9. 我国古代学术思想最为开放、流派创建最为众多的黄金时代是（　　）。

    A. 三国两晋　　　　B. 春秋战国　　　　C. 秦汉　　　　D. 南北朝

10. 五行中的相克，以下答案正确的是（　　）。

    A. 金→木→土→水→火→金　　　　　　B. 金→水→土→木→火→金

    C. 金→木→火→水→土→金　　　　　　D. 金→火→土→水→木→金

三、简答题

1. 简单阐述一下儒家思想的精神内涵。

2. 古代国家确定国号的依据有哪些方式？

3. "连中三元"是什么意思？

第六章

旅游建筑文化

儒家思想对中国古建筑的影响[①]

儒家思想对建筑的影响大体可以归咎为六个方面:第一,儒学提倡礼制,以礼为治国之本和个人立身行事的准则,由此产生了建筑上的多种类型及其形制,如殿堂、宗庙、坛、陵墓等;第二,儒学主张君权至上,皇帝是受命于天的万民之主,故建有以宫室为中心的都城宫殿,用来体现君权至高无上;第三,儒学主张敬天,对天地的祭祀是历朝大祀,故建有天坛、地坛、日坛、月坛,以及社稷、先农诸坛;第四,儒学主张孝亲法祖,故有宗庙、陵墓之建营;第五,儒学主张中正有序,故有建筑平面布置的方整对称、昭穆有序,从而形成都城、宫城及建筑群体严格的中轴对称布局形制;第六,儒学主张尊卑有序、上下有别,注重用建筑来体现尊卑礼序,举凡建筑的开间、形制、色彩、脊饰,都有严格的规定,不得违制僭越。

问题讨论:谈谈除了儒家思想之外,还有哪些思想对我国古代建筑产生了一定的影响?

分析参考:除了儒家思想外,中国古代的很多思想都对我国的建筑发展产生影响,比如道家思想。

"道法自然"是道家哲学的核心,道家的思想方法和对世界本质的理解正是建立在"道法自然"这一观念之上的。中国古代的美学思考和艺术设计一直受这一基本逻辑的影响,在"道法自然"思想的指导下,景观设计的目标就是将个人的情感以恰当的方式得以表达,在超越世俗的水平上享受自然之美。美是主观与客观、感情与理智和谐平衡的产物。这一审美方式反映了道家思想的精髓,即对世界万物给予应有的尊重。这是道家哲学中具有决定性的观点,可以说,这一结论决定性地影响了中国的景观设计艺术。

---

① 趣历史.传承千年:儒家思想对中国古代建筑有何影响? http://www.qulishi.com/news/201506/38725.html.

当然,这一哲学的方法论,必须经过转换才能在景观艺术设计中显示其价值。因为景观设计的所有特征虽然是人工的产物,但都是具体实在的,如何表现事物的自然品质取决于景观设计师的表达方式。景观要素,如山、水、植物等,尽管是自然物,但可经过人工处理体现人为的特征;同样,人造之物像园林中的建筑小品等,在"道法自然"思想的指导下也可以成功地表现出自然的精神。

在古典园林中,山、水、植物和建筑是主要的构景要素,对景观设计的美学判断,在很大程度上取决于这些要素的组合方式和它们在特定环境中的意义,而不是其数量的多少。园林设计师通过对场所的认识,在对人工环境与自然环境关系考虑的基础上,把人工山水和建筑按人的活动为逻辑依据安排其空间秩序。通过展现园林合理的功能、宜人的比例、恰当的布局、独具匠心的构思以及准确地用色和用材等设计手法,就可以达到"道法自然"的境界。

除此之外,诸如阴阳五行学说、易经以及后世盛行的风水学说等思想都对我国古建筑的发展产生了不同程度的影响。

【学习导航】

通过本章的学习,学生可掌握我国古代建筑发展的沿革;了解我国建筑的整体特征;熟悉我国宫殿建筑和坛庙建筑的特点;了解和掌握古代陵寝建筑的特征。

【教学建议】

我国建筑发展历史悠久,建筑样式繁多。在课程教授中可借鉴图片和音像资料对相关内容进行补充和说明,从而加深学生对古代建筑文化的理解。

第一节　中国古代建筑概述

伟大的中国,拥有960万平方千米的广袤国土,占世界总数1/5以上的人口,56个民族和超过3 000年有文字记载的历史,创造了独具特色的中华文明。中国建筑艺术是中华文明之树中特别美丽的一枝,作为世界三大建筑体系之一,与西方建筑和伊斯兰建筑并列,自豪地立足于世界文化之林。中国建筑是世界唯一以木结构为主的建筑体系。在漫长的发展过程中,中国建筑始终保持了自身的独特风格。从其全部历史,可分出三个大的阶段:商周到秦汉,是萌芽与成长阶段,秦和西汉是发展的第一个高潮;历魏晋经隋唐而宋,是成熟与高峰阶段,唐代的成就更为辉煌,是第二个高潮;元至明清是充实与总结阶段,明至清前期是第三个高潮。这三个阶段可分别以秦汉、隋唐、明清为代表。中国各少数民族的建筑也各具异采,大大丰富了中国建筑体系的整体风貌,其中尤以藏族、维吾尔族、傣族和侗族等民族建筑更富特色。中国建筑艺术曾对日本、朝鲜、越南和蒙古等国产生过重大影响。

一、中国古代建筑的历史沿革

从原始社会到汉代是中国古代建筑体系的形成时期。在原始社会早期,原始人群曾利用天然崖洞作为居住场所,或构木为巢。到了原始社会晚期,我们的祖先利用木架和草泥建造了简单的房子。前面我们提到总的可以分为三个大的发展阶段,但如果细分,我国古代建筑的发展经历了如下六个阶段。

1. 开创时期

经夏商周三代的发展,到秦汉时期,中国建筑体系已经形成。当时人们掌握了夯土技术,烧制了砖瓦,出现了垒石建筑。木构架结构技术已日渐完善,其主要结构方式已发展成熟。这一时期留下的具有代表性建筑遗址主要有宫殿、陵墓、万里长城、驰道和水利工程等。

2. 第一次发展时期

魏晋南北朝时期是中国古代建筑体系的发展时期。砖瓦的产量、质量及木构架技术都有所提高。大量兴建佛教建筑,出现了许多寺、塔、石窟和精美的雕塑与壁画。这一时期留下的建筑有河南登封嵩岳寺塔、山西大同云冈石窟、甘肃敦煌莫高窟、甘肃天水麦积山石窟、河南洛阳龙门石窟等。

3. 成熟时期

隋唐时期是中国古建筑体系的成熟时期。砖的应用更加广泛,琉璃的烧制更加进步,建筑构件的比例逐步趋向定型化。建筑与雕刻装饰进一步融合、提高,创造了统一和谐的风格。这一时期遗存下来的殿堂、陵墓、石窟、塔、桥及城市宫殿的遗址,无论布局或造型都具有较高的艺术和技术水平,雕塑和壁画尤为精美,是中国封建社会前期建筑的高峰。

4. 大转变时期

宋朝是中国古代建筑体系的大转变时期。宋朝建筑的规模一般比唐朝小,但比唐朝建筑更加秀丽、绚烂而富于变化,出现了各种复杂形式的殿阁楼台。建筑装饰绚丽而多彩。建筑构件的标准化在唐代基础上不断发展,各工种的操作方法和工料的估算都有了较严格的规定,并且出现了总结这些经验的建筑文献《营造法式》。《营造法式》是北宋政府为了管理宫室、坛庙、官署、府邸等建筑工程,于北宋崇宁二年(1103 年)颁行的,是上述各种建筑的设计、结构、用料和施工的"规范"。

5. 第二次发展时期

元朝是中国古代建筑体系的又一发展时期。元大都按照汉族传统都城的布局建造,是自唐都长安以来又一个规模巨大、规划完整的都城。从西藏到大都,建造了许多藏传佛教寺院和塔,大都、新疆、云南及东南地区的一些城市陆续兴建伊斯兰教清真寺。藏传佛教和伊斯兰教的建筑艺术逐步影响全国。中亚各族的工匠也为工艺美术带来了许多外来因素,使汉族工匠在宋、金传统上创造的宫殿、寺、塔和雕塑等表现出若干新的趋势。

6. 高峰时期

明清时期是中国古代建筑体系的最后一个高峰时期。明朝由于制砖手工业的发展，砖的生产量增长，明代大部分城墙和一部分规模巨大的长城都用砖包砌，地方建筑也大量使用砖瓦。琉璃瓦的数量和质量都超过过去任何朝代。官式建筑已经高度标准化、定型化。民间建筑的类型和数量增多，质量也有所提高。各民族的建筑也有了发展，地方特色更加显著。明末出现了一部总结造园经验的著作《园冶》。清朝前期编修了清工部《工程做法》74卷，统一了官式建筑的模式和用料标准，简化了构造方法。

二、中国古代建筑的特征

中国古代建筑的特征主要有以下几点。

(一) 以木构架为主的结构方式

中国古代建筑惯用木构架作房屋的承重结构。木构梁柱系统约在公元前的春秋时期已初步完备并广泛采用，到了汉代发展得更为成熟。木构结构大体可分为抬梁式、穿斗式、井干式，以抬梁式采用最为普遍。抬梁式结构是沿房屋进深在柱础上立柱，柱上架梁，梁上重叠数层瓜柱和梁，再于最上层梁上立脊瓜柱，组成一组屋架。平行的两组构架之间用横向的枋联结于柱的上端，在各层梁头与脊瓜柱上安置檩，以联系构架与承载屋面。檩间架椽子，构成屋顶的骨架。这样，由两组构架可以构成一间，一座房子可以是一间，也可以是多间。

斗拱是中国木构架建筑中最特殊的构件。斗是斗形垫木块，拱是弓形短木，它们逐层纵横交错叠加成一组上大下小的托架，安置在柱头上用以承托梁架的荷载和向外挑出的屋檐。到了唐、宋，斗拱发展到高峰，从简单的垫托和挑檐构件发展成为联系梁枋置于柱网之上的一圈[井]字格形复合梁。它除了向外挑檐，向内承托天花板以外，主要功能是保持木构架的整体性，成为大型建筑不可或缺的部分。宋以后木构架开间加大，柱身加高，木构架结点上所用的斗拱逐渐减少。到了元、明、清，柱头间使用了额枋和随梁枋等，构架整体性加强，斗拱的形体变小，不再起结构作用了，排列也较唐宋更为丛密，装饰性作用越发加强了，形成显示等级差别的饰物。

木构架的优点是：一是承重结构与维护结构分开，建筑物的重量全由木构架承托，墙壁只起维护和分隔空间的作用；二是便于适应不同的气候条件，可以因地区寒暖之不同，随宜处理房屋的高度、墙壁的厚薄、选取何种材料，以及确定门窗的位置和大小；三是由于木材的特有性质与构造节点有伸缩余地，即使墙倒而屋不塌，有利于减少地震损害；四是便于就地取材和加工制作。古代黄河中游森林茂密，木材较之砖石便于加工制作。

知识链接 6-1

中国古代建筑中木构架结构的形式

中国古代木结构大体上可分为抬梁式、穿斗式和井干式三种类型。其中抬梁式结构应用较广，穿斗式次之，井干式结构多应用于产木材地区。

1. 抬梁式木结构

抬梁式木结构(见图 6-1)主要是沿建筑进深方向前后立柱,柱端架梁;梁上立瓜柱(即短柱,因有做成瓜形的,所以称瓜柱),瓜柱上再架梁;再立瓜柱、架梁……层层叠垛而成。梁的长度,自下而上,逐层缩短。在最上一梁的中部,立脊瓜柱(见图 6-2)。两梁间高度按照一定规律,自上而下逐层递减(即宋朝的举折)或自下而上递增(即清朝的举架),从而形成了古建筑屋面具有的优美柔和的曲线。

图 6-1　抬梁式木结构

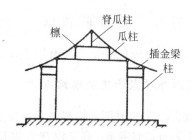

图 6-2　抬梁式结构

抬梁式房架因受木材长度、采运条件及受力性能的限制,进深不可能做得太大。为了满足更大空间的使用要求,在上述基本房架的基础上,用插金梁或勾连搭加大建筑物的进深。插金梁是在基本房架的前后柱以外,另立较短的柱子,上置插金梁,梁头放在外排柱头上,梁尾插入基本房架的柱身。插金梁也可层层叠起,以加大进深。勾连搭是把二组、三组以至更多组房架沿进深方向连接成为一缝房架,连接处两组房架共用一根立柱,因而称勾连搭。

抬梁式木结构的建筑平面除布置成长方形外,还可根据用途和建筑艺术要求布置成正方、六角、八角、圆形、十字形等多种平面形式。抬梁式建筑的屋顶重量是由檩传递于梁,由梁传递于立柱,通过立柱传递于基础的。建筑物的墙体,仅起间隔或围护的作用,而不是承重结构,即所谓墙倒屋不塌。但墙体对于建筑物的整体刚度也起着一定的作用。

2. 穿斗式木结构

穿斗式结构(见图 6-3 和图 6-4)在中国南方各地的建筑中用得较多。它的基本组成构件是柱与穿枋(也称穿)。穿斗式木结构是沿建筑进深方向立柱,柱头直接承檩。它与

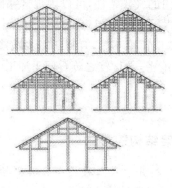

图 6-3　各种穿斗式结构

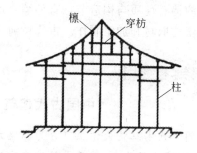

图 6-4　穿斗式结构

抬梁式木结构的主要区别在于：①柱头直接承檩，无须通过梁传递荷载，故比抬梁式承载力高；②落地柱较多，柱距较密；③一缝房架中柱与柱之间由贯穿柱身的穿枋联成一个整体。穿斗式木结构的立柱，沿进深方向自前后向中心（脊部）逐渐增高，以构成与抬梁式木结构相似的曲线形屋面。在穿斗式木结构中，由于立柱所承受的荷载远比抬梁式结构的立柱小，因而柱径也相应缩小，这就发挥了小直径木料的作用，不仅用料经济而且体态也比较轻盈。但柱径的缩小加大了柱的长细比，所以沿柱身要设置层层穿枋，并借助平行于檩下的牵子和上面铺装的阁板，保证柱的轴向稳定。因穿枋主要是起联系的作用，所以本身尺寸都不大。穿斗式结构也是在两缝房架之间，安设檩条组成间。它的不足之处是用料纤细，难于承受厚重屋面的荷载，因而在中国北方很少使用。更因落地柱较多，难于构成较大的完整空间。为此，在中国南方可以看到另一种做法，即在同一座建筑中，中间用抬梁式结构，两端用穿斗式结构，以满足较大室内空间的要求。

3. 井干式木结构

井干式木结构（见图 6-5）是用原木（或方木）叠垛而成的结构，大多将原木经简单加工，纵横叠垛，形成一个矩形空间。这种结构形式不仅在中国有，在森林资源丰富的国家也可见到。中国早在距今 3 000 多年的商朝墓葬中就发现有井干式木椁（即套棺）的使用，云南一带发现的汉代器物纹饰中，也可见到这种结构形式。据记载，汉武帝时在宫苑中曾建有高大的井干楼"襟井干而未半，目旋转而意迷"的描述，说明井干式结构在中国有不少于 3 000 年的使用历史，直到今天，在产木地区仍有使用。

图 6-5　井干式木结构

(二) 独特的单体造型

中国古代建筑的单体，大致可以分为屋基、屋身和屋顶三个部分。凡是重要建筑物都建在基座台基之上，一般台基为一层，大的殿堂如北京明清故宫太和殿，建在高大的三重台基之上。单体建筑的平面形式多为长方形、正方形、六角形、八角形、圆形。这些不同的平面形式，对构成建筑物单体的立面形象起着重要作用。由于采用木构架结构，屋身的处理得以十分灵活，门窗柱墙往往依据用材与部位的不同而加以处置与装饰，极大地丰富了屋身的形象。中国古代建筑的屋顶形式丰富多彩。早在汉代已有庑殿、歇山、悬山、囤顶、攒尖几种基本形式，并有了重檐顶。以后又出现了勾连搭、单坡顶、十字坡顶、盝顶、拱券顶、穹窿顶等许多形式。为了保护木构架，屋顶往往采用较大的出檐。但出檐有碍采光，以及屋顶雨水下泄易冲毁台基，因此后来采用反曲屋面或屋面举拆、屋角起翘，于是屋顶和屋角显得更为轻盈活泼。

(三) 中轴对称、方正严整的群体组合与布局

中国古代建筑多以众多的单体建筑组合而成为一组建筑群体，大到宫殿，小到宅院，莫不如此。它的布局形式有严格的方向性，常为南北向，只有少数建筑群因受地形地势限

制采取变通形式,也有由于宗教信仰或风水思想的影响而变异方向的。方正严整的布局思想,主要是源于中国古代黄河中游的地理位置与儒学中正思想的影响。

中国古代建筑群的布置总要以一条主要的纵轴线为主,将主要建筑物布置在主轴线上,次要建筑物则布置在主要建筑物前的两侧,东西对峙,组成为一个方形或长方形院落。这种院落布局既满足了安全与向阳防风寒的生活需要,也符合中国古代社会宗法和礼教的制度。当一组庭院不能满足需要时,可在主要建筑前后延伸布置多进院落,在主轴线两侧布置跨院(辅助轴线)。比如,曲阜孔庙在主轴线上布置了十进院落,又在主轴线两侧布置了多进跨院。它在奎文阁前为一条轴线,奎文阁以后则为并列的三条轴线。至于坛庙、陵墓等礼制建筑布局,那就更加严整了。这种严整的布局并不呆板僵直,而是将多进、多院落空间,布置成为变化的颇具个性的空间系列。像北京的四合院住宅,它的四进院落各不相同。第一进为横长倒座院,第二进为长方形三合院,第三进为正方形四合院,第四进为横长罩房院。四进院落的平面各异,配以建筑物的不同立面,在院中莳花植树,置山石盆景,使空间环境显得清新活泼、宁静宜人。

(四) 变化多样的装修与装饰

中国古代建筑对于装修、装饰特别讲究,凡一切建筑部位或构件,都要美化,所选用的形象、色彩因部位与构件性质不同而有别。

台基和台阶本是房屋的基座和进屋的踏步,但予以雕饰,配以栏杆,就显得格外庄严与雄伟。屋面装饰可以使屋顶的轮廓形象更加优美。如故宫太和殿,重檐庑殿顶,五脊四坡,正脊两端各饰一龙形大吻,张口吞脊,尾部上卷,四条垂脊的檐角部位各饰有九个琉璃小兽,增强了屋顶形象的艺术感染力。门窗、隔扇属外檐装修,是分隔室内外空间的间隔物,但是装饰性特别强。门窗以其各种形象、花纹、色彩增强了建筑物立面的艺术效果。内檐装修是用以划分房屋内部空间的装置,常用隔扇门、板壁、多宝格、书橱等,它们可以使室内空间产生既分隔又连通的效果。另一种划分室内空间的装置是各种罩,如几腿罩、落地罩、圆光罩、花罩、栏杆罩等,有的还要安装玻璃或糊纱,绘以花卉或题字,使室内充满书卷气味。天花即室内的顶棚,是室内上空的一种装修。一般民居房屋制作较为简单,多用木条制成网架,钉在梁上,再糊纸,称"海墁天花"。重要建筑物如殿堂,则用木枝条在梁架间搭制方格网,格内装木板,绘以彩画,称"井口天花"。藻井是比天花更具有装饰性的一种屋顶内部装饰,它结构复杂,下方上圆,由三层木架交构组成一个向上隆起如井状的天花板,多用于殿堂、佛坛的上方正中,交木如井,绘有藻纹,故称藻井。于建筑物上施彩绘是中国古代建筑的一个重要特征,是建筑物不可缺少的一项装饰艺术。它原是施之于梁、柱、门、窗等木构件之上用以防腐、防蠹的油漆,后来逐渐发展演化而为彩画。古代在建筑物上施用彩画,有严格的等级区分,庶民房舍不准绘彩画,就是在紫禁城内,不同性质的建筑物绘制彩画也有严格的区分。其中,和玺彩画属最高的一级,内容以龙为主题,施用于外朝、内廷的主要殿堂,格调华贵;旋子彩画是图案化彩画,画面布局素雅灵活,富于变化,常用于次要宫殿及配殿、门庑等建筑上;再一种是苏式彩画,以山水、人物、草虫、花卉为内容,多用于园苑中的亭台楼阁之上。

(五) 写意的山水园景

中国古典园林的一个重要特点是有意境,它与中国古典诗词、绘画、音乐一样,重在写意。造景家用山水、岩壑、花木、建筑表现某一艺术境界,故中国古典园林有写意山水园之称。从造景艺术创作来说,它摄取万象,塑造典型,托寓自我,通过观察、提炼,尽物态,穷事理,把自然美升华为艺术美,以之表现自己的情思。赏景者在景的触发中引起某种情思,进而升华为一种意境,故赏景也是一种艺术再创作。这个艺术再创作,是赏景者借景物抒发感情、寄寓情思的自我表现过程,是一种精神升华,使人心性开涤,达到高一层的思想境界。在中国古典园林中,景的意境大体分为治世境界、神仙境界、自然境界。儒学讲求实际,有高度的社会责任感,关心社会生活与人际关系,重视道德伦理价值和治理国家的政治意义,这种思想反映到园林造景上就是治世境界。老庄思想讲求自然恬淡和炼养身心,以静观、直觉为务,以浪漫主义为审美观,艺术上表现为自然境界。佛、道两教追求涅槃与幻想成仙,园林造景上反映为神仙境界。治世境界多见于皇家苑囿,如圆明园四十景中约有一半属于治世境界,几乎包含了儒学的哲学、政治、经济、道德、伦理的全部内容。自然境界大半反映在文人园林之中,如宋代苏舜钦的沧浪亭、司马光的独乐园等。神仙境界则反映在皇家园林与寺庙园林中,如圆明园中的蓬岛瑶台、方壶胜境(见图 6-6)、青城山古常道观的会仙桥、武当山南岩宫的飞升岩。

图 6-6　圆明园方壶胜境

三、中国古代建筑的基本构件

(一) 台基

古代建筑的基座,指建筑物的柱子或墙壁以下的部分,包括地下的“埋深”和地上露明的“台明”。“埋深”部分用三合土夯筑而成,深 0.3～2 米,根据建筑物的大小设计。“台明”部分是柱子或墙体以下至地平面以上的部位,通常用砖或石砌成,高度一般为柱高的 1/7～1/5。我国古建筑中的台基大致可分为四种。

1. 普通台基

用灰土或碎砖三合土夯筑而成,高约一尺,常用于小式建筑。

2. 较高级台基

较普通台基高,常在台基上建汉白玉栏杆,用于大式建筑或宫殿建筑中的次要建筑。

3. 更高级台基

更高级台基即须弥座,又名金刚座。“须弥”是古印度神话中的山名,相传位于世界中心,系宇宙间最高的山,日月星辰出没其间,三界诸天也依傍它层层建立须弥座用作佛像或神龛的台基,用以显示佛的崇高和伟大。中国古建筑采用须弥座表示建筑的级别,一般用砖或石砌成,上有凹凸线脚和纹饰,台上建有汉白玉栏杆,常用于宫殿和著名寺院中的主要殿堂建筑。

4. 最高级台基

由几个须弥座相叠而成,从而使建筑物显得更为宏伟高大,常用于最高级建筑,如故宫三大殿和山东曲阜孔庙大成殿,即耸立在最高级台基上(见图6-7)。

(二) 木头圆柱

木头圆柱是古代木结构建筑中竖向荷载的主要构件,俗称"柱子",位于柱础与斗拱或梁架之间。其形制以圆柱为常见,兼有方柱、八角柱、小八角柱、梭柱、雕龙柱等。由于其位置和功用不同,又可分为副阶檐柱、檐柱、内柱、蜀柱等。唐代以后,柱径与柱高之比呈减小趋势。柱头一般有卷杀,柱顶有榫头同上部构件相联系,柱间有枋木相联系,柱脚处的石块是柱础部分。

(三) 开间

四根木头圆柱围成的空间称为"间"。建筑的迎面间数称为"开间",或称"面阔"(见图6-8)。建筑的纵深间数称"进深"。中国古代以奇数为吉祥数字,所以平面组合中绝大多数的开间为单数;而且开间越多,等级就越高。明朝规定,公侯府第,大门三间,有金漆兽面锡环,前厅、中堂、后堂各七间;三品到五品,厅堂各七间,门用黑漆锡环(王府为朱漆大门);六品到九品,厅堂各三间,正间一间,门为黑色,有铁环;百姓,正房不能超过三间。

图6-7　故宫太和殿的最高级台基

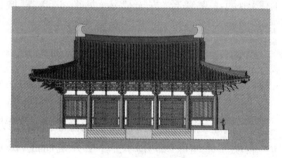

图6-8　面阔五开间

知识链接 6-2

十一开间的太和殿

北京故宫作为中国最后两个封建王朝的宫廷建筑,处处体现着帝王的至高无上。民间大都知道"九五之尊"的说法,故宫的建筑的确与"九"和"五"两个数字有关联,如天下闻名的天安门城楼,其城台设五个门洞,面阔九间,进深五间。故宫中许多建筑物的开间多为九间或五间,唯独太和殿的面宽是十一开间,在整个故宫是独一无二的。这是为什么呢?

有关资料显示,太和殿在明朝时叫作奉天殿,面阔九间,进深五间,李自成进京后被毁,清康熙八年(1669 年)重建时改为十一间。为何改为十一间,据说是当时找不到上好的够长度的金丝楠木,如果建成九间木材的跨度不够,只好改成了十一间,以缩短跨度。

不管这种说法是否属实,太和殿作为紫禁城的第一建筑,采用十一开间这种独一无二的形式达到了在建筑群落中脱颖而出、鹤立鸡群的效果,突显出至高无上的尊贵地位。九开间的形式在故宫中被多次运用,在九之上增加一个数字单位只能是十一。因为要保持建筑物正中开门的特征,其开间数必须是奇数。在美学效果上,十一开间还是可以被接受的,十三开间以上除非是长廊,对屋宇建筑来说太多了。

(四) 梁

梁是古建筑木构建筑中承受屋顶重量的主要水平构件。一般上一层梁较下一层梁短,这样层层相叠构成屋架,最下一层梁往往置于柱头上或与斗拱相组合,这样就形成了一个完整的构架。隋唐时期由于柱子排列规整,梁架多前后对称。唐宋时期的建筑内凡有天花板的,其上部梁枋为草栿,其下为明栿,室内无天花板的梁栿全用明栿。元代建筑中不论有无天花板多按草栿建设。明清则与元代恰恰相反,不论有无天花板一律按明栿建造。梁枋断面的发展有由"瘦"向"肥"发展的趋向,唐代梁枋断面高宽比例多为 2∶1,宋代规定为 3∶2,金元建筑中梁枋断面多为不规则圆形,明清时期的建筑中梁枋断面多为 10∶8 或 12∶10,近似正方形。

知识链接 6-3

草栿和明栿

草栿:在平闇(室内吊顶或天花板的一种)、平棊(即天花板)上看不见的栿。由于看不见,所以制造粗略,未经任何艺术加工,制作潦草,故称之为草栿,为宋式梁栿名称。草栿负荷屋盖重量。

明栿:与草栿相对而言,指的是在平闇、平棊(即天花板)以下的梁。由于明栿在室内能看得见,所以制造精致。宋代常将明栿做成形如弯月的月梁式,以增加美感。在有平棊与平闇的梁架中,明栿只负荷平棊与平闇的重量。

(五) 斗拱

斗拱是中国古代建筑独特的构件。方形木块叫斗,弓形短木叫拱,斜置长木叫昂,总称斗拱。一般置于柱头和额枋(又称阑头,俗称看枋,位于两檐柱之间,用于承托斗拱)、屋面之间,用来支撑荷载梁架、挑出屋檐,兼具装饰作用。由斗形木块、弓形短木、斜置长木组成,纵横交错层叠,逐层向外挑出,形成立大下小的托座。如图 6-9 所示。等级规则是,有斗拱的大于无斗拱的,斗拱多的大于斗拱少的,层次

图 6-9　斗拱

多的大于层次少的。

(六) 彩画

彩画在中国有悠久的历史,是古代汉族建筑装饰中最突出的特点之一。它以独特的风格和制作技术及其富丽堂皇的装饰艺术效果,给人留下了深刻印象,成为中国建筑艺术的瑰宝而载入史册。古老的梁架,玉白的石坛,赤红的门窗和金黄的琉璃瓦,雕梁画栋这句成语足以证明中国古代建筑雕饰彩画的发达和辉煌。古建筑上色彩之分配,是非常慎重的。檐下阴影掩映部分,主要色彩多为"冷色",如青蓝碧绿,略加点金。柱、门额和墙壁则以丹、赤为主色,与檐下的冷色的彩画格调正相反,与白色的台基相映衬,给红墙黄瓦一个间断。彩画原可为木结构防潮、防腐、防蛀之用,后来才突出其装饰性。宋代以后彩画已成为宫殿不可缺少的装饰艺术。彩画可分为三个等级。

1. 和玺彩画

和玺彩画是我国古典建筑中一种特有的装饰艺术,也是彩画形式中最为高级、最为尊贵的彩画(见图 6-10),主要用于宫殿、坛庙等大型建筑物的主殿。其主要特点是:中间的画面由各种不同的龙或凤的图案组成,间补以花卉图案;画面两边用"《 》"形图案框住,并且沥粉贴金,金碧辉煌,十分壮丽。

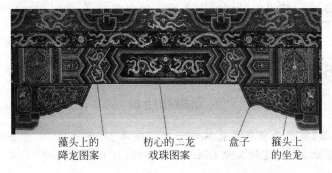

藻头上的　　　枋心的二龙　　　盒子　　　箍头上
降龙图案　　　戏珠图案　　　　　　　　　的坐龙

图 6-10　和玺彩画

2. 旋子彩画

旋子彩画的等级次于和玺彩画。画面用简化形式的涡卷瓣旋花,有时也可画龙凤,两边用"《 》"形图案框起,可以贴金粉,也可以不贴金粉。见图 6-11。一般用于次要宫殿或寺庙中。

图 6-11　旋子彩画

3. 苏式彩画

苏式彩画的等级低于前两种。画面为山水、人物故事、花鸟鱼虫等，两边用"《　》"形图案或"（　）"形图案框起。建筑家们称之为"包袱"，苏式彩画，便是从江南的包袱彩画演变而来的。见图6-12。

图6-12　苏式彩画

(七) 屋顶

古称屋盖，中国传统屋顶有以下七种，其中以重檐庑殿顶、重檐歇山顶级别为最高，其次为单檐庑殿、单檐歇山顶。

（1）庑殿顶：四面斜坡，有一条正脊和四条斜脊，屋面稍有弧度，又称四阿顶。见图6-13。

（2）歇山顶：是庑殿顶和硬山顶的结合，即四面斜坡的屋面上部转折成垂直的三角形墙面。有一条正脊、四条垂脊、四条依脊组成，所以又称九脊顶。见图6-14。

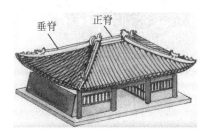

图6-13　庑殿顶

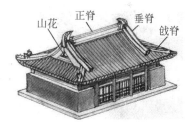

图6-14　歇山顶

（3）悬山顶：屋面双坡，两侧伸出山墙之外。屋面上有一条正脊和四条垂脊，又称挑山顶。见图6-15。

（4）硬山顶：屋面双坡，两侧山墙同屋面齐平，或略高于屋面。见图6-16。

（5）攒尖顶：平面为圆形或多边形，上为锥形的屋顶，没有正脊，有若干屋脊交于上端。一般亭、阁、塔常用此式屋顶。见图6-17。

（6）卷棚顶：屋面双坡，没有明显的正脊，即前

图6-15　悬山顶

后坡相接处不用脊而砌成弧形曲面。见图 6-18。

图 6-16　硬山顶

图 6-17　圆角攒尖顶

（7）盝顶：盝顶是一种较特别的屋顶，屋顶上部为平顶，下部为四面坡或多面坡，垂脊上端为横坡，横脊数目与坡数相同，横脊首尾相连，又称圈脊。盝顶在古代大型宫殿建筑中极为少见。见图 6-19。

图 6-18　卷棚顶

图 6-19　盝顶

知识链接 6-4

古代屋顶形式的等级排序

中国古代屋顶形式是有严格的等级之分的，古代屋顶等级排列如下。

第一位：重檐庑殿顶，用于重要的佛殿、皇宫的主殿，象征尊贵。

第二位：重檐歇山顶，常见于宫殿、园林、坛庙式建筑。

第三位：单檐庑殿顶，用于重要的建筑。

第四位：单檐歇山顶，用于重要的建筑。

第五位：悬山顶，多见于民居、神橱、神库。

第六位：硬山顶，多见于民居。

第七位：卷棚顶，多见于民间、园林建筑。

无等级：攒尖顶，多见于亭台楼阁。

(八) 山墙

山墙即房子两侧上部成山尖形的墙面。常见的山墙有风火山墙，其特点是两侧山墙高出屋面，随屋顶的斜坡面而呈阶梯形。

(九) 藻井

中国传统建筑中天花板上的一种装饰，名为"藻井"，含有五行以水克火，预防火灾之意。一般出现在寺庙佛座上或宫殿的宝座上方。是平顶的凹进部分，有方格形、六角形、八角形或圆形，上有雕刻或彩绘，常见的有"双龙戏珠"。见图6-20。

(十) 脊兽

脊兽是中国古代汉族建筑屋顶的屋脊上所安放的兽件。它们按类别分为跑兽、垂兽、"仙人"及鸱吻，合称"脊兽"。其中正脊上安放吻兽或望兽，垂脊上安放垂兽，戗脊上安放戗兽，另在屋脊边缘处安放仙人走兽。汉族古建筑上的跑兽最多有10个（不计算排头的仙人走兽），分布在房屋两端的垂脊上，由下至上的顺序依次是：龙、凤、狮子、天马、海马、狻猊、狎鱼、獬豸、斗牛、行什。

图6-20　藻井

知识链接 6-5

古建筑上的脊兽

正脊两头安放的面朝里的龙首形瓦件称"正吻""螭吻"，因传说此兽好吞，故在正脊两端作张嘴吞脊状，又称"吞脊兽"。一说其为海兽，喜登高眺望，喷水如雨不怕火，于是将之装饰于此，取喷水镇火保平安意。其背后各有双角小兽头，称脊兽。而在殿顶各条垂脊端部的龙首称"鸱吻"，即鸱鹰，因喜四方眺望，故置于此。在殿顶岔脊的下端，又有一龙首，称"嘲风"，传说其胆大、好险，便置此。这屋脊、角兽合称"五脊六兽"。

再说小兽，在殿顶翘起的戗脊上安放着仙人和各种小兽，称"戗兽"，其数目与种类有着严格的等级区别，小兽越多，建筑级别越高，常见为9、7、5、3不等（故宫太和殿为等级最高的汉族古建筑，角脊之上排列着10个小兽，其顺序为"一龙二凤三狮子，天马、海马六狎鱼，狻猊獬豸九斗牛，最后行什像个猴"，象征着皇权至高无上。），均为奇数。雍和宫各大殿上的小兽以法轮殿和万福阁为最，均为7个，因此二殿系寺院的中心建筑，小兽的数量是随着宫殿等级的抬升而逐渐增加的。

小兽的排列是有寓意的。先看这些小兽的最前面有一个领头的，那是骑凤的仙人。民间也叫作"仙人骑凤"。关于"仙人"和凤凰，民间对此有着各种各样的传说。

一种传说骑凤的仙人是姜子牙的小舅子，想利用姜子牙的关系往上爬。姜子牙看出小舅子的居心，但深知道他才能有限，因此对他说："你的官已升到顶了，如果再往上爬就会摔下来。"古代的汉族建筑师们根据这个传说,把他放在了檐角的最前端,如果再往上爬一步就会掉下去摔得粉身碎骨。

另一种传说骑凤的仙人是齐泯王,他在位期间不务正业,昏庸无道,所以遭到百姓的憎恨,珍禽异兽穷追猛打,把他追到走投无路的地步,再往前迈一步,就会掉下来摔得粉身碎骨。

至于为什么用仙人骑凤做装饰,还有一种传说。传说齐国的国君在一次作战中失败,被敌人追到一条大河边,眼看就要走投无路了。突然,一只大鸟飞到眼前,国君急忙骑上大鸟,化险为夷。因此人们把"仙人骑凤"放在建筑脊端,寓意逢凶化吉。

第二节　宫殿建筑与坛庙建筑

一、宫殿建筑

宫殿建筑又称宫廷建筑,是皇帝为了巩固自己的统治,突出皇权的威严,满足精神生活和物质生活享受而建造的规模巨大、气势雄伟的建筑物。宫殿以其巍峨壮丽的气势、宏大的规模和严谨整饬的空间格局,给人以强烈的精神感染,突显帝王的权威,体现了统治阶级的思想意识。同西方相比,在古代中国这个以儒教为国教的君主制国家,宫殿建筑是古代最重要的建筑。

宫,在秦以前是居住建筑通用名;殿,原指大房屋。秦汉以后,宫殿成为帝王居所中重要建筑的专用名。"宫"主要指帝王生活起居的场所;"殿"是帝王朝政的场所。宫殿,是古建筑中最高级、最豪华的一种类型,是帝王专有的居所。历代朝廷都耗费大量人力、物力、财力,使用当时最成熟的技术和艺术来营建这些建筑,因此在一定程度上能反映一个时期的最高建筑成就,是中国建筑文化类型的主角。

(一) 宫殿布局

1. 中轴对称

为了表现君权受命于天和以皇权为核心的等级观念,宫殿建筑采用严格的中轴对称的布局方式。中轴线上的建筑高大、华丽,轴线两侧的建筑低小、简单。这种明显的反差体现了皇权的至高无上,中轴线纵长深远,更显示了帝王宫殿的尊严华贵。世界各国中,唯有我国对此最强调。

2. 左祖右社

左祖右社又称左庙右社。中国的礼制思想,有一个重要内容,即是崇敬祖先、提倡孝道;祭祀土地神和粮食神。有土地才有粮食,"民以食为天","手中有粮喜气扬扬,手中无粮慌慌张张","有粮则安,无粮则乱","风调雨顺,国泰民安",这是人所共知的。左祖右社,则体现了这些观念。"左祖",是指在宫殿左前方设祖庙。祖庙是帝王祭祀祖先的地方,因为是天子的祖庙,故也称太庙。"右社",是在宫殿右前方设社稷坛,社为土地,稷为粮食,社稷坛是帝王祭祀土地神、粮食神的地方。清代以左为尊、以东为上,所以左在前,右在后。

3. 前朝后寝

"前朝",即为帝王上朝治政、举行重大典礼、朝贺和宴请的地方。如明清北京故宫,前朝主要有太和殿、中和殿及保和殿三大殿。"后寝",即皇帝与后妃们生活居住的寝宫,内有御花园等供享用。如北京故宫在中轴线上的建筑就分前朝和后寝两部分,后寝有皇帝的寝宫宁寿宫、皇太后居住的慈宁宫、妃子们居住的东西六宫、御花园等。

4. 三朝五门

三朝五门是指宫殿建筑群的门殿布局。"三朝"是根据帝王朝事活动内容的不同,分别在三处不同规模的殿堂内举行,即举行重大仪式和政治活动的外朝、处理日常政务的内朝和起居生活的燕朝,如北京故宫的太和殿、中和殿及保和殿。"五门"是在举行大型朝事活动的宫殿庭院前,沿中轴线以五道门及辅助建筑构成四座庭院,作为大朝宫殿前的前导空间。这五道门由内而外顺次称为朝门、宫门、宫城前导门、皇城门和皇城前导门,如北京故宫的太和门、午门、端门、天安门、前门。这种布局早在周代即已形成制度。之所以如此门阙森森,宫殿重重,无非也是为了炫耀皇权崇高威严罢了。

知识链接 6-6

北京故宫布局

故宫宫殿是沿着一条南北向中轴线排列的,三大殿、后三宫、御花园都位于这条中轴线上,并向两旁展开,南北取直,左右对称。这条中轴线不仅贯穿在紫禁城内,而且南达永定门,北到鼓楼、钟楼,贯穿了整个城市,气魄宏伟,规划严整,极为壮观。见图6-21。

图 6-21　北京故宫布局

同时,故宫严格地按《周礼·考工记》中"前朝后市,左祖右社"的帝都营建原则建造。整个故宫,在建筑布置上,用形体变化、高低起伏的手法,组合成一个整体。在功能上符合封建社会的等级制度,同时达到左右均衡和形体变化的艺术效果。

故宫前部宫殿,当时建筑造型要求宏伟壮丽,庭院明朗开阔,象征封建政权至高无上。太和殿坐落在紫禁城对角线的中心,故宫的设计者认为这样以显示皇帝的威严,震慑天下。后部内廷却要求庭院深邃,建筑紧凑,因此东西六宫都自成一体,各有宫门宫墙,相对排列,秩序井然,再配以宫灯联对、绣榻几床,都是体现适应豪华生活需要的布置。内廷之后是宫后苑。后苑里有岁寒不凋的苍松翠柏,有秀石迭砌的玲珑假山,楼、阁、亭、榭等掩映其间,幽美而恬静。

(二) 宫殿陈设

1. 华表

华表是一种汉族传统建筑形式,属于古代宫殿、陵墓等大型建筑物前面做装饰用的巨大石柱,相传华表是部落时代的一种图腾标志,古称桓表,以一种望柱的形式出现,具有深厚的传统文化内涵,散发出民族传统文化的精神、气质、神韵。

知识链接 6-7

天安门前后的华表

图 6-22　华表

天安门前后各有一对汉白玉的柱子,名字叫华表,又称作"望柱"。如图 6-22 所示。华表上石犼(读 hǒu,一种似狗而吃人的北方野兽)蹲立,下面横插云板,柱身雕刻云龙。该华表与天安门同建于明永乐年间,迄今已有 500 多年历史。这一对华表间距为 96 米,显得端庄秀丽、庄严肃穆,是少有的精美艺术品。

天安门前那对华表上的石犼面向宫外,后面的那对华表上的石犼面向宫内。在古老的传说中,人们把宫前的石犼叫"望君归",意为盼望皇帝外出游玩不要久久不归,应快回宫料理国事;面向宫内的石犼叫"望君出",劝诫皇帝不要老待在宫内寻欢作乐,应常到宫外去了解百姓的苦难。每根华表由须弥座柱础、柱身和承露盘组成,通高为 9.57 米,其直径为 98 厘米,重约 20 000 千克。

2. 石狮

宫殿大门前都有一对石狮。石狮有辟邪的用意。又因为狮子是兽中之王,所以又有显示尊贵和威严的作用。按照中国文化的传统习俗,这对石狮系左雄右雌,可以从狮爪所踩之物来辨别雄雌:爪下为球,象征统一环宇和无上权力,必为雄狮;爪下踩着幼狮,象征子孙绵延,必定是雌狮。

3. 吉祥缸

吉祥缸为置于宫殿前、庭院中盛满清水以防火灾的一个个金属大缸,古称"门海"。古人认为,门前有大海就不怕火灾,故又称"吉祥缸",一般有铜、铁、鎏金三种。缸内平时盛满水,以备消防火灾之用。

4. 日晷

日晷为我国古代的一种计时器。它利用太阳的投影和地球自转的原理,借助指针的阴影来确定具体时间。日晷在汉代已经普遍使用。皇家使用,不但借以计时,还寓意"王"

恩如日,光辉普照。

5. 嘉量

嘉量是我国古代的标准量器,如图 6-23 所示。全套量器从小到大依次为斛、斗、升、合、龠五个容量单位,嘉量作为标准器具,用作宫廷建筑,和日晷同放在太和殿前,象征皇帝的公正和至高无上,也象征国家的统一和强盛。

6. 铜龟、铜鹤

龟、鹤是我国传说中的神灵动物,用来象征长寿、庆贺永享天年。最有名的被称为龙头龟、仙鹤。宫殿中摆放铜龟、铜鹤象征着江山永固。

7. 鼎式香炉

我国古代举行大典时用来燃烧檀香和松枝的一种礼器,有盖为鼎,无盖为炉。鼎的造型既沉稳又坚固,体现了国泰民安,象征着政权稳固,是传国重器。

图 6-23 嘉量

(三) 现存著名古代宫殿

1. 北京故宫

北京故宫也称"紫禁城",位于北京市区中心,始建于 1406 年,历时 14 年才完工。故宫是世界上现存规模最大、最完整的古代木结构建筑群,为明清两代的皇宫。有 24 位皇帝相继在此登基执政。

故宫占地 72 万平方米,建筑面积 15 万平方米。为一长方形城池,四角矗立风格绮丽的角楼,墙外有宽 52 米的护城河环绕,形成一个壁垒森严的城堡。宫殿分为前后两部分,即前朝和内廷。

前朝在前部,是颁布大政、举行集会或仪式以及办事的行政区。前朝包括三大殿,分别是太和殿、中和殿、保和殿。它们都建在汉白玉砌成的 8 米高的台基上,远望犹如神话中的琼宫仙阙,是封建皇帝行使权力、举行盛典的地方。太和殿,也叫金銮殿,面阔 11 间,重檐庑殿顶,高 28 米,面积约 2 380 平方米,是全国现存的最大古建筑物,是皇帝举行重大典礼的地方,皇帝登基、大婚、册立皇后、命将出征和每年元旦、冬至、万寿等活动都在这里举行仪式。中和殿,面阔 5 间,为单檐攒尖顶方殿。举行大典的时候,皇帝先在这里休息,并接受司礼官员的朝拜。保和殿,面阔 9 间,为重檐歇山顶,为皇帝举行殿试和宴请外宾的场所。这里也是科举制度的最高一级考试——殿试的考场。

保和殿之后为内廷,是皇帝及其家属的居住区。主体建筑包括乾清宫、交泰宫、坤宁宫三宫以及东西两侧的东六宫和西六宫,这是皇帝及其嫔妃居住的地方,俗称为"三宫六院"。乾清宫是皇帝读书学习、批阅奏章、召见官员、接见外国使节以及举行内廷典礼和家宴的地方。明代的 14 个皇帝和清代的顺治、康熙两个皇帝,都以乾清宫为寝宫。他们在这里居住并处理日常政务。交泰殿,含天地交合、安康美满之意。明、清时,该殿是皇后生日举办寿庆活动的地方。乾隆十三年(1748 年),乾隆皇帝把象征皇权的二十五玺收存于此,遂成为储印场所。坤宁宫,是明代皇后的寝宫。清代改西暖阁为祭神场所,东暖阁为皇帝大婚洞房,康熙、同治、光绪三帝婚礼均在此举行。现在洞房内的装修和陈设,是光绪皇帝大婚时布置的原状。

知识链接 6-8

北京故宫的房间数量

北京故宫占地 72 万平方米,围成一个方形。朝南的正门是午门,北门是神武门,东西两面分别称为东华门和西华门。故宫的房间数不清。有人说,故宫有 9 999 间房;也有人说,故宫的房间应该有 9 999 间半。为何会有 9 999 间半呢?半间又在哪儿呢?据了解,半间是指文渊阁楼下西头的那一小间。实际上所谓的半间房说法是不存在的。文渊阁西头这间,面积颇小,仅有一上下用的楼梯,但仍是一整间。文渊阁是收藏我国第一部《四库全书》的处所,为了取"天一生水,地六成之",以水克火之意,文渊阁一反紫禁城房屋多以奇数为间的惯例,采用了 6 间。但又为了布局上的美观,西头一间建造得格外小,似乎是半间房。实际上,9 999 间半的数字只是传说而已,并不确切。据 1973 年专家现场测量,故宫实际有大小院落 90 多座,房屋有 980 座,共计 8 707 间(而此"间"并非现今房间之概念,此处"间"指四根房柱所形成的空间)。

2. 沈阳故宫

沈阳故宫位于沈阳旧城中心,始建于后金天命十年(1652 年),历时 11 年建成,占地 6 万平方米,由 10 多个宫院组成,房 300 余间,是清朝入关前清太祖努尔哈赤、清太宗皇太极创建的皇宫,又称盛京皇宫,清朝入主中原后改为陪都宫殿和皇帝东巡行宫。现已辟为沈阳故宫博物馆。

沈阳故宫的布局有浓厚的民族和地方特色。依其自然布局和建筑先后,可分为三部分。

第一部分是努尔哈赤建都沈阳初期所建的大政殿与十王亭,也就是故宫的东路,是举行大典及重要政治活动的场所。大政殿是一座八角重檐大木架构成的建筑,殿身八面都用木隔扇门组成,以榫卯相接,可以任意开启。殿前排列十座方亭,为左右翼王和八旗大臣办公的地方。

第二部分是皇太极继位后续建的大内宫阙,包括最南端的照壁、东西厢楼、东西朝房、崇政殿、凤凰楼、清宁宫等建筑,也就是故宫的中路。崇政殿为五间九檩硬山式,前后有出廊,围以石雕栏杆。此殿为皇太极日常处理军政要务和接见外国使臣、边疆少数民族代表之所。

第三部分是乾隆四十八年(1783 年)扩建的,包括戏台、嘉荫堂、文溯阁、仰熙斋等建筑,也就是故宫的西路,是娱乐读书的地方。其中文溯阁为故宫西路的主体建筑,乾隆四十七年(1782 年)兴建,专为典藏《四库全书》之用,建筑形式仿自浙江宁波天一阁。

二、坛庙建筑

坛庙是祭祀性建筑物,它是遵从"礼"的要求而产生的建筑类型。因此,也称礼制建筑。在中国古建筑中占有很大比重,其建筑规模之大,建筑造型之精美,达到了相当高的程度。

在古代"坛"和"庙"是分别形容两种不同用途的建筑。

坛,是中国古代用于祭祀天地和社稷等活动的台型建筑。它源于人们对自然界中的日、月、星、辰、雷、电、风、雨、山川河流等的崇拜,同时传说它们支配农作物的丰欠与人间祸福,由此而产生了专用的祭祀建筑,如天坛(圜丘坛)、地坛(方泽坛)、日坛(朝日坛)、月坛(夕月坛)、祈谷坛(祈年殿)、社稷坛、先农坛、天神坛、地祇坛、太岁坛、先蚕坛等。

庙,主要是用于供祀祖宗、圣贤、山川的屋宇建筑,建制类似于宫殿,有严格的等级规定。它源于人们对祖先的崇拜。中国庙祠祭祀文化,包括皇家太庙祭祀、臣民宗庙祖先祭祀和先圣神灵祠庙祭祀等。典型代表如太庙、文庙、武庙、各种家族祠堂等。

庙坛建筑包含了人们对自然与祖先浓厚的崇敬之情。主要分为祭祀天地的坛庙建筑、奉祀祖先的坛庙建筑以及祭祀圣贤的坛庙建筑三大类。

(一)祭祀天地的坛庙建筑

人类早期生存的威胁大多来自狂风暴雨、闪电雷击等自然灾害。人们相信"天"是至高无上、操纵一切、无所不能的主宰,日、月、星、辰、风、雨、雷、电各有其神,支配着作物的生长和人间的祸福。因此,祭祀天地山川等自然神灵很早就成为人们日常生活的一部分。国家形成之后,君王或帝王宣扬君权神授思想,将自己比作天地之子,受命于天统治百姓,增强政权的合理性,强化自己的政权统治。祭祀天地因而成了中国历史上所有王朝重要的政治活动。而且发展到后来,成为统治阶级的专门权利。《礼记》中规定,"天子祭天地,祭四方,祭山川,祭五祀",诸侯只能"祭山川,祭五祀",平民百姓祭祀天地的活动则是越轨的非礼行为。

为了表达对天地诸神的崇敬与膜拜,历朝统治者在都城中都建造了相应的建筑,定期举行祭祀活动。根据礼制关于郊祭的原则,以及古代中国的阴阳哲学,形成了祭天于南、祭地于北、祭日于东、祭月于西的格局。郊外远离城市的喧嚣吵闹,增加了祭者的肃穆崇敬之情。流传至今的祭祀天地山川的建筑有北京的天坛(见图6-24)和社稷坛、山东泰山的岱庙、湖南衡山的南岳庙、陕西华阴的西岳庙、河南登封的中岳庙以及山西浑源的北岳庙等。

图6-24　天坛

知识链接 6-9

北 京 天 坛

天坛位于故宫东南方,占地273公顷,约为故宫的4倍。建于明永乐十八年(1420年),由明成祖朱棣建造,是明、清朝两代帝王冬至日时祭皇天上帝和正月上辛日行祈谷礼的地方。天坛建筑布局呈"回"字形,由两道坛墙分成内坛、外坛两大部分。外坛墙总长

6 416 米,内坛墙总长 3 292 米。最南的围墙呈方形,象征地;最北的围墙呈半圆形,象征天,北高南低,既表示天高地低,又表示"天圆地方"。天坛的主要建筑物集中在内坛中轴线的南北两端,其间由一条宽阔的丹墀桥相联结,由南至北分别为圆丘坛、皇穹宇、祈年殿和皇乾殿等;另有神厨、宰牲亭和斋宫等建筑和古迹。设计巧妙,色彩调和,建筑技艺高超。

(二) 祭祀祖先的坛庙建筑

在中国漫长的封建社会中,宗法制度始终是国家统治的基础。自上而下重视血统、尊敬祖先。这种依靠血缘维系人际关系、家族利益乃至国家一统的宗法观念渗透到古人的思想意识中,从帝王的祖庙到庶民的祠堂无一不是宗法制度的物质象征与必然产物。皇帝祭祀祖先的场所是祖庙或称太庙。按照"左祖右社"的营造规定,历朝历代都将太庙建在宫城的左方,在王城中占据重要位置。而且《周礼》中还规定,"君子将营宫室,宗庙为先,厩库为次,屋室为后",说明了宗庙在国家社稷中的重要地位。祭祀祖先的正殿位于中轴线上,面阔 11 间,重檐庑殿屋顶,坐落在 3 层石台基上,这与紫禁城前朝三大殿、长陵的祾恩殿、天坛的祈年殿规格相同,说明祭祀祖先是封建国家政治生活中的一件大事。《周礼》规定:"古者天子七庙,诸侯五庙,大夫三庙,士一庙,庶人祭于寝。"

明朝以后,普通百姓有了专门祭祀祖先的场所,称为祠堂或家庙。祠堂是祭祖的圣地,祖先的象征。朱熹《家礼》中规定,"君子将营宫室,先立祠堂于正寝之东",如果遇上灾害或者外人盗窃时,"先救祠堂,后及家财"。显然,祠堂具有关乎宗族命运的神圣地位。在中国南方地区,诸如浙江、安徽、江西等地,祠堂大多是传统的四合院式建筑。主要建筑分布在中轴线上,前为大门,中卫享堂,后为寝室,加上左右廊庑,组成前后两进两天井的组群建筑。祠堂的功能首先是供奉和祭祀祖先,达到敬宗收族的目的。随着社会的发展变迁,其功能得到不断扩大和延伸,成为族人举办婚丧嫁娶、娱乐庆典以及宗教活动的场所,是本地居民的社交场所和社会活动中心。可见,祠堂在中国古代封建社会中,是维护礼法的一种制度,是家族光宗耀祖的一种精神象征。通过祠堂的建造规模、建筑形象以及装修装饰,能够显示宗族在当地的社会地位与权势。目前,规模宏大、装饰华丽的祠堂主要有广东陈家祠堂、安徽的胡氏宗祠以及江苏的瞿氏宗祠。

知识链接 6-10

安徽的胡氏宗祠

胡氏宗祠(见图 6-25)又称敬爱堂,原为西递胡氏十四世祖仕亨公住宅,始建于明万历年间,后毁于火。清乾隆年间重建时,因胡氏子孙繁衍,渐趋旺盛,遂扩建为宗祠,面积达 1800 多平方米。溪水绕此堂流过。敬爱堂现辟为"西递民俗展览馆"。

敬爱堂门楼飞檐翘角,器宇轩昂。一进大门,是长方形的天井合院,供采光之用。上庭梁上悬挂彩灯。中门樱花枋上高悬"敬爱堂"楷书匾额,赫然醒目。"敬爱堂"名寓意深远,既启示后人须敬老爱幼,又示意族人要互敬互爱、和睦相处。故作为宗祠,一直是商议族事之室,兼作族人举办婚嫁喜事、教斥不肖子孙的场所。

"万恶淫为首,百善孝为先。"这是在胡氏祠堂中看到的一副对联。一直以来,胡氏家族一直把"孝"列为人伦之首。在敬爱堂的后厅悬挂着一个斗大的"孝"字,这个"孝"字是南宋大理学家朱熹所书。细看此字,集字画于一体,字中有画,画中有字。上部像一个仰面拱手作揖跪地、敬孝长辈的俊俏后生,而后面则是一个猴子的嘴脸。能敬孝长辈则为争气儿孙,反之就是返祖,退化为猴子。其教育意义极为深刻,悬挂在敬爱堂里又极为贴切,符合环境。

(三) 祭祀圣贤的坛庙建筑

漫长的中国古代社会诞生了很多圣哲先贤,人们为他们建庙立祠,表达钦佩崇敬之情。这类纪念性建筑种类繁多,包括儒家贤哲庙、将相良臣庙、文人学士庙等。它们分布的范围广,涉及的对象宽泛。除了帝王或政府下令修建之外,很大一部分都是民众自愿所建。这类礼制建筑较为重要的有山东曲阜孔庙、山西解州的关帝庙、四川成都的武侯祠和杜甫草堂(见图6-26)以及杭州的岳王庙等。

图 6-25　胡氏祠堂　　　　　　　　　图 6-26　杜甫草堂

第三节　陵 墓 建 筑

陵墓建筑是中国古代建筑的重要组成部分。中国古人基于人死而灵魂不灭的观念,普遍重视丧葬,因此,无论哪个阶层对陵墓皆精心构筑。在漫长的历史进程中,中国陵墓建筑得到了长足的发展,产生了举世罕见和庞大的古代帝、后墓群;且在历史演变过程中,陵墓建筑逐步与绘画、书法、雕刻等诸艺术门派融为一体,成为反映多种文化艺术的综合体。

一、古代陵墓的构成及类型

(一) 陵墓构成

古代陵墓构成包括陵墓建筑、陵墓建筑上的绘画雕刻等文化艺术和随葬品三部分。我国现存的古代陵墓的景观有两种展示方式:第一种,地面和地下建筑规模都很庞大,在严格保护的情况下就地开放;第二种,地下规模与布局不适于人流行动,多集中、复制展示,如洛阳的中国第一座古墓博物馆。

(二) 古代陵墓类型

1. 帝王陵墓

中国的帝王陵墓建筑包括埋葬帝王、后妃的陵墓和祭祀建筑群。它们与宫殿、坛庙一样,都属于政治性很强的大型纪念建筑,体现了奴隶制、封建制王朝的政治制度和伦理观念。帝王陵墓的特点为规模大,随葬品丰富。现存帝王陵墓主要有秦始皇陵、汉高祖长陵、汉武帝茂陵、唐太宗昭陵、唐高宗和武则天乾陵、河南巩义宋陵、宁夏西夏王陵、内蒙古成吉思汗陵、南京明孝陵、北京明十三陵、河北清东陵和清西陵等。

2. 纪念性陵墓

中国还有大量的藩王、官宦、历史名人的陵墓。其特点为除个别著名人物外,一般规模不大,但也有较高的艺术、科学价值,尤其可以通过对陵墓中保存的各类随葬品的研究获得宝贵的历史文化资料,如陕西的黄帝陵、浙江杭州的岳飞墓、南京的中山陵等。

3. 具有重要历史价值和艺术价值的墓葬

现存的此类陵墓主要有辽宁辽阳汉魏壁画墓、新疆阿斯塔那古墓群、吉林集安高句丽古墓群、麻浩崖墓等。

二、古代陵墓建筑的结构

古代陵墓一般分为两部分,即地下部分和地面部分。地下部分包括墓室结构和随葬品,地面部分包括封土和其他陵园建筑。

(一) 地下部分

1. 墓室结构

根据墓室使用的建筑材料,主要有土穴墓、木椁墓和砖石墓三种。

(1) 土穴墓。在原始社会早期,墓葬的形式很简单,只是在地下挖一个小而浅的墓坑,仅能容纳尸体,既无棺椁,也无墓室,尸体也无特殊东西加以包裹。到了父系氏族公社后期,贫富开始分化,埋葬方式有了发展,墓坑除了土壁之外,又加用了木板围护。例如,山东泰安大汶口氏族墓葬的坑内四壁用天然木料垒砌,上面用天然木材铺盖。这与后来春秋、战国、西汉时期的木椁还有很大的差异,但已经开始向墓室建筑迈进了。

(2) 木椁墓。进入阶级社会后,严格的阶级和等级制度也存在于墓葬制度中,统治阶级不惜花费大量的人力物力,竞相营造规模宏大的陵墓。大型木椁墓室是春秋、战国、西汉时期奴隶主和帝王陵墓的特点。"椁"是盛放棺木的"宫室",即棺外的套棺,是用砍伐整齐的大木枋子或厚板,用榫卯构成一个方体形的大套箱,下有底盘,上有大盖。在套箱内分成数格,正中是放置棺材的地方,两旁和上下围绕着几个方格,称之为厢,分别安放随葬品。周朝规定:天子之椁四重,诸公三重,诸侯两重,大夫一重,士不重。

(3) 砖石墓。随着砖石技术的发展以及木椁墓易被盗被焚的原因,东汉时期已基本放弃木椁墓而普遍采用砖石砌筑墓室,这是中国古代墓室制度的一次划时代的大变化。西汉中期流行空心砖墓,西汉晚期开始出现石室墓,墓室中雕刻着画像,故称"画像石"或"画像砖"。墓室的结构和布局,也是仿照现实生活中的住宅。从东汉到隋、唐、宋、元、明、清各代,砖石砌筑的墓一直在不断发展,逐渐达到完善的地步。

2. 随葬品

古人认为坟墓是灵魂的归宿,所以盛行"厚葬"制度。历代统治阶级把大量的财富埋进坟墓之中,这些埋藏物品之所以珍贵,在于它们都是当时盛行的东西,如衣冠服饰、丝麻织品、铜器、玉器、陶瓷、金银器等,能比较准确地反映当时的生产能力、生活习俗、艺术风格和科学技术水平等。可以说它们是我国一笔不可估量的历史文化财富,其中尤以帝王陵墓中的殉葬品最丰富、最贵重。

(1)原始社会的殉葬。原始社会早期,墓中随葬品主要是死者生前喜欢和使用过的物品,包括陶器皿、石制和骨制的工具、装饰品等。这种行为的出发点大概有两个:一是作为纪念,表示对死者的怀念;二是灵魂观念所引起的,认为人死后仍然需要生产工具和日用品。这一时期,在同一个墓地中,各墓随葬品的数量和质量差不多。

(2)奴隶社会的殉葬。进入阶级社会以后,贫富分化进一步明显,王和贵族墓的随葬品极其丰富精美,有青铜器、玉石器、漆木器、骨角器等。商代还流行人殉制度,即用活人为死去的氏族首领、家长、奴隶主或封建主殉葬。除了人殉之外,还有"人祭"。这种制度一直延续了一千多年。

(3)封建社会的殉葬。从战国开始,出现了用木俑和陶俑随葬的风俗,这可以看作人殉的替代。西汉中期以后,随葬品中增添了各种专为随葬而制作的陶制冥器,主要有两部分,一是模仿的"俑",二是实际的用品。东汉,冥器的种类和数量更多。宋至明代,随葬品以实用物品和珍宝为主,包括陶瓷器、金银器和玉器等。

(二) 地面部分

1. 封土

埋棺之处称墓或茔,墓上堆土称坟或冢,合称为坟墓。大约从殷末周初,在墓上开始出现封土坟头。春秋战国后,坟头封土愈来愈大,特别是帝王陵墓更为高大。作为统治阶级的权威象征,帝王墓葬封土占地之广、封势之高犹如崇高山陵,因而不称之为坟而称之为陵。其形式主要有"覆斗方上""因山为陵""宝城宝顶"三种类型。

(1)"覆斗方上"形式。"覆斗方上"形式(见图 6-27)是在地宫上方用黄土堆成逐渐收缩的方形夯土台,形状像倒扣的斗,形成下大上小的正方形台体。因其上部是一方形平顶,好似锥体截去顶部,故称方上。这种封土形制沿用朝代最多,自周朝一直延续到隋朝,后来又被宋朝选用,不过规模要比秦汉时期小得多。秦汉时期的帝王陵墓大多取"方上"形式,其中陕西临潼的秦始皇陵为"方上"形式最大的一座陵墓,望之好像一座不小的山。

图 6-27　汉墓:覆斗方上

(2)"因山为陵"形式。"因山为陵"形式是将墓穴修在山体之中,以整座山体作为陵墓的陵冢。这在西汉王墓中已经出现,作为帝陵,则从唐代开始。"因山为陵"不仅能利用人工所难造成的山岳雄伟气势,以体现帝王气魄之宏大,而且还可以达到防止盗挖和水土流失现象。自唐太宗李世民改为这种形制后,唐代十八陵都照样采用。其中以高宗李治和武则天合葬的乾陵最为典型,如图 6-28 所示。

(3)"宝城宝顶"形式。因为方形土丘的尖棱易为雨刷风蚀,而因山为陵的山形又很难如方形,所以在唐末五代的一些帝王陵墓中开始出现了圆形封土坟头。到了明清,则完全改变了方上之制,都采用了宝城宝顶的形式,见图 6-29。其方法是在地宫上方,砌成圆形或椭圆形围墙,内填黄土夯实,顶部做成穹隆状。圆形围墙称宝城,高出城墙的穹隆状圆顶称宝顶。在宝城之前,有一向前突出的方形城台,台上建方形明楼,称"方城明楼",楼内立石碑,刻有皇帝的庙号和谥号。这种宝城宝顶和方城明楼构成的封土坟头始建于朱元璋,在建筑构造上较之以前的方上复杂多了,不仅突出地显示了陵寝的庄严气氛,也增强了建筑的艺术性。例如,明十三陵、清东陵、清西陵均采用这种形式。

图 6-28　乾陵:因山为陵

图 6-29　宝城宝顶

2. 陵园建筑

帝王陵墓建筑除了它的主要标志封土之外,在它们的陵前还有一大片建筑园林和石像生仪仗队。所以陵园范围极大,陵墓建筑也很多,其中地面建筑主要有祭祀建筑区、神道和护陵监三个部分。

(1)祭祀建筑区。祭祀建筑区为陵园主要部分,供祭祀之用。建在墓冢前方,为一封闭的方形庭院,主要建筑物是寝殿和享堂。寝殿是供死者灵魂起居生活的建筑,内设墓主生前用具。享堂,是祭祀死者的场所,内设祭台,上置神座,祭祀之日摆放祭品,焚香降神召唤死者前来享用。帝王陵的祭祀建筑更为宏伟,多称为享殿、献殿、祭殿。主殿周围还有配殿、廊庑、祭坛、朝房、值房等。祭祀建筑往往用围墙围绕起来成为一个区域,宛如宫内的建筑群一般。

(2)神道。神道又称"御路""甬路"等,是通向祭祀区和墓区的导引大道,是地面建筑的重要组成部分。神道两侧设置有石人、石兽等石雕,又称"石像生",是地位和侍从的象征。最早出现于汉代霍去病墓,唐乾陵形成定制。陵墓前石刻是陵墓文物的重要组成部分,具有极高的艺术及历史文化价值。

(3)护陵监。明清时称陵监,是专门设置的保护陵园的机构。每一个皇帝的陵都有一个护陵监,用来防盗挖和破坏,确保陵墓安全。监的外面有城墙围绕,里面有衙署、市街、住宅等建筑。

知识链接 6-11

秦 始 皇 陵

　　秦始皇陵是中国古代最大的一座帝王陵墓,也是世界上最大的一座陵墓,位于陕西临潼区。于公元前 246 年开始营建,历时 36 年之久才修成。坟丘呈覆斗状。1974 年春在此发现秦兵马俑坑,先后发掘了三处。1 号坑面积为 14 620 平方米,在发掘的 96 平方米范围内,出土武士俑 500 余个,战车 4 辆,马俑 24 匹。2 号坑面积达 6 000 平方米,由骑兵、战车、步兵、射手混编而成,有兵马俑千余件,还配有各种实战武器。3 号坑面积 500 平方米,内有战车 1 辆,卫士俑 68 个。秦兵马俑皆仿真人、真马制成。武士俑高约 1.8 米,面目各异,神态威严,再现了秦始皇威震四海、统一六国的雄伟军容。陵旁还出土两组铜车马俑,每辆车配 4 匹马,并有驾驭者。如图 6-30 所示。

图 6-30　秦始皇陵兵马俑

　　秦兵马俑坑被誉为"世界第八大奇迹",1987 年被列入《世界遗产名录》。

思考与练习

一、实训项目

项目名称	介绍一个以建筑为主体的旅游资源
实训目的	掌握建筑文化的特征
实训要求	理解和掌握建筑类型以及我国建筑文化的特征
准备工作	1. 分组,成员 3～5 人 2. 调查周边的一个以建筑为主体的旅游资源
方法	1. 根据班级情况,学生分组 2. 每组同学选择调查对象,收集资料,分析其建筑文化特征,制作汇报 PPT 3. 小组汇报 4. 教师点评每组同学的表现,总结和补充相关建筑的文化特征

二、选择题

1. 我国古代宫殿的布局是（   ）。

    A. 在中轴线上北端的建筑尤为高大

    B. 左社右祖是中国礼仪思想最好的表现

    C. 宫殿建筑采取严格的中轴对称

    D. "前朝后寝"是指帝王生活的地方

2. 关于"华表"，表述准确的是（   ）。

    A. 古代设在宫殿前作为标志和装饰用的大柱

    B. 北京天安门前的华表，是清朝统治者让当时的人民刻写意见用的

    C. 石质华表上刻有蟠龙、蹲兽

    D. 华表源于墓碑

3. 对历史上各时期及相应的随葬品表述，正确的是（   ）。

    A. 原始社会晚期主要为陶器、石质工具　　B. 商代流行用活人来殉葬的制度

    C. 秦至唐朝以众多的陶俑为殉葬品　　　　D. 明清两代以金银器和珍宝为主

4. 符合封建帝王陵墓建筑的说法的是（   ）。

    A. 周代出现了"封土为坟"，封土大小自定

    B. 秦、汉和宋代都使用"方上"，但宋代"方上"的规模较秦汉时期要大

    C. 护陵监是保护和管理陵园的机构

    D. 自产生灵魂观念后，人们开始产生筑坟的念头

5. 中国古代陵寝最早出现"石像生"是发生在（   ）。

    A. 汉朝　　　　　　　B. 唐朝　　　　　　　C. 宋朝　　　　　　　D. 明朝

三、简答题

1. 中国古建筑具有哪些特征？

2. 中国古代建筑的屋顶样式是如何确定等级的？

3. 描述一下，古代建筑中脊兽的设定有何规矩？

4. 中国古代帝王陵封土形式经历了哪些发展阶段？

第七章

旅游园林文化

【引导案例】

苏州园林①

据地方志记载,苏州城内大小园林,在布局、结构、风格上都有自己的艺术特色。产生于苏州园林的鼎盛时期的拙政园、留园、网师园、环秀山庄这四座古典园林,充分体现了中国造园艺术的民族特色和水平。它们建筑类型齐全,保存完整。这四座园林占地面积不广,但巧妙地运用了种种造园艺术的技巧和手法,将亭台楼阁、泉石花木组合在一起,模拟自然风光,创造了"城市山林""居闹市而近自然"的理想空间。它们系统而全面地展示了苏州古典园林建筑的布局、结构、造型、风格、色彩以及装修、家具、陈设等各个方面的内容,是明清时期(14世纪至20世纪初)江南地区汉族民间建筑的代表作品,反映了这一时期中国江南地区高度的居住文明,曾影响到整个江南城市的建筑格调,带动民间建筑的设计、构思、布局、审美以及施工技术向其靠拢,体现了当时城市建设科学技术水平和艺术成就。在美化居住环境,融建筑美、自然美、人文美为一体等方面达到了历史的高度,在中国乃至世界园林艺术发展史上具有不可替代的地位。

问题讨论: 为什么在苏州会出现如此繁荣的园林建筑文化?

分析参考: 苏州地处水乡,湖沟塘堰星罗棋布,极利因水就势造园,附近又盛产太湖石,适合堆砌玲珑精巧的假山,可谓得天独厚;苏州地区历代百业兴旺,官富民殷,完全有条件追求高质量的居住环境;加之苏州民风历来崇尚艺术、追求完美,千古传承,长盛不衰,无论是乡野民居,还是官衙贾第,其设计建造皆一丝不苟、独运匠心。这些基本因素大大促进了苏州园林的发展。

【学习导航】

通过本章的学习,学生可了解和掌握我国园林发展经历的历史沿革,了解中国园林的分类以及园林特征,熟悉和掌握中国园林的造园要素及其文化特征。

---

① 豆丁网.苏州古典园林的建筑与环境。http://www.docin.com/p-880129275.html.

【教学建议】

　　虽然我国园林造园历史悠久,但现存的大部分园林都是体现明清时期的建筑特色,针对早期的园林艺术形式,偏重于理论而少实物,因此需要利用和借鉴一些诸如史学资料、古书画作品以及虚拟的音像资料来作为课堂讲授的补充和说明。此外,对于园林构景要素的介绍,建议结合实物,利用情境教学的方式,加深学生对造园要素和构景方式的理解。

第一节　中国园林的起源与发展

　　中国古代园林,或称中国传统园林或古典园林,它历史悠久,文化含量丰富,个性特征鲜明,而又多彩多姿,极具艺术魅力,为世界三大园林体系之最。在中国古代各建筑类型中它可算得上是艺术的极品。在近五千年的历史长河里,留下了它深深的履痕,也为世界文化遗产宝库增添了一颗璀璨夺目的东方文明之珠。中国园林的发展主要经历了以下几个阶段。

一、商周时期

　　原始社会生产力低下,对于上古时代的人来说,自然界中的风雨雷电等一切自然现象都充满神秘,于是人们便对自然中的一些现象产生了某种精神崇拜。天地山川、日月星辰都是先人们心中的图腾,都是他们祭祀的对象。古人对祭祀活动非常重视,部落首领的更换、丰富的收获以及祈祷来年丰收等大小事宜都要举行或大或小的祭祀活动。祭祀之后通常还会有宴乐活动,气氛由庄严肃穆转向欢娱,随之祭祀的场所也便带有了娱乐的性质。而用于摆放贡品的神台也逐渐向登高远望和观赏风景的方面发展,其最原始的用途逐渐淡化,而成为中国园林中最早的建筑形式。中国的园林起源于这种原始(自然)宗教的祭拜形式。首先跃上人类祭坛的是自然崇拜,天地山川是其崇拜的核心。

　　这一时期殷商甲骨文中就出现了"囿"字。囿是在一定自然范围内放养动物、种植植物、挖池筑台,然后供皇家打猎、游观、通神明之用。囿中有三台,各有其不同功能:"灵台"用以观天象,"时台"以观四时,"囿台"以观走兽鱼鳖。囿中还建有璇宫、倾宫、琼室等大规模的宫苑建筑群。所以,园林界认为"囿"乃是中国园林之根。这样,供人登高眺望的台,成为最原始的园林中的主要形式(这种高台也是古人对山岳的崇拜)。囿台以满足"人王"精神需要为主要特征,它已经超越了人类社会中产生的第一种价值形式——功利价值,逐渐演变为具有审美价值的建筑了。

　　公元前11世纪周文王筑的灵台、灵沼就是这种"囿"的典型代表。周文王之囿,方圆七十里,并允许老百姓在里面打柴和捕猎野鸡、野兔,所谓"与民同乐"。周文王的灵台是展示他的"仁义"、推行礼乐文化的载体。同时,"灵台"的娱人色彩更加明显,所以梁思成称其"为中国史传中最古老之公园"。狩猎与通神是中国园林最早的两种功能。

二、秦汉时期

随着国家形态的日益成熟,礼制、政务、生活等社会活动日益清晰,原始宗教的迷雾日渐消散,使得山水之美呈现本来的面目,人们渐渐开始领略和赞美水光山色。秦汉时期迎来了造园史上的第一个高潮。秦汉园林以山水宫苑的形式出现,离宫别馆与自然山水环境结合,范围大到方圆数百里,营建的思想原则是"体象乎天地,经纬乎阴阳"(班固《西都赋》,以天体地貌作为象征的外化),既是象征天帝所住的"天宫",又是人间帝王居住享乐的"人间天堂"。宫苑是秦汉造园的主要样式,崇尚空间的广大,追求风格的壮丽,讲求景象的充盈,注重装饰的精巧,是皇家园林固有的美学品质。秦汉宫苑开创了后世皇家园林的基本形制,形成了皇家园林崇尚壮丽、象征写意的美学思想和造园技法。

秦始皇灭六国完成了统一中国的事业,建都咸阳。他集全国物力、财力、人力将各诸侯国的建筑式样建于咸阳北陵之上,殿屋复道、周阁相属,形成规模庞大的宫苑建筑群,建筑风格与建筑技术的交流促使了建筑艺术水平的空前提高。在渭河南岸建上林苑,苑中以阿房宫为中心,加上许多离宫别馆。还在咸阳"作长池、引渭水……筑土为蓬莱山",把人工堆山引入园林。中国园林以人工堆山的造园手法便肇始于此时。

汉武帝建元二年(公元前 139 年)开始修复和扩建秦时的上林苑,"广长三百里",是规模极为宏大的皇家园林(面积约为 36 平方千米,为明清紫禁城约 0.72 平方千米的 20 余倍)。苑中有苑、有宫、有观。其中还挖掘了许多池沼、河流,种植了各种奇花异木,豢养了珍禽奇兽供帝王观赏与狩猎,殿、堂、楼、阁、亭、廊、台、榭等园林建筑的各种基本类型的雏形都已具备。建章宫在汉长安西郊,是个苑囿性质的离宫,其中除了各式楼台建筑外,还有河流、山冈和宽阔的太液池,池中筑有蓬莱、方丈、瀛洲三岛。自此,由秦始皇开其端,而汉武帝集其成的"一池三山"(通常中央有一池塘,象征大海;在池塘的中央有三个小岛,象征海外三座仙山:蓬莱、方丈和瀛洲)布局纳入了园林的整体布局,从而成为中国人造景观的滥觞,也成为皇家园囿中创作宫苑池山的一种传统模式,称为秦汉典范。这种摹拟海上神仙境界,在池中置岛的方法逐渐成为我国园林理水的基本模式之一,还对日本的园林产生过很大的影响。

汉代后期,官僚、地主、富商营造的私家园林也开始发展起来,并开始形成以自然山水配合花木、房屋的风景式园林的造园风格。其中的园林建筑为取得更好的游憩和观赏的效果,在布局上已不拘泥于均齐对称的格局,而有错落变化,依势随形而筑(相对于帝王宫苑,私家园林在汉代虽已开始,但并未形成气候)。

三、魏晋南北朝

魏晋南北朝是中国历史上最动荡的时期,连年的战争使原来的社会体系逐渐瓦解,而这一时期人们思想却最为自由。儒学失去了支撑社会心理的功能,带来了文化的多元走向。佛教的传入,打破了中国接收外域文化的障碍。由老庄无为学说与佛学糅合而成的玄学(道家与易学、儒家、佛学结合产生的一种学说,作为一种哲学思潮,魏晋玄学在中国哲学史上具有承前启后的地位与作用,它以道统儒,思辨精密,上纠两汉经学之流弊,下启隋唐佛学与宋明理学),成为社会思潮。玄学在社会心理失衡时给人以新的心理支撑,"非汤武而薄周孔"的道家"名士"、心存"济俗"的佛教"高僧"反而更能体现"士"的精神。中国传统的审美文化精神并不是单一维度的,而是根据文化的分殊具有不同的层面,包括官文化、士文化和民文化,构成了中国传统审美的内在结构,分别对应雅俗文化。这在中国传统绘画、文学、音乐、建筑中得以外现。他们主张毁弃礼法,追求自然。他们深情于人生,慨叹、悲哀、迷惘、彷徨,"木犹如此,人何以堪"。人们的宇宙观、宗教观都发生了变化,开始漠视天国,更加关注人生。也恰在此时,中国传统的封建经济形态中,迅速发展着一种新的生产组织形式——庄园。这种自给自足的经济结构保障了士族阶层在思想文化领域的独立与创新。他们除了畅游自然山水,还设法在自己的住所营造出山林的景象,以求山林野趣、田舍风情,由此产生了私家园林的最初形态。于是,远离城市与风景优美的庄园,逗留在有若自然的小园,成为士族进行游赏活动的人化环境,反映了人的意识的觉醒和人的本质力量的觉醒。士人"以玄对山水",从自然山水中领悟"道",唤起了人的自觉、文学艺术的自觉,在这种时代精神气候下,士人中出现了为后人所羡称的"魏晋风度",讲究艺术的人生和人生的艺术,诗、书、画、乐、饮食、服饰、居室和园林融入人们的生活领域,特别是幽远清悠的山水诗、潇洒玄远的山水画和士人山水园林,作为士人表达自己体玄识远、高寄襟怀的精神产品,呈现出诗画兼容的发展态势。创作实践上的繁荣也促进了文艺理论的发展,如"心师造化""迁想妙得"、形似与神似、"以形写神",以及以"气韵生动"为首的"六法"等理论("六法"是中国古代品评绘画的基本原则,是南北朝画家谢赫提出的,其内容为"气韵生动、骨法用笔、应物象形、随类赋彩,经营位置、传移模写")都超越了绘画的范围,对园林艺术的创造也产生了深刻、长远的影响。文学艺术对自然山水美的探求,促使了园林艺术的转变。

四、隋唐时期

隋唐时期是中国封建社会大一统的重要历史时期,特别是唐朝为中国古代经济文化最灿烂辉煌的历史阶段之一,社会安定、政治清明。随着社会经济的发展,出现了文坛艺苑百花齐放的局面。书法、诗歌、绘画等艺术成就蔚为大观,艺术上的不断创新,促使人们的审美趣味和艺术标准也在潜移默化中发生变化。

隋至盛唐,是中国封建社会辉煌灿烂的时期。隋唐统一大帝国,经济的繁荣带来了文化的繁荣,特别是唐代最高统治者视"华夷如一"的文化心态,对外交通和商业的发展,远远超越前代,在中国的都城里定居的有叙利亚人、阿拉伯人、波斯人与吐蕃人等,形成了开放的文化环境。隋唐时期不仅继承了南北朝文化发展的水平,而且广泛地吸取了外来文化的营养,西方宗教诸如摩尼教、伊斯兰教、拜火教等传入中国,与盛行的道教、佛教、儒教并存,创造了中国文化史上灿烂辉煌的繁荣时代。雕版印刷、天文历算、医学、地理学都有发明和发展,文学艺术更是丰富多彩,绚丽多姿的文学、史学、音乐舞蹈、建筑雕刻、绘画书法交相辉映,画论诗论交融渗透,极大地丰富了中国艺术家的思想,扩大了艺术家们的视野。

吴门画家张噪在《绘境》中提出了"外师造化,中得心源"(这八个字概括了客观现象—

艺术意象—艺术形象的全过程。这就是说,艺术必须来自现实,必须以现实美为源泉。但是这种现实美在成为艺术美之前,必须先经过画家主观情思的熔铸与再造,必须是客观现实的形神与画家主观情思有机统一了的东西)的著名艺术创作观点。运用到艺术上,则强调了"心悟""顿悟"等心理体验,艺术成为一种"自娱"的产物或成为寻求内心解脱的一种方式。唐人将晋人在艺术实践中的"以形写形,以色貌色"的"形似"发展为"畅神"("畅神"是宗炳在《画山水序》中所提出的。它是山水画创作要求的一个著名论点。首先,在创作思想上,要求画家要体现自然内在的精神运动,而不是自然景物的机械摹拟。画家必须融会贯通地把自然的现状集中概括成为更理想、更完美的艺术形象。其次,还要通过山水画的面貌抒发自己心灵的情感,并达到使山水画观者"望秋云,神飞扬;临春风,思浩荡")指导下的"神似",自此,"外师造化,中得心源"成为中国艺术包括构园艺术创作所遵循的原则。

园林成为文人名士风雅的体现和地位的象征。诗人、画家直接参与营构园林,讲究意境创造,力求达到"诗情画意"的艺术境界,从美学宗旨到艺术手法都开始走向成熟;大体上都是借助真山实景的自然环境,加上人工的巧妙点缀,诗画意境的熏染,虽然依然属于自然风景庭院的范畴,但已经呈现园林艺术从自然山水园向写意山水园过渡的趋势,为中国传统园林艺术体系的成熟奠定了基础。

知识链接 7-1

隋唐时期的帝王宫苑

隋唐皇家园林趋于华丽精致,隋之西苑和唐之禁苑,山水构架巧妙、建筑结构精美、动植物种类繁多,呈现新的时代特色。

隋炀帝在洛阳兴建的别苑中以西苑最为宏丽。《大业杂记》上说:"苑内造山为海,周十余里,水深数丈,上有通真观、习灵台、总仙宫,分在诸山。风亭月观,皆以机械,或起或灭,若有神变,海北有龙鳞渠。屈曲周绕十六院入海。"可以看出,西苑是以大的湖面为中心,湖中仍沿袭汉代的海上神山布局。湖北以曲折的水渠环绕并分割了各有特色的十六个小院,成为苑中之园。"其中有逍遥亭,四面合成,结构之丽,冠于今古"。这种园中分成景区,建筑按景区形成独立的组团,组团之间以绿化及水面间隔的设计手法,已具有中国大型皇家园林布局基本构图的雏形。

唐长安禁苑,在长安城东北三华里之龙首原最高处,原大明宫正殿含元殿北面。苑内共有宫亭 24 处,禽兽疏果莫不具备,凡祭祖需用贡物,各族朝贡来京都宴会,果肴可以自给,似比隋朝的十六院自产方式,在组织和规模上更为严密和庞大。内苑有鱼藻宫、南北望春亭、春坛亭、青门亭、樱桃园、临渭亭、桃园亭、梨园、南北昌国亭、流杯亭、洁绿池和咸宜宫、未央宫等。西内苑有冰井台、大安宫等。大安宫内,多山村景色。东内苑有龙首殿和龙首池等。

隋唐宫苑都规模宏大、气势磅礴,其中的宫殿与园景紧密结合,寓变化于严整之中。宫苑本身仍袭仙海神山的传统格局,但吸收了私家园林追求诗画意境的构园经验,以山水为骨架,尤其以缅邈的水景为主,讲求山池、建筑、花木之间的合理配置,注重建筑美、自然美之间的和谐,将人工美融于自然美之中。

五、宋代

宋代是中国古典园林发展史上的一个重要时期。宋代是一个崇文尚雅的王朝,文化成就斐然可观。宋画以写实和写意相结合的方法表现出"可望、可行、可游、可居"的士大夫心目中的理想境界,说明了"对景造意,造意而后自然写意,写意自然不取琢饰"的道理。而与之息息相关的山水园林也开始呈现理想画论中"可望、可行、可游、可居"的特点。两宋的山水画,讲究以各种建筑物点缀自然风景,画面构图在一定程度上突出人文景观的分量,呈现自然风景与人文相结合的倾向。两宋时期园林景色和园林生活越来越多地成为画家们所倾心的题材,不仅着眼于园林的整体布局,甚至某些细部或局部,如叠山、置石、建筑、小品、植物配置等,都刻画得细致入微。许多文人甚至亲自参加园林营造,把山水画论带到园林的规划设计中,如苏舜钦有沧浪亭、范成大有石湖别墅、叶清臣构筑小隐堂、史志正的鱼隐……这是山水诗、山水画、山水园林相互渗透的密切关系已完全确立。与隋唐相比,宋代似乎更注重生活环境的舒适与美化;上至帝王,下至百姓,都热衷于园林。

皇家园林发展到宋代掀起了第二次高潮,与汉代皇家园林引导私家园林正好相反,皇家园林开始受私家园林影响。宋代最有名的皇家园林艮岳,是座典型的山水宫苑。

从中唐到两宋,是中国古典园林走向成熟的时期。宋代社会经济得到恢复,农业生产发展,也是中国原始工业化进程的启动时期,是中国早期市民文化发展时期。北宋京城汴京,城内已经"比汉唐京邑繁庶,十倍其人","甲第星罗,比屋鳞次,坊无广巷,市不通骑",浮华享乐之风盛行。从张择端描画开封极盛时期的《清明上河图》上可以看出,在物质生活上讲,12世纪的中国无疑已领先世界各国。南宋虽经"靖康之难"的重创,面对半游牧民族的挑战,但南宋地处江南,繁华不下汴京。面对满目佳山优水,特别是"满湖醉月摇花"的西湖,那些"会享人间清福"的皇帝贵族、文人雅客,踏花寻月,惯看瘦石寒泉,吸尽杯中花月。诗画渗融的写意式山水园林,作为寄寓理性人格意识及其优雅自在生命情韵的载体,在这文运独盛的宋代更走上精雅一途,且遍布城乡。

知识链接 7-2

宋朝帝王宫苑——艮岳

艮岳是宋代写意山水园的代表作,是在平地上以大型人工假山来仿制中华大地山川的优美范例。艮岳,一名万岁山,或称阳华宫,是宋徽宗亲自设计的杰作。艮岳位于北宋首都汴梁城(开封)东北隅,《易·说卦》:"艮,东北之卦也。"因名艮岳,周长约6里,面积约750亩。具备了写意山水园的主要特点。

(1) 该园是"按图度地",按照宋徽宗构想的山水景色图绘,作为施工的指导。园林在构图立意和对远近不同景区的布局安排上,都符合山水画理。全园以艮岳为园内各景的构图中心,以万松岭和寿山为宾辅,形成主从关系。介亭立于艮岳之巅,成为群峰之主。左为山,平地起山;右为水,池水出为溪,自南向北行岗脊两石间,往北流入景龙江,往西与方沼、凤池相通,形成了谷深林茂、曲径两旁的完好水系。艮岳东麓,植梅万株,辅以"萼绿草堂""萧森亭"等亭台,之西是药用植物配置。西庄是农舍,帝王贵族在此可以"放怀适情,游心玩思"欣赏田野风光。艮岳中的亭台楼阁,依自然地势而建,因地制宜,隐露相间,使艮岳如"天造地设"一般自然生成。

(2) 艮岳这座典型的山水宫苑,构园设计以情立意,以山水画为蓝本、诗词品题为景观主题。

(3) 艮岳突破了秦汉以来"一池三山"的传统规范,进行了以山水为主题的创作。建筑物具有了使用与观赏的双重功能,园中的禽兽已经不再供帝王们狩猎之用,而是起增加自然情趣的作用,作为园林景观的组成部分。

宋代园林与唐代园林有着比较分明的审美界限,魏晋至唐天然的、客观的因素所占比重大于人工的、主题的因素;宋代以后与之正好相反。如果把中国园林的发展划分为两个阶段,那么前者可以看作它的发展期,宋代以后则是其成熟完善期。

隋唐园林开始将诗画与园林景观创造结合起来,抒情写意成为园林创作的基本艺术观念,特别是中晚唐开始,园林规模越来越小,融进园林的思想内涵却越来越丰富,主题园林萌芽,直到宋代主题园的确立,园林成为容纳士大夫荣辱、理想和审美感情的诗画艺术载体,完成了园林发展史上的第二次飞跃。

六、辽金元时期

元代是我国历史上第一个由少数民族的统治者入主中原的政权,也是传统的中原农耕文化和特点鲜明的蒙古游牧文化发生激烈碰撞的时代,但也是各民族文化沟通、融合的时期,并以蒙古文化的汉化为基本特征。

中国皇家宫苑打破了一元格局,体现了汉族和蒙古族文化的融会,出现了鲜明的游牧文化成分。但相对宋朝来说,皇家造园活动处于迟滞局面,除元大都御苑"太液池",别无其他建设。

元代民族压迫深重,统治者实行民族压迫和民族歧视政策,汉文人失去了传统的"学而优则仕"的晋身之路,加上喇嘛教、道教和其他落后的宗教的哲学,消极遁世以及复古主义思想泛滥。儒学沉沦、文人地位的下降,文人园林比较萧条。官家园林寥落,私家园林也屈指可数。

七、明朝时期

明朝,居中国历史上一个即将转型的关键时代,致力于恢复中国固有文化的历史,朱元璋决心固守中国"内地",不再向外发展。对北方民族,则借长城以作防卫。所以黄仁宇称明朝特点是"内向性和非竞争性",但明代又是一个中央集权极其明显的朝代。

明代园林经过了明初一段时间的沉寂,随着经济的发展,到明中叶以后逐渐发展起来,士人园林再度掀起高潮,一般府邸均有园林。以苏州园林为代表的江南私家园林,在宋元基础上继续写意化,园林创作中主体意识得到进一步强化。其造园意境达到了自然美、建筑美、绘画美和文学艺术的有机统一,成为熔文学、哲学、美学、建筑、雕刻、山水、花木、绘画、书法等艺术于一炉的综合艺术宫殿。城市山林,成为"大隐于朝""中隐于市"的理想环境和生活模式,成为人类环境创作的佳构。它以清雅、高逸的文化格调成为中国古典园林的正宗代表,也是明清时期皇家园林及王侯贵戚园林效法的艺术模板。

八、清朝时期

中国古典园林发展到清代,从风格上讲更趋于精熟,内容上已经由单纯的畋猎上升为集观赏、游乐、休憩、居住等多种功能于一体的综合性场所。总而言之,清代园林是中国古典园林由大到精这一过程中的尽端,走到园林辉煌的鼎盛时期,这一时期园林的精,主要体现在以下几个方面。

1. 精美绝伦的园林建筑

园林建筑是园林中必不可少的部分,建筑的数量、造型、形制直接影响园林的布局和风格。早期园林建筑极少,只有少数用于祭祀或登高远眺的台。清代园林中建筑种类繁多、造型丰富,灵动的小亭、多姿的水榭、轻盈的石桥、俊秀的楼阁、典雅的厅堂、逶迤的长廊以及造型多变的画舫轩馆等,把园林中不同的情调与意蕴用个性鲜明的建筑形象进行了诠释。

2. 合理得体的园林布局

园林布局即山水建筑之间的关系。秦汉苑囿直观而便捷,在山水秀美的地方圈出大片的土地,圈养灵禽异兽以供畋猎之用。至于山水的比例、建筑的密度以及园林各要素之间的协调关系基本没有触及。在以后历代园林发展过程中,建筑的密度以及园林各要素之间的关系得到发展完善。到了清代,园林布局方式不仅多样,而且相当合理和自然。简而言之,清代园林的布局已合乎天然比例,可满足人们居住、游乐、观赏、休息等多方面的需要。

3. 娴熟精辟的造园手法

清代园林艺术的辉煌是由多种因素造就而成的,这其中既包括前面提到的园林建筑的精益求精和园林布局的自然和谐,同时也包括丰富的园林内容和增添趣味的造园手法,诸如框景、借景、对景之类。

明清时期,随着园林艺术理论的发展,确立了"虽由人作,宛自天开"的艺术创作原则,园林的文化艺术体系高度完善,宅院式的中国古典园林成为中国园林的大宗,完成了中国园林创作的最后的飞跃。

第二节 中国园林的分类与特点

一、中国园林的分类

中国园林的分类,从不同角度看,可以有不同的方法。

(一) 按园林造园方式分类

中国园林按其造园方式可以划分为天然山水园与人工山水园两类。

1．天然山水园

天然山水园一般建在城镇近郊或远郊山野风景地带,包括山水园、山地园和水景园。规模较小的利用天然山水的局部或片断作为建园基址,规模大的则把完整的自然山水环境圈起来作为园林的基址,然后再配以花木和建筑,因势利导地将基址的原貌做适当的调整、改造和加工。营造天然山水园的关键在于选择基址,如果选址恰当,则能以少量的花费获得远胜于人工山水园的情趣。

2．人工山水园

人工山水园是园林发展到完全创造阶段而出现的审美境界最高的一类园林,即在平地上开凿水体、堆筑假山,人为地创设山水地貌,再配以植被和建筑,将天然山水风景缩微模拟在一个小范围之内。这类园林均修建在平坦地段上,尤以城镇居多。这种在城镇的建筑环境里创造模拟天然野趣的小环境,犹如点点绿洲,故又称"城市山林"。其规模从小到大,包含的内容相应地由简到繁,不一而足。由于全出自人为,故人的创造性得以最大限度地发挥,艺术创造游刃有余,致使造园手法和园林内涵丰富多彩。所以,人工山水园乃是最能代表中国古典园林艺术成就的一种类型。

(二) 按园林占有者身份分类

中国园林按占有者的身份可以主要分为皇家园林、私家园林、寺观园林。

1．皇家园林

皇家园林属于皇帝个人和皇室私有,有"苑""囿""宫苑""园囿"等。"御苑"是专供帝王休息享乐的园林,是皇家生活环境的一个重要组成部分,它反映了封建统治阶级的皇权意识,体现了皇权至尊的观念,但它对自然的态度则是倾向于凌驾于自然之上的皇家气派。

古人讲"普天之下莫非王土",在统治阶级看来,国家的山河都是属于皇家所有的,所以其特点是规模宏大,真山真水较多,园中建筑色彩富丽堂皇,建筑体型高大。现存的著名皇家园林有北京的颐和园、北海公园,河北承德的避暑山庄等。

2．私家园林

如果说皇家园林是一曲繁复瑰丽的交响乐,那么私家园林则是一曲朴素恬淡的短小牧歌。它们是供皇家的宗室外戚、王公官吏、富商大贾以及士大夫等所私有,是他们为了美化生活环境,在府邸宅院内特辟的定位于艺术欣赏价值的园地。这种倾向随着城市的发展而受到重视,汉、唐时期发展迅速,明朝达到高峰。这种园林古籍里大多称园、园墅、别墅、别业、山庄、草堂等。现存的私家园林有北京的恭王府,苏州的拙政园、留园、沧浪亭、狮子园,上海的豫园等。其特点是规模小,常用假山假水,建筑小巧玲珑,色彩淡雅,不尚雕饰,追求清水芙蓉、自然天真之美的艺术境界。

3．寺观园林

寺观园林即佛寺和道观的附属园林,也包括寺观内外的园林化环境,一般由宗教活动部分、生活供应部分、前导部分和园林游览部分组成。寺观园林的风格特征是理性美,它的产生开辟了对园林景观对象的理性探索和领悟,并影响到整个园林艺术,它也创造了一些别具特色的景观形式并对以后的园林创作产生了影响。寺观园林的选址突破了皇家园林、私家园林在分布上的局限,多广布在自然环境优越的名山胜地,因此寺观园林优美的自然景色,独特的环境景观,天然景观与人工景观的高度融合,内部园林气氛与外部园林环境的有机结合,都是皇家园林和私家园林无法相比的。苏州寒山寺、杭州灵隐寺、青城山天师洞、峨眉山清音阁等都是著名的寺观园林。

(三) 按园林分布地域分类

由于中国地域辽阔,南北气候环境不同,经济和文化发展不一,中国古典园林又可分为北方园林、江南园林、岭南园林、巴蜀园林等,其中以前三者为主体。

1. 北方园林

北方园林的代表大多集中于北京、西安、洛阳、开封等古都,尤以北京皇家园林和王侯府邸园林最为典型。因北方地域宽广,又大多位于古都,因此面积广袤,建筑高大,装饰富丽堂皇;又因受自然条件所局限,河川湖泊、园石及常绿树木都较少。其风格比较粗犷,多野趣,各种人工建筑厚重有余,委婉不足。当然也不乏仿效江南私家园林的小巧之作,如颐和园中的谐趣园便是模仿无锡寄畅园的杰作。

2. 江南园林

江南园林大多集中于南京、上海、无锡、苏州、杭州、扬州等地,其中尤以苏州最为典型。由于江南地区气候温润,自然风光秀丽,盛产叠山所需之湖石、黄石等,造园条件明显优于北方。而且自唐宋以来,江浙一带经济发达,商业繁荣,人口密集,文化昌盛,自古即以文人才子辈出著称。其中许多文人士大夫往往亲自参与园林的营造,因而使得江南园林成为典型的文人园林。

江南园林多属私家园林,以宅园为主。其规模小但充分利用一切空间造景,即使墙角、路面也精心点缀,故屈曲多致,虽小而足供观赏。多奇石秀水,玲珑纤巧,轻盈秀丽,色调淡雅,栗柱粉墙,灰砖青瓦,韵味隽永,富有田园情趣,身入其境舒适恬淡,称之为"城市山林"最为贴切。然而,多数是达官巨富、文人骚客为颐养晚年而筑的园林,因此意境多趋向于消沉。苏州、杭州、无锡、扬州、镇江以"园林城市"而闻名。苏州的沧浪亭、拙政园、狮子林和留园被誉为"四大名园"。

3. 岭南园林

岭南园林主要分布在广州、汕头等地。岭南地处亚热带,植被四季常绿,园林具有明显的热带风光特点。园林以宅园为主,多为庭院和庭园的组合;叠山常用英石包镶即采用"塑石"技法,山体的可塑性强、姿态丰富,具有水云流畅的形象;园林建筑通透开敞,以装修、雕塑、细木雕工见长。此外,岭南园林受到西方文化的影响较多,园林中常运用西方园林的造园元素,也因此被称为中西合璧的园林。广东顺德清晖园、东莞园、番禺馀荫山房、佛山梁园号称岭南四大名园。

二、中国园林的特点

园林不是一座房屋的建造,更不是一群楼台的建筑。它是造园人师法自然而又融于自然的整体再现。"虽由人作,宛自天开"是中国造园的最高境界,同时也是造园人境界高低的评判标准。欧洲园林是一种"几何式园林",总是按照一定的几何图形把花草树木修剪得整整齐齐,花坛、草坪、水池等也修成几何图形,人工雕琢随处可见。与欧洲园林不同,中国古典园林是一种自然山水式园林,自然、随和、随机、富有山水林泉情趣的自然风光使人们虽然身处人造环境的有限空间,却有一种天然的无限乐趣。

(一) 师法自然,高于自然

中国园林一个最基本的特点就是师法自然而又高于自然。中国园林是明代造园专家计成在《园冶》首篇提出的"虽由人作,宛自天开"这一最高造园准则的最好践行者,其在园林筑山、理水、植物配植等方面都很好地体现了该特点。园林在总体布局和组合方面都要求合乎自然,山、水、建筑以及各景象的组合关系,都要求符合自然山水规律,水池自然而曲折起伏,花木疏密相间、形态自然,乔木、灌木错杂相间。但中国园林并不是一般地利用或者简单地模仿山水等构景要素的原始状态,而是有意识地加以改造、调整、加工,从而呈现一个精练概括和典型化的自然景观,体现人与自然合二为一的天然野趣。

(二) 意在笔先,构园无格

艺术创作构思应在下笔之前。中国传统园林属于诗画艺术载体,营造和诗画创作一样,正所谓"凡画山水,意在笔先"。造园布局也要先有全局构思,胸有成竹,才能达到"心期"的目的,尽其善美。中国园林创作第一步就是对地理位置、地形、地质、水文、山石、林木、朝向以及周围建筑、人文景观、借景条件进行综合勘测,然后进行设计(也就是立意)。但是,中国园林布局并不是局限于一定的规程和条框,它是有法而又法无定式。在造园设园时因地制宜,形式灵活多变,以给人无穷的视觉享受空间。古诗中"山有可行者、有可望者、有可居者、有可游者……何可行可望,不如可居可游之为得"的诗句可称得上中国园林造园艺术的真实写照。

(三) 建筑美与自然美的完美融合

中国古典园林中的建筑丰富多样,包括堂、廊、亭、榭、楼、台、阁、馆、斋、舫、墙等,它们的形与神都力求与高空、地下的自然环境相吻合,与山、水、花草树木等造园要素有机组织在一起构成一组组风景画,使园林体现自然、淡泊、恬静、含蓄的艺术特色,并收到移步换景、渐入佳境、小中见大等观赏效果。

(四) 诗情画意,意境深邃

中国古典园林追求意境由来已久。由于中国园林与山水画、山水诗有着极为密切的关系,而山水诗画从一开始就十分重视意境的含蕴,因而中国古典园林的深远意境也是古已有之。并且中国古典园林的构景讲究形与神、景与情、意与境、虚与实、动与静、因与借、真与假、有限与无限、有法与无法等种种关系,因此园林构景中不仅建筑、山水、花木都讲究在形与神方面融入自然、表现自然,而且借助山水、花木、建筑等景观来传达意境信息,运用园名、书画以及楹联题刻等来表达、深化园林的意境内涵,从而使得中国园林成为诗情画意的写意山水园。

知识链接 7-3

中国园林体现的文化特色

1. 审美文化

中国古典园林以自然界的山水为蓝本，由曲折之水、错落之山、迂回之径、参差之石、幽奇之洞所构成的建筑环境把自然界的景物荟萃一处，以此借景生情，托物言志。

2. 民族文化

中国古典园林还将中华民族的性格和文化统统表现出来，如端庄、含蓄、幽静、雅致等。它使人足不出户而能领略多种风情，于潜移默化之中受到大自然的陶冶和艺术的熏染。中国园林讲究"三境"即生境、画境和意境。生境就是自然美，园林的叠山理水，要达到"虽由人作，宛若天成"的境界，模山范水，取局部之景而非缩小。山贵有脉，水贵有源，脉源相通，全园生动。所谓画境就是艺术美。我国自唐宋以来，诗情画意就是园林设计思想的主流，明清时代尤甚。意境即理想美，它是指园林主人通过园林所表达出的某种意思或理想。古人可以用亭、台、楼、阁等形式表达他们的感情、心情以及对自然的崇敬之情。

3. 艺术文化

中外园林在艺术风格上存在基本差异，那就是中国古代园林重在体现"天人合一"的观念，而西方园林则重在表现人为的力量。西方古典园林以法国的规整式园林为代表，崇尚开放，流行整齐、对称的几何图形格局，通过人工美以表现人对自然的控制和改造，显示人为的力量。它一般呈具有中轴线的几何格局，如地毯式的花圃草地、笔直的林荫路、整齐的水池、华丽的喷泉和雕像、排成行的树木（或修剪成一定造型的绿篱）、壮丽的建筑物等，通过这些布局反映了当时的封建统治意识，满足其追求排场或举行盛大宴会、舞会的需要。其最有代表性的是巴黎的凡尔赛宫。

中国古典园林是风景式园林的典型，是人们在一定空间内，经过精心设计，运用各种造园手法将山、水、植物、建筑等加以构配而组合成源于自然又高于自然的有机整体，将人工美和自然美巧妙结合，从而做到"虽由人作，宛若天成"。这种"师法自然"的造园艺术，体现了人的自然化和自然的人化，使中国园林成为写情的自然山水型建筑。

第三节　中国园林的基本要素及构景手法

一、中国园林的基本要素

中国园林主要由山、水、植物、建筑和文化艺术景观等基本要素组合而成。

（一）叠石筑山

山是园林的"骨骼"。我国古典园林中的"山"虽然有真山，但多为假山，包括土山、石山及土石山。能够在世界造园史上独树一帜的假山，主要是指石山，是中国古代园林的一个突出标志。为表现自然,筑山是造园最主要的要素之一。山景要有峰、谷、洞、石等形态组合,园林设计可选择不同造型、色泽、纹理的块石,创造小尺度自然的峰、峦、岭、洞、谷、悬崖、峭壁等景观。在堆积章法和构图上,要体现天然山岳的构成规律及风貌,尽量减少人工拼叠的痕迹。因此,成功的假山是真山的抽象化、典型化的缩写,是在小地段内展现出的咫尺山林和千岩万壑。

叠石是我国古代园林造景的基本要素。叠石一般用三种岩石,它们是太湖石、黄石和宣石。太湖石玲珑剔透,黄石浑厚粗犷,宣石质地如雪,以太湖石为最佳。选石的基本标准是瘦、皱、漏、透。著名的太湖石叠石有苏州的留园三峰,黄石叠石有无锡寄畅园的八音洞,宣石叠石有扬州个园的冬石雪狮。

知识链接 7-4

中国园林的"四大名石"

灵璧石、太湖石、昆石、英石被古今藏石界列为观赏石的"四大名石",是最古老的品牌,也是最知名的品牌。无论称"四大古石""四大名石",还是称"中国古代四大名石",实际上指的都是这四种古今奇石。

1. 灵璧石

"灵璧一石天下奇,声如青铜色碧玉。秀润四时岚岗翠,宝落世间何巍巍",这是宋代诗人方岩对灵璧石发出的由衷赞叹。灵璧石主要产于安徽省灵璧县境内。《灵璧志略》记载:"灵璧有七十峰,产有磬石、巧石、黑白石、透花石、菜玉石、五彩石等,山川灵秀,石皆如璧。"灵璧石开发极早,早在《尚书·禹贡》中,就有徐州上贡"泗滨浮磬"的记录。灵璧石为世人瞩目,已有三四千年的历史。灵璧石不仅开发早,而且盛名久负,在供石家族中历来占据显赫的地位。《云林石谱》汇载石品一百一十六种,灵璧石被放在首位介绍,乾隆帝也曾赞誉它为"天下第一石"。如图7-1所示。

灵璧石具有四个方面的独特之美:

一是无论大小,天然成型,千姿万态,并具备了"皱、瘦、漏、透"诸要点,意境悠远。

二是灵璧石的肌肤往往巉岩嶙峋、沟壑交错,粗犷雄浑、气韵苍古,纹理十分丰富,韵味十足。

三是色泽以黑、褐黄、灰为主,间有白色、暗红、五彩、黑质白章……不仅多姿而且多彩。

四是具有"玉振金声"的音质,轻击微扣,都可发出铮琮之声,余韵悠长。

图7-1 灵璧石

2. 太湖石

太湖石又名窟窿石、假山石,产自山东费县和江苏太湖洞庭西山和一些小岛上,是一种石灰岩,由于长期经受波涛冲击的机械磨蚀与化学侵蚀作用,往往将石穿透而成孔穴,或未穿透而呈涡洞,以致形态奇异、柔曲圆润、玲珑多窍、皱纹纵横、涡洞相套、大小有致。太湖石以造型取胜,"瘦、皱、漏、透"是其主要审美特征,多玲珑剔透、重峦叠嶂之姿。如

图 7-2 所示。

3. 昆石

昆石产于昆山市玉峰山,又名玲珑石、昆山石。系石英脉在晶洞中长成的晶簇体,呈网脉状,晶莹洁白,剔透玲珑。如图 7-3 所示。

图 7-2 太湖石

图 7-3 昆石

昆石与太湖石、雨花石并称为"江苏三大名石",又被列为"昆山三宝"(昆石、琼花、并蒂莲)之首。昆石有 10 多个种类,分别按其形态特征命名为鸡骨峰、杨梅峰、胡桃峰、荔枝峰、海蜇峰等。

昆石的开采、观赏、珍藏,可追溯到西汉,至今已有 2200 余年历史。昆石历代都受到文人雅士的喜爱,他们都以得石为荣,甚至不惜以重金求取。得石后给石起名,吟诗作赋,赞誉不绝。如宋代大诗人陆游在他的"七律"诗中有"雁山菖蒲昆山石,陈叟持来慰幽寂。寸根蹙密九节瘦,一拳突兀千金直"之句。元代诗人张雨在《得昆山石》一诗中

图 7-4 英石

有"昆邱尺璧惊人眼,眼底都无蒿华苍。孤根立雪依琴荐,小朵生云润笔床"等诗句。清代文学家归庄则为之发出了"奇石由来为世重,米颠下拜东坡供"的感慨。

4. 英石

英石,又称英德石,是一种形成于约 3 亿年前的石灰岩,因盛产于广东英德市望埠镇的英山而得名。它质地细腻、纹理奇特,由于在大自然中经受长期的风化淋滤作用,致使其局部遭受侵蚀溶解,而形成充满沟、缝、孔、洞的奇形怪状,并具有"皱、瘦、透"三个特点。如图 7-4 所示。

宋代,英石成为朝廷贡品,与灵璧石、太湖石等"怪石"列入"文房四玩"。

(二) 理水凿池

园林中的各种水体，是对自然界中河湖、溪涧、泉瀑、渊潭的艺术概括。理水是按水体运动的规律，经人为抽象概括，再现自然的水景。水是园林中的血液，为万物生长之本。水体给人以明净清澈的感受，起到调节精神的作用；同时能改善土壤和空气温度，使花木茂盛；还可与园林其他要素协调对比，产生湖光山色、波光倒影，使景色更丰富生动。

水景组织要顺其自然，静态与动态序列布局，取决于地形，并经艺术处理，大片洼地成湖泊，窄细之谷为溪涧，狭长水体为河流，泉瀑积聚为渊潭。水面形状要自然，水贵在曲，即使小水面，也要曲折有致、有聚有分、有急有缓、有瀑有流，并用山石点缀岸矶港汊，制造水口以显示水有源头。水面处理要分聚得当，水面小要聚，增加辽阔感；水面大要分，使水景丰富；稍大水面，则筑堤岛或架设各种桥梁。水体要流通灵活，山贵有脉、水贵有源，脉源贯通，则全园生动。水景要同其他要素配合，相互衬映。古代理水之法有掩、隔、破等手法。

知识链接 7-5

中国古典园林中的理水之法

1. 掩

"掩"指的是以建筑和绿化，将曲折的池岸加以掩映。临水建筑，除主要厅堂前的平台，为突出建筑的地位，不论亭、廊、阁、榭，皆前部架空挑出水上，水犹似自其下流出，用以打破岸边的视线局限；或临水布蒲苇岸或造成杂木迷离状，形成池水无边的视觉印象。如图 7-5 所示。

2. 隔

"隔"指的是或筑堤横断于水面，或隔水净廊可渡，或架曲折的石板小桥，或涉水点以步石，正如计成在《园冶》中所说，"疏水若为无尽，断处通桥"。如此则可增加景深和空间层次，使水面有幽深之感。如图 7-6 所示。

图 7-5　掩

图 7-6　隔

3. 破

"破"指的是水面很小时，如曲溪绝涧、清泉小池，可用乱石为岸，怪石纵横、犬牙交齿，并植配以细竹野藤、朱鱼翠藻,那么虽是一洼水池,也令人似有深邃山野风致的审美感觉。如图 7-7 所示。

图 7-7　破

(三) 植物

植物是造山理池不可缺少的因素。花木犹如山峦之发,水景如果离开花木也没有美感。中国古代园林植物配置的记载,最早见于宋代有关花谱、艺花一类书籍,明代的《群芳谱》《园冶》《长物志》中均已论及,清代的《广群芳谱》《花镜》中有较详细的说明。从这些文字记述和保留至今的园林、古树名木来看,中国古代园林植物配置有如下特点。

1. 特殊植物"拟人化"

这指的是往往根据植物的生态习性和表现形态,赋予一种人格化的比拟。对园林植物题材的认识比较深刻,能得乎性情,从植物的生态习性、外部形态深入植物的内在性格,加以"拟人化",因而有"梅花清标韵高,竹子节格刚直,兰花幽谷品逸,菊花操介清逸"之说,喻为"四君子"。或将松、竹、梅配置在一起,称为"岁寒三友";或以牡丹比喻富贵,紫薇比喻和睦等。因此,在园林中着重欣赏植物的个体美,以孤植方式多,且极少修剪。

2. 师法自然,模拟大自然植物景观入园

即使是在面积很小的园林中,也模拟"三五成林",创造"咫尺山林"的意境。甚至按照陶渊明《桃花源记》的描述,在园林中创造"武陵春色";或者把田园风光搬进园林,设置"稻香村"等。

3. 大量种植同类植物,构建专类植物园林

喜好集中种植某一种具有特色,或为群众所喜爱的植物,成为专类花园,如西汉上林苑中的扶荔宫,宋代洛阳的牡丹园,明清时代园林中的枇杷园、竹园、梨香院、芭蕉坞等。

4. 植物同园林其他要素紧密结合

无论山石、水体、园路和建筑物,都以植物为衬托,甚至以植物命名,如万松岭、樱桃沟、桃花溪、海棠坞、梅影坡、芙蓉石等,加强了景点的植物气氛。以植物命名的建筑物如藕香榭、玉兰堂、万菊亭、十八曼陀罗馆等,建筑物是固定不变的,而植物是随季节、年代变化的,这就加强了园林景物中静与动的对比。

知识链接 7-6

园林植物与其他构景要素的配置方式

1. 水景植物配置

园林中的各种水体如湖泊、河川、池泉、溪涧、港汊的植物配置,要符合水体生态环境要求,水景创造要注意堤和岛划分水面和增加景深的作用。水边植物宜选用耐水喜湿、姿态优美、色泽鲜明的乔木和灌木,或构成主景,或同花草、湖石结合装饰驳岸。要选用花木或色叶木以丰富水景。在较大的水体旁种高大乔木时,要注意林冠线的起伏和透景线的开辟。在有景可映的水面,不宜栽植水生植物,以扩大空间感,将远山、近树、建筑物等组成一幅"水中画"。

2. 路旁植物配置

路旁植物配置要注意创造不同的园路景观,如山道、竹径、花径、野趣之路等。在自然式园路中,应打破一般行道树的栽植格局,两侧不一定栽植同一树种,但必须取得均衡效果。株距与行距应与路旁景物结合,留出透景线,为"步移景异"创造条件。路口可种植色彩鲜明的孤植树或树丛,或作对景,或作标志,以起导游作用。在次要园路或小路路面,可镶嵌草皮,丰富园路景观。规则式的园路,亦宜有二至三种乔木或灌木相间搭配,形成起伏的节奏感。

3. 建筑物旁植物配置

首先,建筑物旁植物配置要符合建筑物的性质和所要表现的主题。如在杭州"平湖秋月"碑亭旁,栽植一株树冠如盖的较大的秋色树;"闻木樨香轩"旁,以桂花树环绕等。其次,要使建筑物与周围环境协调。如建筑物体量过大,建筑形式呆板,或位置不当等,均可利用植物遮挡或弥补。最后,要加强建筑物的基础种植,墙基种花草或灌木,使建筑物与地面之间有一个过渡空间,或起稳定基础的作用。屋角点缀一株花木,可克服建筑物外形单调的感觉。墙面可配植攀缘植物,雕像旁宜密植有适当高度的常绿树作背景。座椅旁宜种庇荫的、有香味的花木等。

4. 假山石旁植物配置

假山一般以表现石的形态、质地为主,不宜过多地配置植物。有时可在石旁配置一两株小乔木或灌木。在需要遮掩时,可种攀缘植物。半埋于地面的石块旁,则常常以书带草或低矮花卉相配。溪涧旁石块,常植以各类水草,以助自然之趣。

5. 园林中景名多以植物命名

中国古代园林以景取胜,而景名中以植物命名者甚多,如万壑松风、梨花伴月、桐剪秋风、梧竹幽居、罗岗香雪等,极其普遍,充分反映出中国古代"以诗情画意写入园林"的特色。

6. 园林配置方式独特

在漫长的园林建设史中,形成了中国园林植物配置的程式,如栽梅绕屋、堤弯宜柳、槐荫当庭、移竹当窗、悬葛垂萝等,都反映出中国园林植物配置的特有风格。

知识链接 7-7

园林植物布置方式

自然界的山岭冈阜上和河湖溪涧旁的植物群落,具有天然的植物组成和自然景观,是自然式植物配置的艺术创作源泉。中国古典园林和较大的公园、风景区中,植物配置通常采用自然式,但在局部地区,特别是主体建筑物附近和主干道路旁侧也采用规则式。园林植物的布置方法主要有孤植、对植、列植、丛植和群植等几种。

1. 孤植

孤植主要显示树木的个体美,常作为园林空间的主景。对孤植树木的要求是:姿态优美,色彩鲜明,体形略大,寿命长而有特色。周围配置其他树木,应保持合适的观赏距离。在珍贵的古树名木周围，不可栽植其他乔木和灌木，以保持它独特风姿。用于庇荫的孤植树木，要求树冠宽大，枝叶浓密，叶片大，病虫害少，以圆球形、伞形树冠为好。

2. 对植

对植即对称地种植大致相等数量的树木，多应用于园门、建筑物入口、广场或桥头的两旁。在自然式种植中，则不要求绝对对称，对植时也应保持形态的均衡。

3. 列植

列植也称带植，是成行成带栽植树木，多应用于街道、公路的两旁，或规则式广场的周围。如用作园林景物的背景或隔离措施，一般宜密植，形成树屏。

4. 丛植

丛植是指三株以上不同树种的组合，是园林中普遍应用的方式，可用作主景或配景，也可用作背景或隔离措施。配置宜自然，符合艺术构图规律，务求既能表现植物的群体美，也能看出树种的个体美。

5. 群植

群植是指相同树种的群体组合，树木的数量较多，以表现群体美为主，具有"成林"之趣。

(四) 建筑

园林中建筑有十分重要的作用，是全园的核心部分。它可满足人们生活享受和观赏风景的愿望。园林建筑在园林中主要起到以下几方面的作用：一是造景，即园林建筑本身就是被观赏的景观或景观的一部分；二是为游览者提供观景的视点和场所；三是提供休憩及活动的空间；四是提供简单的使用功能，诸如会友、弈棋等。

建筑虽然是景点上的重要标志，但不是愈多愈好、愈高大愈好，而是以少胜多、以小胜大。园林建筑在空间布局上，宜散不宜聚、宜隐不宜显，不追求严整、对称、均匀，而要依山就势、因山就水、高低错落、自由随宜。园林建筑在平面布局上，与宫殿和寺庙不同，除庭院外没有明显的中轴线，布局曲折自然、灵活多变，在构景时应精心设计，并和自然环境相适应，使建筑融于山水园林之中。

园林中建筑的主要类型有堂、厅、楼、轩、馆、阁、斋、台、榭、舫、廊、桥、亭、园墙等。

1. 堂

堂是居住建筑中对正房的称呼，一般是一家之长的居住地，也可作为家庭举行庆典的场所。堂多位于建筑群中的中轴线上，体型严整，装修瑰丽。室内常用隔扇、落地罩、博古架进行空间分割。

2. 厅

厅者，取以听事之用，是满足会客、宴请、观赏花木或欣赏小型表演的建筑，它在古代园林宅第中发挥公共建筑的功能。以外观分，有大厅、四面厅、鸳鸯厅、荷花厅、花篮厅、花厅等类型。它不仅要求有较大的空间，以便容纳众多的宾客，还要求门窗装饰考究，建筑总体造型典雅、端庄，厅前广植花木，叠石为山。一般的厅都是前后开窗设门，但也有四面开门窗的四面厅。

3. 楼

楼用以登高望远，多设于园的四周或半山半水之间，一般两层，如拙政园的"见山楼"、留园的"冠云楼"、沧浪亭的"看山楼"、豫园的"观涛楼"等。楼的位置在明代大多位于厅堂之后,在园林中一般用作卧室、书房或用来观赏风景。由于楼高,也常常成为园中的一景,尤其在临水背山的情况下更是如此。

4. 轩

轩的样式,类似古代的车子,取其空敞而又居高之意。轩适宜建于高旷之处,对于景观有利,便为相称。这是南方园林建筑的特有方式,三面敞开,精致轻巧,产生轩昂的高爽之感,如留园的闻木樨香轩、网师园的小山丛桂轩等。

5. 馆

《园冶·屋宇》云:"散居之居曰馆,可以通别居者。"意即暂时寄居之所曰馆,亦可通往另一个住所。馆的规模大小不一,朝向不定,和一小组建筑群关联在一起,一般馆前皆有宽大的庭院。拙政园的卅六鸳鸯馆和十八曼陀罗花馆,北临广池,南筑高墙封闭,四角设置耳房为出入口,形体独特,为国内孤例。

6. 阁

阁是指四坡顶而四面皆开窗的建筑物,造型比楼轻盈,可登临以望远。与楼近似,但较小巧。平面为方形或多边形,多为两层的建筑,四面开窗。一般用来藏书、观景,也用来供奉巨型佛像,如拙政园的"浮翠阁"、虎丘的"冷香阁"、留园的"远翠阁"、狮子林的"问梅阁"等。颐和园万寿山的"佛香阁",高达41米,是全国现存最高的楼阁。

7. 斋

《园冶·屋宇》云:"斋较堂,惟气藏而致敛,有使人肃然斋敬之意。盖藏修密处之地,故式不宜敞显。"斋不同于堂之处,在于斋要位于园林僻静之地,不应敞显,便于人们聚气敛神。斋,也称山房、台。

8. 台

《园冶·屋宇》:"《释名》云:'台者,持也。言筑土坚高,能自胜持也。'园林之台,或掇石而高上平者;或木架高而版平无屋者;或楼阁前出一步而敞者,俱为台。"筑土垒石为台,台高而平,不尚华丽,以简雅为主,有的可登高瞭望,如虎丘的"望苏台"、拙政园雪香云蔚前平台;有的位于厅堂前面或是临水处用花岗石砌筑的平整地面,围以细而短的石柱低栏的露台,如拙政园远香堂北面平台和留园涵碧山房北面的平台。

9. 榭

榭多借周围景色构成,一般都是在水边筑平台,平台周围设有矮栏杆,屋顶通常用卷棚歇山式,檐角低平,显得十分简洁大方。榭的功用以观赏为主,又可做休息的场所,如留园的"活泼泼地",拙政园的"小沧浪""芙蓉榭"、网师园的"濯缨水阁"、藕园的"山水间"等。

10. 舫

园林建筑中舫的概念,是从画舫演化来的。古称两舟相并为舫,外观似旧时官船,俗称旱船,又名不系舟,多建于水际,供人在内游玩宴饮、观赏水景及点景。舫,分头舱(俗称纱帽顶)、中舱、尾舱三部分。头舱器宇轩昂,颇有气魄,实为一个开敞的轩廊;中舱内施一堂隔扇,分作内外两舱,顶为两批式,两旁置和合窗,光线充足,实为水榭;尾舱两层,歇山顶状若飞举,实为楼阁;船头为台;仿跳板的石条为桥。舫实际上成为台、榭、轩、楼、桥五种建筑的组合体,如拙政园"香洲"、怡园的"画舫斋"、颐和园的"清宴舫"、承德山庄的

"云帆月舫"等仿船式的组合建筑。最早是欧阳修在衙署中建的如舟之居,题"画舫斋",后来,这类建筑在私家园林十分普遍,而且技艺精湛,在艺术上达到了神似境界。

11. 廊

廊是由两排列柱顶着一个不太厚实的屋顶,其作用是把园内各单体建筑连在一起。廊的类型可分为双面空间、单面空间、复廊和双层廊等,从平面来看,又可分为直廊、曲廊和回廊。变化多端的廊将房屋山池联成统一的整体。它是建筑群间独立有顶的通道,炎热的夏天可有浓阴,雨天可以遮蔽,只有分景障景作用,又是组织动观、静观的重要手段。廊有沿墙走廊;有循假山或土山按地形高低起伏的爬山游廊,轻巧灵活,别具自然之趣;有两边不沿墙或不贴靠其他建筑物、左右前后都可看景的空廊;有低临水面的水廊,"浮廊可渡",如卧虹临水,景色优美。

12. 桥

桥是园林中常见的单体建筑,在园林中不仅供交通运输之用,还有点饰环境和借景障景的作用。桥的种类颇多:有贴近水面的曲桥或平桥;有单孔石拱桥,如狮子林问梅阁山崖下的石拱桥、网师园云岗下的引静桥等;拙政园的小飞虹桥,是上面盖以屋顶的廊桥;高高飞架在重岩复岭峭壁上的是质朴自然的石梁;在池水狭窄处,则用步石,又叫汀步,如环秀山庄的洞谷中的步石。

13. 亭

《园冶·屋宇》:"《释名》:'亭者,停也。人所停集也。'"亭体积小巧,造型别致,可建于园林的任何地方,其主要用途是供人休息、避雨。亭"随意合宜则制",是为园林缀锦点翠的开敞的小型建筑。从亭的平面来看,可分为正多边形亭、长方形和近长方形亭、圆亭和近圆亭、组合式亭等;从立体构形来说,又可分为单檐、重檐和三重檐等类型。

亭还有半亭和独立亭之分。半亭一般附建于两边长廊或靠墙垣的一面,如拙政园的"别有洞天"、狮子林的"真趣"等,同围廊组成不可分割的整体。扇亭是半亭的特殊形式,平面屋面均似折扇,多设在景区的转角处,如拙政园的"与谁同坐轩"等。狮子林的"扇亭"位于爬山廊西部和南部的转角处,设亭切角成圆,亭东留出一小块空间,植芭蕉、竹子,夏日傍晚,可接受来自东、西、北三面的凉风,挡住了南面的暖风,因为长廊和围墙四风的缘故,扇亭中风声大作,亭名与亭景丝丝入扣,若登亭抚琴,蕉声和曲,不啻天上人间,实为妙构。

14. 园墙

园墙是围合空间的构件。中国的园林都有围墙,且具民族特色。比如龙墙,蜿蜒起伏,犹如长龙围院,颇有气派。园中的建筑群又都采用院落式布局,园墙更是不可缺少的组成部分。如上海豫园,有五条龙墙,即伏卧龙、穿云龙(口下有金蟾)、双龙抢珠、睡眠龙,将豫园分割成若干院落。南北园林通常在园墙上设漏窗、洞门、空窗等,形成虚实对比和明暗对比的效果,并使墙面丰富多彩。漏窗的形式有方、横长、圆、六角形等。窗的花纹图案灵活多样,有几何形和自然形两种。园林中的院墙和走廊、亭榭等建筑物的墙上往往有不装门扇的门孔和不装窗扇的窗孔,分别称洞门和空窗。洞门除供人出入,空窗除采光通风外,在园林艺术上又常作为取景的画框,使人在游览过程中不断获得生动的画面。

(五) 书画、匾额、楹联和石刻

文人的书画墨迹是园林造园的要素之一,是中国园林特有的文化艺术景观。在造园中起润饰景色、揭示意境的作用。园中恰到好处的书画墨迹,可以"寸山多致,片石生情",从而把以山水、建筑、树木花草等所构成的景物形象升华到更高的艺术境界。墨迹的主要形式是题景、匾额、题刻、碑记、字画等。园有园名,景有景名,题景能使人从中领悟景致的意境。匾额是指悬置于门楣之上的题字牌,楹联是指门两侧柱上的竖牌,造园家们利用楹联来写景状物,怀古励今,引导游览者进入下行,遐思游离于景物之外。题刻碑记的内容大都是些园苑记文、景物题咏、名人逸事、诗赋图画,它不仅是装饰,还是园林档案史料。尤其是寺庙园林碑刻,多为赞颂溢美之词,引导人们赏景。书画主要用于厅堂内的布置,笔情墨趣与园中景色浑然交融,使造园艺术更加典雅完美。如寺庙园林中的楹联、匾额主要表现玄奥莫测、博大崇高的道理,常以真、篆二体为主,借以烘托殿堂古奥、肃穆的氛围,而为了表现山光水色、花笑鸟啼的旖旎风光,则以行书、草书、隶书为多。

二、中国园林的构景手法

为丰富空间美感,园林构景中常采用种种手法布置空间、组织空间、创造空间,以表现自然,求得渐入佳境、小中见大、步移景换的理想境界。常用的构景手法有以下几种。

(一) 抑景

中国传统艺术历来讲究含蓄,园林造景也忌讳"开门见山,一览无余",抑景(见图7-8)是中国园林中普遍采用的一种造园手法。抑景是先把园林中的景致隐藏起来,不使其被一览无余,先藏后露,欲扬先抑,给人以"山重水复疑无路,柳暗花明又一村"的感觉,以提高风景的艺术感染力和层次感。抑景不限于起始部分,处处都能灵活运用。

(二) 漏景

中国园林中在围墙和穿廊的侧墙上,常常设以漏窗透视园外美景。漏窗的使用使被隔的景色更加朦胧、虚幻,具有探幽之趣,使园林增加不少诗情画意的美感和意境。漏景(见图7-9)以隐现为胜,常以漏窗、花墙、漏屏风、漏隔扇甚至枝影横斜之中取景。"春色满园关不住,一枝红杏出墙来","一枝红杏"即属漏景。

图7-8　抑景

图7-9　漏景

(三) 添景

一个风景点在远方,或自然的山,或人文的塔,如没有其他景点在中间、近处作过渡,就显得虚空而没有层次,如果在中间或近处有乔木、花卉作中间与近处的过渡景物,景色显得有层次美,这中间的乔木和近处的花卉,便叫作添景(如图 7-10 所示)。

(四) 借景

借景是将园外的景致,巧妙地收进园内游人的视野中来,与园内的景物融为一体,让游人的观赏能任意流动与收放(见图 7-11)。在中国园林造园中,借景占有极重要的位置。《园冶》中说:"园林巧于因借。"借景有远借、邻借、仰借、俯借、应时而借之分。借远方的山,叫远借;借邻近的大树,叫邻借;借空中的飞鸟,叫仰借;借池塘中的鱼,叫俯借;借四季花或其他自然景象,叫应时而借。借景不仅可以突破园内有限的空间,丰富园景的色调层次,而且可使园林具有象外之象、景外之景的艺术效果。

图 7-10 添景

图 7-11 借景

(五) 夹景

图 7-12 夹景

夹景是运用透视线、轴线突出对景物的欣赏的艺术手法(见图 7-12)。当其中并非全部景色都能引人入胜时,常用建筑物或植物把左右单调的风景屏障起来,只留中央充满画意的远景,从左右配景的夹道中透入游人的视线,以达到增强景深和障丑显美的作用。

(六) 对景

在园林中能够互相观赏、互相烘托的构景手法称为对景(见图 7-13)。在园林中,游人可登上亭、台、楼、阁去观赏堂、山、桥、树木,也可在堂、山、桥处观赏亭、台、楼、阁、榭。对景有近景、远景之分。近景对景,其所对之景为小空间近景,则其画面多为竹石、花、叠石小景或靠壁山;远景对景,则多为自然山水和建筑,如峰峦丘壑、深溪绝涧、竹树云烟以及楼台亭阁等。

(七) 框景

园林中建筑的门、窗、洞或乔木树枝抱合成的景框,往往把远处的山水美景包含其中,这便是框景(见图7-14)。框景能使散漫的景色集中,使自然美升华为艺术美。景色一经框住,就产生画面的感觉,处理得好,就像嵌在墙壁上或门洞里的一幅画。杜甫诗句:"窗含西岭千秋雪,门泊东吴万里船",讲的就是框景的效果。

图 7-13　对景　　　　　　　　　　　　　　　　　图 7-14　框景

第四节　中国现存的著名园林

一、北方园林

北方园林的代表大多集中于北京、西安、洛阳、开封等古都,尤以北京皇家园林和王侯府邸园林最为典型。

(一) 承德避暑山庄

承德避暑山庄是中国古代帝王宫苑,清代皇帝避暑和处理政务的场所,位于河北省承德市市区北部,始建于1703年,历经清康熙、雍正、乾隆三朝,耗时89年建成。与全国重点文物保护单位颐和园、拙政园、留园并称为中国四大名园。1994年12月,避暑山庄及周围寺庙(热河行宫)被列入世界文化遗产名录。

避暑山庄的营建,大致分为两个阶段。

第一阶段:从康熙四十二年(1703年)至康熙五十二年(1713年),开拓湖区、筑洲岛、修堤岸,随之营建宫殿、亭树和宫墙,使避暑山庄初具规模。康熙皇帝选园中佳景以四字为名题写了"三十六景"。

第二阶段:从乾隆六年(1741年)至乾隆十九年(1754年),乾隆皇帝对避暑山庄进行了大规模扩建,增建宫殿和多处精巧的大型园林建筑。乾隆仿其祖父康熙,以三字为名又题了"三十六景",合称为避暑山庄七十二景。

康熙二十年(1681年),清政府为加强对蒙古地方的管理,巩固北部边防,在距北京350多千米的蒙古草原建立了木兰围场。每年秋季,皇帝带领王公大臣、八旗军队乃至后宫妃嫔、皇族子孙等数万人前往木兰围场行围狩猎,以达到训练军队、固边守防之目的。为了解决皇帝沿途的吃、住,在北京至木兰围场之间,相继修建 21 座行宫,热河行宫——避暑山庄就是其中之一。避暑山庄及周围寺庙自康熙四十二年(1703 年)动工兴建,至乾隆五十七年(1792 年)最后一项工程竣工,经历了康熙、雍正、乾隆三代帝王,历时 89 年。在英法联军攻打北京时,咸丰皇帝就带着一批大臣逃到了这里。

康熙五十二年至乾隆四十五年(1713—1780 年),伴随避暑山庄的修建,周围寺庙也相继建造起来。

清朝的康熙、乾隆皇帝时期,每年大约有半年时间要在承德度过,清前期重要的政治、军事、民族和外交等国家大事,都在这里处理。因此,承德避暑山庄也就成了北京以外的陪都和第二个政治中心。乾隆在这里接见并宴赏过厄鲁特蒙古杜尔伯特台吉三车凌、土尔扈特台吉渥巴锡,以及西藏政教首领六世班禅等重要人物,还在此接见过以特使马戈尔尼为首的第一个英国访华使团。清帝嘉庆、咸丰皆病逝于此。1860 年,英法联军进攻北京,清帝咸丰逃到避暑山庄避难,在这座房子里批准了《中俄北京条约》等几个不平等条约。影响中国历史进程的"辛酉政变"亦发端于此。随着清王朝的衰落,避暑山庄日渐败落。

知识链接 7-8

避暑山庄的布局

避暑山庄分宫殿区、湖泊区、平原区和山峦区四大部分。

宫殿区位于湖泊南岸,地形平坦,是皇帝处理朝政、举行庆典和生活起居的地方,占地 10 万平方米,由正宫、松鹤斋、万壑松风和东宫四组建筑组成。

湖泊区在宫殿区的北面,湖泊面积包括洲岛约占 43 公顷,有 8 个小岛屿,将湖面分割成大小不同的区域,层次分明,洲岛错落,碧波荡漾,富有江南鱼米之乡的特色。东北角有清泉,即著名的热河泉。

平原区在湖区北面的山脚下,地势开阔,有万树园和试马埭,是一片碧草茵茵、林木茂盛的茫茫草原风光。

山峦区在山庄的西北部,面积约占全园的五分之四。这里山峦起伏,沟壑纵横,众多楼堂殿阁、寺庙点缀其间。

整个山庄东南多水,西北多山,是中国自然地貌的缩影。平原区西部绿草如茵,一派蒙古草原风光;东部古木参天,具有大兴安岭莽莽森林的景象。在避暑山庄东面和北面的山麓,分布着宏伟壮观的寺庙群,这就是外八庙(见图 7-15),其名称分别为:溥仁寺、溥善寺(已毁)、普乐寺、安远庙、普宁寺、须弥福寿之庙、普陀宗乘之庙、殊像寺。外八庙以汉式宫殿建筑为基调,吸收了蒙、藏、维等民族建筑艺术特征,创造了中国的多样统一的寺庙建筑风格。

山庄整体布局巧用地形,因山就势,分区明确,景色丰富,与其他园林相比,有其独特的风格。山庄宫殿区布局严谨,建筑朴素,苑景区自然野趣,宫殿与自然景观和谐地融为一体,达到了回归自然的境界。山庄融南北建筑艺术精华,园内建筑规模不大,殿宇和围墙多采用青砖灰瓦、原木本色，淡雅庄重，简朴适度，与京城的故宫黄瓦红墙、描金彩绘、堂皇耀目形成明显对照。山庄的建筑既具有南方园林的风格、结构和工程做法，又多沿袭北方常用的手法，成为南北建筑艺术完美结合的典范。避暑山庄不同于其他的皇家园林，按照地形地貌特征进行选址和总体设计，完全借助于自然地势，因山就水，顺其自然，同时融南北造园艺术的精华于一身。它是中国园林史上一个辉煌的里程碑，是中国古典园林艺术的杰作，享有"中国地理形貌之缩影"和"中国古典园林之最高范例"的盛誉。

图 7-15　外八庙

(二) 颐和园

颐和园（见图 7-16），北京市古代皇家园林，前身为清漪园，坐落在北京西郊，距城区15 千米，占地约 290 公顷，与圆明园毗邻。它是以昆明湖、万寿山为基址，以杭州西湖为蓝本，汲取江南园林的设计手法而建成的一座大型山水园林，也是保存最完整的一座皇家行宫御苑，被誉为"皇家园林博物馆"，也是国家重点旅游景点。

图 7-16　昆明湖与佛香阁

清朝乾隆皇帝继位以前，在北京西郊一带，建起了四座大型皇家园林。乾隆十五年（1750 年），乾隆皇帝为孝敬其母孝圣皇后动用 448 万两白银将其改建为清漪园，形成了从现清华园到香山长达 20 千米的皇家园林区。咸丰十年（1860 年），清漪园被英法联军焚毁。

光绪十四年(1888年)重建,改称颐和园,作消夏游乐之所。光绪二十六年(1900年),颐和园又遭"八国联军"破坏,珍宝被劫掠一空。清朝灭亡后,颐和园在军阀混战和国民党统治时期,又遭破坏。

1961年3月4日,颐和园被公布为第一批全国重点文物保护单位,与同时公布的承德避暑山庄、拙政园、留园并称为中国四大名园,1998年11月被列入《世界遗产名录》。2007年5月8日,颐和园经国家旅游局正式批准为国家5A级旅游景区。2009年,颐和园入选中国世界纪录协会中国现存最大的皇家园林。

知识链接 7-9

万园之园——圆明园

圆明园坐落在北京西北郊,与颐和园相邻,由圆明园、长春园和万春园组成,也叫圆明三园。圆明园是清代著名的皇家园林之一,面积5 200余亩,150余景。建筑面积达16万平方米,有"万园之园"之称。清朝皇室每到盛夏时节会来这里理政,故圆明园也称"夏宫"。

圆明园始建于1709年(康熙四十八年),是康熙赐给尚未即位的雍正的园林,用于打发空闲。1722年雍正即位后,拓展原赐园,并在园南增建了正大光明殿和勤政殿以及内阁、六部、军机处储值房,御以"避喧听政"。乾隆年间,圆明园进行了局部增建、改建,在东面新建了长春园,在东南邻并入了万春园,圆明三园的格局基本形成。嘉庆年间,绮春园进行了修缮和拓建,成为主要园居场所之一。道光年间,国力日衰,财力不足,道光皇帝宁愿撤万寿、香山、玉泉"三山"的陈设,罢热河避暑与木兰围猎,但仍对圆明三园有所改建。

圆明园于1860年遭英法联军焚毁,文物被掠夺的数量粗略统计约有150万件,上至先秦时代的青铜礼器,下至唐、宋、元、明、清历代的名人书画和各种奇珍异宝。1900年八国联军侵占北京,西郊皇家园林再遭劫难。在抗战时期,又遭到不同程度的破坏。最后在"文化大革命"时期,圆明园也受到某些破坏。

遭焚毁后的圆明园遗址(见图7-17)在新中国成立后开始被保护起来,1956年北京市园林局开始采取植树保护措施,1976年圆明园遗址成立专营机构。1988年6月29日,圆明园遗址向社会开放。

图 7-17　圆明园遗址

二、江南园林

江南园林是中国古典园林的杰出代表,它特色鲜明地折射出中国人的自然观和人生观。江南园林分为江南古典园林和江南现代园林两种,而古典园林较为著名。其中,江南古典园林是最能代表中国古典园林艺术成就的一个类型,它凝聚了中国知识分子和能工巧匠的勤劳和智慧,蕴含了儒释道等哲学、宗教思想及山水诗画等传统艺术,自古以来就吸引着无数中外游人。

江南古典园林中,以江南"四大名园"为代表,即南京瞻园、苏州留园和拙政园、无锡寄畅园。除此之外,上海豫园,南京玄武湖,扬州瘦西湖、个园、何园,苏州沧浪亭、狮子林等都是江南古典园林的典范。

(一) 瞻园

瞻园(见图7-18)是南京现存历史最久的一座园林,至今已有600余年的历史,素以假山著称,以欧阳修诗"瞻望玉堂,如在天上"命名,是江南四大名园之一,国家级文物保护单位。

瞻园是南京保存最为完好的一组明代古典园林建筑群,也是唯一开放的明代王府,瞻园曾是明朝开国功臣徐达府邸的一部分,也是清朝各任江南布政使办公的地点。

瞻园面积约2万平方米,共有大小景点二十余处,布局典雅精致,有宏伟壮观的明清古建筑群、陡峭峻拔的假山、闻名退迩的北宋太湖石、清幽素雅的楼榭亭台和奇峰叠嶂。

(二) 留园

留园(见图7-19)为中国大型古典私家园林,占地面积23 300平方米,代表清代风格,以建筑艺术精湛著称,厅堂宽敞华丽,庭院富有变化。太湖石以冠云峰为最,有"不出城郭而获山林之趣"之赞语。其建筑空间处理技巧精湛,运用各种造园艺术手法,构成了有节奏、有韵律的园林空间体系,成为世界闻名的建筑空间艺术处理的范例。

图 7-18　瞻园

图 7-19　留园

留园分西区、中区、东区3部分。西区以山景为主,中区山水兼长,东区是建筑区。中区的东南地带开凿水池,西北地带堆筑假山,建筑错落于水池东南,是典型的南厅北水、隔水相望的江南宅院的模式。东区的游廊与留园西侧的爬山廊成为贯穿全园的外围廊道,曲折、迂回而富于变化。留园以水池为中心,池北为假山小亭,林木交映。池西假山上的闻木樨香轩,则为俯视全园景色最佳处,并有长廊与各处相通。建筑物将园划分为几部分,各建筑物设有多种门窗,每扇窗户各不相同,可沟通各部景色,使人在室内观看室外景物时,能将以山水花木构成的各种画面一览无余,视野空间大为拓宽。

1961年,留园被中华人民共和国国务院公布为第一批全国重点文物保护单位之一。1997年,包括留园在内的苏州古典园林被列为世界文化遗产。

(三) 拙政园

拙政园(见图7-20)始建于明正德初年(16世纪初),距今已有500多年历史,是江南古典园林的代表作品。1961年被国务院列为全国第一批重点文物保护单位,与同时公布的北京颐和园、承德避暑山庄、苏州留园一起被誉为中国四大名园。1997年被联合国教科文组织批准列入《世界遗产名录》。

拙政园位于古城苏州东北隅(东北街178号),是苏州现存的最大的古典园林,占地78亩(约合5.2公顷)。全园以水为中心,山水萦绕,厅榭精美,花木繁茂,具有浓郁的江南水乡特色。花园分为东、中、西三部分,东花园开阔疏朗,中花园是全园精华所在,西花园建筑精美,各具特色。园南为住宅区,体现典型江南地区汉族民居多进的格局。园南还建有苏州园林博物馆,是国内唯一的园林专题博物馆。

(四) 寄畅园

寄畅园(见图7-21)坐落在无锡市西郊东侧的惠山东麓,惠山横街的锡惠公园内,毗邻惠山寺。园址原为惠山寺沤寓房等二僧舍,明嘉靖初年(约1527年前后)曾任南京兵部尚书秦金(号凤山)得之,辟为园,名"凤谷山庄"。万历十九年(1591年),秦耀因座师张居正被追论而解职。回无锡后,寄抑郁之情于山水之间,疏浚池塘,改筑园居,构园景二十,每景题诗一首。取王羲之《答许椽》诗"取欢仁智乐,寄畅山水阴"句中的"寄畅"两字名园。1952年秦氏后人秦亮工将园献给国家,无锡市人民政府进行整修保护,逐渐恢复古园风貌。寄畅园是中国江南著名的古典园林,1988年1月13日被国务院公布为全国重点文物保护单位。1999年至2000年,经国家文物局批准,由锡惠名胜区对在太平天国战争期间毁坏的寄畅园东南部进行了修复,先后修复了凌虚阁、先月榭、卧云堂等建筑,恢复了其全盛时期的园林景观,使整个古园气机贯通、幽静雅致。

图7-20 拙政园　　　　　　　　　　　　　图7-21 寄畅园

寄畅园属山麓别墅类型的园林,面积为14.85亩,南北长,东西狭。园景布局以山池为中心,巧于因借,混合自然。假山依惠、山东麓山势作余脉状。又构曲涧,引"二泉"伏流注其中,潺潺有声,世称"八音涧",前临曲池"锦汇漪"。而郁盘亭廊、知鱼槛、七星桥、涵碧亭及清御廊等则绕水而构,与假山相映成趣。园内大树参天,竹影婆娑,苍凉廓落,古朴清幽,以巧妙的借景、高超的叠石、精美的理水、洗练的建筑,在江南园林中别具一格。

总体上说,寄畅园的成功之处在于它"自然的山,精美的水,凝练的园,古拙的树,巧妙的景"。难怪清朝的康熙、乾隆二帝曾多次游历此处,一再题诗,足见其眷爱赏识之情。北京颐和园内的谐趣园、圆明园内的廓然大公(后来也称双鹤斋),均为仿无锡惠山寄畅园而建。

三、岭南园林

岭南园林有广东园林、广西园林、福建园林、台湾园林、海南园林等。

广东园林是岭南园林的主流,它以山水的英石堆山和崖潭格局、建筑的缓顶宽檐和碉楼冷巷、装饰的三雕三塑、色彩的蓝绿黄对比色、桥的廊桥、植物四季繁花为特征。广西园林以自然山水与历史文化的积淀为特征,表现于石林、石峰、石崖、石潭、壁刻之中。海南园林以自然山水中的海景、岛景、礁景、滩景为山水特征,草顶、鱼饰、朴素为建筑特征,椰林、槟榔、三角梅等为植物特征。各个园林中堆山都用珊瑚石,大东海以它砌坡,海洋公园以它砌门,五公祠以它堆山。福建园林以礁石、塑鼓石为山水特征,以起翘正脊、海波脊尾为建筑特征,正脊龙雕、鱼草山花和石刻石雕为装饰特征。台湾园林以灰塑石山、咕咾石山和模仿福建名山为山水特征,以闽南建筑为建筑特征,以平顶拱桥为桥的特征,以灰塑或砖雕瓜果器具漏窗为装饰特征。

(一) 可园

东莞可园(见图7-22)位于东莞市区西博厦村,为清代广东四大名园之一,也是岭南园林的代表作,前人赞其为"可羡人间福地,园夸天上仙宫",与顺德清晖园、佛山梁园、番禺余荫山房合称清代粤中四大名园。始建于清朝道光三十年(1850年),为莞城人张敬修所建。此人以例捐得官,官至广西按察,后因弟丧母病回乡,便修建可园,至1864年才基本建成。面积2204平方米,外缘呈三角形,绕以青砖围墙。园内有一楼、六阁、五亭、六台、五池、三桥、十九厅、十五间房,其名多以"可"字命名,如可楼、可轩、可堂、可洲等,其建筑是清一色的水磨青砖结构。最高建筑可楼,高17.5米,沿楼侧石阶可登顶楼的邀山阁,四面明窗,飞檐展翅,凭窗可眺莞城景色。

图 7-22 可园

(二) 清晖园

清晖园(见图 7-23)是一处始建于明代的古代园林建筑。位于广东省佛山市顺德区大良镇清晖路,地处市中心,故址原为明末状元黄士俊所建的黄氏花园,现存建筑主要建于清嘉庆年间。园取名"清晖",意为和煦普照之日光,喻父母之恩德。园林经龙应时、龙廷槐、龙元任、龙景灿、龙渚惠五代人多次修建,逐渐形成了格局完整而又富有特色的岭南园林。

图 7-23 清晖园

清晖园全园构筑精巧,布局紧凑。建筑艺术颇高,蔚为壮观,建筑物形式轻巧灵活,雅淡朴素,庭园空间主次分明,结构清晰。整个园林以尽显岭南庭院雅致古朴的风格而著称,园中有园,景外有景,步移景换,并且兼备岭南建筑与江南园林的特色。现有的清晖园,集明清文化、岭南古园林建筑、江南园林艺术、珠江三角水乡特色于一体,是一个如诗如画、如梦幻似仙境的迷人胜地,散发出中国传统文化的精神、气质和神韵。

思考与练习

一、实训项目

项目名称	园林构景要素及构景方式
实训目的	理解和掌握我国的园林建筑文化
实训要求	掌握我国园林造景的主要因素及其构景的常见方式和手法
准备工作	1. 分组,成员 3~5 人 2. 选择当地的一处园林建筑(可以是古园林建筑、城市公园或校园等) 3. 对相关建筑进行拍照
方法	1. 根据班级情况,将学生分组 2. 每组选取调查对象 3. 小组展开实地调查,对园林相关造园要素拍照 4. 小组利用照片制作汇报 PPT 5. 小组汇报 6. 教师点评每组同学的表现,总结园林造园要素及构景方式和手法

二、简答题

1. 简单介绍一下中国古典园林的分类。

2. 中国园林发展经历了哪些阶段？

3. 对比分析一下皇家园林和江南私家园林各自的特点。

4. 简单介绍一下,中国古典园林的构建要素有哪些?

第八章

旅游饮食文化

中国饮食文化中的刀功技艺

刀功,即厨师对原料进行刀法处理,使之成为烹调所需要的、整齐一致的形态,以适应火候,受热均匀,便于入味,并保持一定的形态美,因而是烹调技术的关键之一。我国早在古代就重视刀法的运用,经历代厨师反复实践,创造了丰富的刀法,如直刀法、片刀法、斜刀法、剞刀法(在原料上划上刀纹而不切断)和雕刻刀法等,把原料加工成片、条、丝、块、丁、粒、茸、泥等多种形态和丸、球、麦穗花、蓑衣花、兰花、菊花等多样花色,还可镂空成美丽的图案花纹,雕刻成"喜""寿""福""禄"字样,增添喜庆筵席的欢乐气氛。特别是刀技和拼摆手法相结合,把熟料和可食生料拼成艺术性强、形象逼真的鸟、兽、虫、鱼、花、草等花式拼盘,如"龙凤呈祥""孔雀开屏""喜鹊登梅""荷花仙鹤""花篮双凤"等。例如"孔雀开屏",它需用鸭肉、火腿、猪舌、鹌鹑蛋、蟹钳肉、黄瓜等15种原料,经过22道精细刀技和拼摆工序才完成。

不仅仅文学家将精湛的刀功当作完美的艺术欣赏,普通的百姓也往往是一睹为快。为了开开眼界,古代有人专门组织过刀工表演,引起了轰动。南宋曾三异的《同话录》说,有一年泰山举办绝活表演,"天下之精艺毕集",自然也包括精于厨艺者。"有一庖人,令一人裸背俯伏于地,以其背为几,取肉一斤许,运刀细缕之。撤肉而试,兵背无丝毫之伤。"以人背为砧板,缕切肉丝而背不伤破,这一招不能不令人称绝。

问题讨论:谈谈自己还了解哪些中国饮食文化中令人惊叹的技艺?

分析参考:中国饮食文化中令人惊叹的技艺非常多,这一方面体现出古人热衷于饮食文化,另一方面也彰显了古人的聪明才智。比如,火候是形成菜肴美食的风味特色的关键之一。但火候瞬息万变,没有多年操作实践经验很难做到恰到好处。因而,掌握适当火候是中国厨师的一门绝技。中国厨师能精确鉴别旺火、中火、微火等不同火力,熟悉了解各种原料的耐热程度,熟练控制用火时间,善于掌握传热物体(油、水、气)的性能,还能根据原料的老嫩程度、水分多少、形态大小、整碎厚薄等,确定下锅的次序,加以灵活运用,使烹制出来的菜肴,要嫩就嫩,要酥就酥,要烂就烂。再比如,烹调技法是我国厨师的又一门绝技。常用的技法有炒、爆、炸、烹、溜、煎、贴、烩、扒、烧、炖、焖、汆、煮、酱、卤、蒸、烤、拌、炝、熏，以及甜菜的拔丝、蜜汁、挂霜等，不同技法具有不同的风味特色，每种技法都有几种乃至几十种名菜。

除此之外，还有五味调和的手法、精湛的餐具制作和饮食情调文化的营造等。

【学习导航】

通过本章的学习，学生可了解我国饮食文化的发展沿革；掌握我国饮食文化的总体特征；了解和熟悉我国饮食文化的类型以及各自的特征；掌握传统八大菜系的特点及其代表菜肴。

【教学建议】

课堂讲授中多借鉴图片和音像资料对传统饮食文化的制作方式和文化特征加以补充和说明，增强学生的直观感知，从而加深学生对我国饮食文化的理解和掌握。

第一节　中国饮食文化概述

民以食为天，世界上任何一个国家都有一个传统的饮食文化与其他文化一同在历史发展的进程中融合并进。每个地区都有与众不同的饮食习惯和味觉倾向，而各自将这些精妙的技艺发展成了一种习俗，一种文化，这使得无数食客流连在世界的每一个角落。

一、饮食文化的概念

在《现代汉语词典》里面，饮食的义项有两个：一个是名词性的，指"吃的和喝的东西"；另一个是动词性的，指"吃东西和喝东西"。前者强调的是名称，后者强调的是动作。文化这一概念一直是有争议的。这个词语在我国古代就有，比如《周易》有"观乎天文，以察时变；观乎人文，以化成天下"。而文化成为一个术语，大约到19世纪中叶才形成。饮食文化顾名思义是饮食领域中文化的体现，主要包括饮文化和食文化。

由此可见，饮食文化是指人们在长期的饮食生产和消费过程中所创造和引发的一切物质、行为和精神的现象及其关系的总和。

在中国传统文化教育中的阴阳五行哲学思想、儒家伦理道德观念、中医营养摄生学说，还有文化艺术成就、饮食审美风尚、民族性格特征诸多因素的影响下，创造出彪炳史册的中国烹饪技艺，形成博大精深的中国饮食文化。

从内涵上看，中国饮食文化涉及食源的开发与利用、食具的运用与创新、食品的生产与消费、餐饮的服务与接待、餐饮业与食品业的经营与管理，以及饮食与国泰民安、饮食与文学艺术、饮食与人生境界的关系等,深厚广博。

从外延看,中国饮食文化可以从时代与技法、地域与经济、民族与宗教、食品与食具、消费与层次、民俗与功能等多种角度进行分类,展示出不同的文化品位,体现出不同的使用价值,精彩纷呈。

从特质看,中国饮食文化突出养助益充的营卫论(素食为主,重视药膳和进补),并且讲究"色、香、味"俱全、五味调和的境界说(风味鲜明,适口者珍,有"舌头菜"之誉)、奇正互变的烹调法(厨规为本,灵活变通)、畅神怡情的美食观(文质彬彬,寓教于食)四大属性,有着不同于海外各国饮食文化的天生丽质。中国的饮食文化除了讲究菜肴的色彩搭配要明媚如画外,还要搭配用餐氛围产生的一种情趣,它是中华民族的个性与传统,更是中华民族传统礼仪的凸显方式。

从影响看,中国饮食文化直接影响日本、蒙古、朝鲜、韩国、泰国、新加坡等国家,是东方饮食文化圈的轴心;与此同时,它还间接影响欧洲、美洲、非洲和大洋洲,像中国的素食文化、茶文化、酱醋、面食、药膳、陶瓷餐具和大豆等,都惠及全世界数十亿人。

总之,中国饮食文化是一种广视野、深层次、多角度、高品位的悠久区域文化,是中华各族人民在生产和生活实践中,在食源开发、食具研制、食品调理、营养保健和饮食审美等方面创造、积累并影响周边国家和世界的物质财富及精神财富。

二、中国饮食文化的发展历程

中国有句俗语:民以食为天。在人们对吃的孜孜以求的几千年里,中华民族逐渐形成了自己独特的饮食文化,中国也获得了"烹饪王国"的美誉,成为世界三大美食国之一。中国饮食文化的历史大致分为以下 6 个发展阶段。

1. 原始社会时期

原始社会时期是中国饮食文化的初始阶段。当时人们已学会种植谷子、水稻等农作物与饲养猪、犬、羊等家畜,这时便已奠定中国饮食以农产品为主、肉类为辅的杂食性饮食结构的基础。随后燧人氏教人"钻木取火",人类进入了石烹熟食的时代,把植物的种子放在石片上炒,把动物放在火上烧。神农氏发明耒耜,教人类稼穑。黄帝是最早的灶神,发明了蒸锅,使食物速熟。

2. 夏商西周时期

先秦时期是中国饮食文化真正形成的时期。经过夏商周近两千年的发展,中国传统饮食文化的特点已基本形成。在商周时期人们根据五行学说提出五味,"五味调和之说"成为后世烹调的指导思想,同时也是中国饮食文化经久不衰的原动力之一。主、副食搭配平衡膳食理论的确立及以"五谷为养,五果为助,五畜为益,五菜为配"的"五谷为养"之学说的确立,成为中国饮食文化千古不变的理论。以"色、香、味、形"为核心的美食标准初步建立。中国品食的首要标准为"至味",同时兼及"色、香、形"。在饮食礼仪方面也开始走向完善。周代在饮食内容、使用餐具、座次、入席、上菜、待客等方面都有严格的规定,不合礼法,当事人可以拒绝用餐。同时夏商西周时期谷物及种植已经齐备,粮食作物已作为日常的食源。夏朝非常重视帝王的饮食保健,在宫中首设食官、配置御厨,迈出了食医结合的第一步。

3. 春秋战国时期

春秋战国时期,南北两地各自与当地少数民族融合,差异渐显,北方形成了中国最早的地方风味菜鲁菜;南方,占有"鱼米之乡"的楚人利用优越的自然资源,再与南夷特色相结合,形成了苏菜的雏形。

而在西部,李冰治水后的"天府之国"吸引了大量移民,与古蜀国的饮食习俗相结合,形成了川菜的雏形。相比之下,粤菜的出现相对较晚,刘邦被册封为汉王时,利用珠江三角洲气候温和、物产丰富、可供食用的动植物品种繁多、水陆交通四通八达的优势,建立了岭南的政治、经济、文化中心。这里饮食比较发达,使"飞、潜、动、植"皆为佳肴,并流传至今,形成兼收并蓄的饮食风尚,产生了粤菜。

4. 秦汉时期

秦汉时期是中国封建社会发展的高峰期,整个中华民族呈现出一种欣欣向荣的态势。此间我们与外域的交流日益频繁,引进了繁多的食物品种。张骞出使西域后,通过丝绸之路引进了石榴、葡萄、胡桃、西瓜等水果和黄瓜、菠菜、胡萝卜、芹菜、扁豆、大葱等蔬菜,丰富了我们的饮食文化。

被誉为"中国第五大发明"的豆腐也在此时被端上饭桌,据史料《本草纲目》记载,豆腐为刘姓嫡亲淮南王刘安首创。另外,我们现在常用的酱油、豉、醋等也都是这个时期产生的。东汉的豆豉已经开始大量产生,人工酿造的食醋也已产生,当时称为"酢"。酱油则称为清酱。

餐饮礼仪也随之建立起来,比如如果有客人在调和菜汤,主人就要道歉,说是烹调得不好;如果客人喝到酱类的食品,主人也要道歉,说是备办的食物不够。吃饭完毕,客人应起身向前收拾桌上的碟子交给旁边伺候的主人,主人跟着起身,请客人不要劳动,然后客人再坐下。品尝美食是很享受的一件事,所以很多繁文缛节在当今社会已经不讲究了。

5. 唐宋时期

作为中国人最引以为豪的一段历史,饮食文化在发达繁荣、兼容并包的唐宋自然也随着经济政治的发展而发展起来,达到一个高峰。

唐代,麦、稻的地位逐渐上升。唐初期,麦作为一种主粮是比较奢侈的,且被认为是"杂种"。唐代中期以后,由于城市人口的增长、饼食的普及,对麦作的发展起到了巨大的促进作用。唐德宗建中元年实行的"两税法"已明确将麦作为征收的对象,麦取得了与粟并驾齐驱的地位。宋代的主粮跟唐代大同小异,只是稻子变得越发重要,最终取得了现代作为中国主要谷物的地位。

过分讲究饮食的现象也在唐代尤为明显。此时,菜肴分高、中、低三个档次。高档菜肴为宫廷宴用菜,最有名的要数烧尾宴了。烧尾宴是指士人刚做官或做官得到升迁,为应付亲朋同僚祝贺,必须请一顿饭。尚书令左仆射韦巨源在家设"烧尾"宴请唐中宗,肴馔丰美,世所罕见;宴会上的58道菜可以说是唐代市场上高档菜的代表。李公羹是唐武宗时宰相李德裕创制的保健食品,用珍玉、宝珠、雄黄、朱砂、海贝煎汁,每杯羹费钱三万。相比宫廷菜的极尽奢华,中档的官吏日用菜稍显亲民。

我国古代上层社会的饮食之所以奢华考究,主要是因为选材珍贵,有些甚至是世界稀有,显然这些不是普通老百姓能够消受得起的,然而俗话说劳动人民的智慧是强大的,市民普遍用菜价格低品位不低,还可达到食疗的效果,千金圆是孙思邈首创的食疗用品,用黄豆芽制成丸子形状,可供妇女怀孕后期服用,以利于产时分娩。百岁羹是荠菜汤,据说有益寿功效,所以人们都爱饮。

宋代的商业远比唐朝繁荣,唐代饮食业的营业时间基本局限在白天,也就是说晚上就是一片"黑灯瞎火"的景象,这种严格控制商铺空间和时间的坊市制度严重阻碍了饮食业的发展。宋朝废除了坊市制度,夜市非常盛行,使人们的休闲饮食娱乐大大丰富起来。此时不但出现了王楼山洞梅花包子、曹婆婆肉饼、郑家油饼、湖上鱼羹等著名风味食品,而且注重食品的形象和包装。著名的《清明上河图》便生动地刻画了宋人热闹非凡的市井风貌。

6. 明清时期

明清时期许多文人为逃避现实,乐于从事饮食,此时又混入满蒙的特点,饮食结构有了很大变化。宫廷贵族为了显示尊贵无比的地位,在饮食上也是标新立异。满汉全席是满清宫廷盛宴,喻义着满汉一家,既有宫廷菜的特征,也有地方菜的特色。满汉全席则是中华菜系文化的最高境界。

知识链接 8-1

满 汉 全 席

满汉全席起兴于清代,是集满族与汉族菜点之精华而形成的历史上最著名的中华大宴。乾隆甲申年间李斗所著《扬州画舫录》中记有一份满汉全席食单,是关于满汉全席的最早记载。

满汉全席以东北、山东、北京、江浙菜为主。世俗所谓"满汉全席"中的珍品,其大部分是黑龙江地区特产(或出产),如犴鼻、鱼骨、鳇鱼子、猴头蘑、熊掌、哈什蟆、鹿尾(筋、脯、鞭等)、豹胎以及其他珍奇原料等。后来闽粤等地的菜肴也依次出现在巨型宴席之上。南菜54道:30道江浙菜,12道闽菜,12道广东菜。北菜54道:12道满族菜,12道北京菜,30道山东菜。

满汉全席菜点精美,礼仪讲究,形成了引人注目的独特风格。入席前,先上二对香、茶水和手碟;台面上有四鲜果、四干果、四看果和四蜜饯;入席后先上冷盘,然后热炒菜、大菜、甜菜依次上桌。此外满汉全席分为六宴,均以清宫著名大宴命名,即蒙古亲藩宴、廷臣宴、万寿宴、千叟宴、九白宴、节令宴。

三、中国饮食文化的特点

中国饮食文化是建立在中国历代先人广泛的饮食实践基础上的,它是人类生存和发展的重要反映,并与人们的物质生活和精神生活息息相关,具有鲜明的特色。

(一)风味多样

我国地域广博,民族众多,根据地域和民族的特色,不同地域的人们表现出不同的饮食偏好和饮食特点,56个民族的劳动人民创造了多姿多彩的饮食文化。我国一直有"南米北面"的说法,口味上有"南甜北咸东酸西辣"之分。而且自古以来,我国不同地域的民族一直按照季节的变化来调味、配菜,冬天味道醇厚,夏天清淡爽口。在菜品的烹制方法上冬天多炖煮焖煨,夏天多凉拌冷冻。

(二) 讲究五味调和

中国饮食文化在烹调上无论是对品相和味道的追求,还是对菜肴的制作上都以五味调和为最高原则。五味调和的原则贯穿于中国饮食文化整体之中,是中国饮食文化的精髓。五味调和,首先是满足人们饮食口味的需要和选择食品原料的要求。五味,是指甜、酸、苦、辣、咸。五味调和是指这五种口味既有变化,又能搭配合理,保持和发挥食物的本味或真味。五味调和还要合乎时序。对食品原料的选择,不同时令有不同侧重,《礼记·内则》中就有"凡和,春多酸、夏多苦、秋多辛、冬多咸,调以滑甘"的说法,强调既要满足人们的口感需要,又要与四时变化和人的生理需求和谐一致。五味调和也是对烹调过程的要求。《吕氏春秋·孝行览第二》曾描述过这一过程和要求:五味谁先放后放,如何掌握时机,放多放少,如何调配才能合适,都很有讲究。在烹调过程中,锅中异常微妙的变化难以用语言说明白,关键在于烹饪者把握适当的"度",使菜肴具有"久而不弊,熟而不烂,甘而不哝,酸而不酷"的上乘特色,其宗旨是将诸味中和成一协调的有机体。

(三) 追求品位

中国饮食文化具有很强的审美功能,不仅仅追求五味调和之美,还有对色、香、味、形、器、境综合之美的偏好,这是中国食文化的审美文化特性。中国烹饪素有"吃的艺术""吃的美学"之称。在中国饮食中把色美放在首位,孔子就提出"色恶不食",菜肴色彩搭配组合的优劣往往是筵席成功与否的关键,可见辨色对触动食欲的重要。菜肴的香气,能引发人们品评菜点的欲望和动机,同时香的感受能够加深和促进人们对色与形的审美愉悦。饮食中的愉悦以"味"为主体,与色、香、形结合的美味是饮食审美感觉的高潮,"重味"是中国饮食文化区别于西方饮食文化的主要特征之一。形美有助于饮食审美情调与氛围的营造。美味配美食,犹如琴瑟和鸣,相得益彰,相映成趣。境美,主要是指优雅和谐的饮食空间环境和情感环境,它能使宴饮锦上添花,令人畅神悦情。

色、香、味、形、器、境诸美的和谐统一,使饮食活动不仅是满足生理需求的行为,而且具有明显的审美欣赏和审美体验的价值,而烹饪与宴饮的设计与安排则有着艺术创造的意义。

(四) 共食同餐的用餐方式

中国人从来都不把饮食仅仅看作果腹的手段,而习惯于用它作为联络人与人感情的纽带。在进食方式上,多喜"共食"。西方人虽然也有同桌而食,却是各吃各的"分餐"吃法,与中国人同吃一菜、共饮一汤不同。虽然"分餐"的吃法从卫生的角度而言是科学的,但是中国人宴饮中的"共食"追求的则是一种人生境界。中国古代君王通过宴饮"以通上下之情",借以获得国家的长治久安;民间宴饮则是通过吃喝联络感情、清除隔阂、和睦家庭,使邻居相亲乃至民族团结。无论是文人墨客雅集宴饮的吟咏唱和,还是民间酒肆游戏的相互争逐,在对不同口味菜肴的共同品尝中,在诗情画意的宴饮氛围中,达到人与自然、人与人之间和谐美的人生境界。

孔子在两千多年前说:"有朋自远方来,不亦乐乎。"这句话集中体现了中国人热情好客的传统。中国现代旅游饮食文化仍然遵循这一传统,热情接待来自各国的旅游者,在宴饮中追求感情的融洽、气氛的亲切、主宾之间情感的交流与沟通。但在饮食中应充分尊重客人的饮食习惯,在"共食"的方式中运用公筷,或保持"共食"的形式而采用分餐的进食方式,使西方旅游者既感受到我国饮食文化和谐的诗意氛围,又能在心理和习惯上相适应,也使当代中国饮食文化适应现代人对生活的卫生质量追求。

(五) 诗意的宴饮情趣

把饮食作为人生体验的中国食文化,重视从色、香、味、形、器、境的和谐统一中获得精神上的愉悦,进入诗意的生活环境,充分地体验饮食的乐趣和美好。对宴饮诗意情趣的追求最早起源于文人士大夫。晋代王羲之等名流会集于有"崇山峻岭,茂林修竹,又有清流激湍"的兰亭,"一觞一咏,畅叙幽情",这种"曲水流觞"的宴饮与咏诗唱和一直延续到明清时期。在诗情画意的自然环境中聚饮,又在宴饮中追求和创造诗情与画意,对宴饮环境的诗意氛围的追求,已经成为中国饮食文化的重要传统。唐宋以来,茶楼、饭馆或建于风光旖旎的湖边江畔,或建于水榭花坛、竹径回廊之中,还力求通过室内环境的装饰安排,创造与自然相联系的环境气氛。茶楼、饭店的名称选择也力求具有诗意的情趣,匾额、楹联和字画的装点进一步渲染宴饮的气氛。

四、中国饮食文化的类型

中国历史悠久,幅员辽阔,人口众多,因而形成了丰富多彩的饮食文化。我们可以从饮食者身份、民族地域分布、宗教习俗三个角度来认识中国饮食文化的类型。

(一) 按饮食者身份划分

1. 宫廷饮食文化

任何社会,统治阶级的思想就是占统治地位的思想。作为统治阶级,封建帝王不仅将自己的意识形态强加于其统治下的臣民,以示自己的至高无上,同时还要将自己的日常生活行为方式标新立异,以示自己的绝对权威。这样,作为饮食行为,也就无不渗透着统治者的思想和意识,表现出其修养和爱好,由此就形成了具有独特特点的宫廷饮食。

首先,宫廷饮食的特点是选料严格,用料严格。"普天之下,莫非王土;率土之滨,莫非王臣。"帝王权力的无限扩大,使其荟萃了天下技艺高超的厨师,也拥有了人间所有的珍稀原料。如早在周代,帝王宫廷就已有职责分得细密而又烦琐的专人负责皇帝的饮食,《周礼注疏·天官冢宰》中主有"膳夫、庖人、外饔、亨人、甸师、兽人、渔人、腊人、食医、疾医、疡医、酒正、酒人、凌人、笾人、醢人、盐人"等条目,目下分述职掌范围。这么多的专职人员,可以想见当时饮食不仅选材备料严格,而且用料精细。

其次,烹饪精细。一统天下的政治势力,为统治者提供了享用各种珍美饮食的可能性,也要求宫廷饮食在烹饪上要尽量精细;而单调无聊的宫廷生活,又使历代帝王多数都比较体弱，这就又要求其在饮食的加工制作上更加精细。

最后，花色品种繁杂多样。慈禧的"女官"德龄所著的《御香飘缈录》中说，慈禧仅在从北京至奉天的火车上，临时的"御膳房"就占四节车厢，上有"炉灶五十座"，"厨子下手五十人"，每餐总"共备正菜一百种"，同时还要供"糕点、水果、粮食、干果等亦一百种"，因为"太后或皇后每一次正餐必须齐齐整整地端上一百碗不同的菜来"。除了正餐，"还有两次小吃"，"每次小吃，至少也有二十碗菜，平常总在四五十碗左右"，而所有这些菜肴，都是不能重复的，由此可以想象宫廷饮食花色品种的繁多。

2. 贵族饮食文化

官府贵族饮食，虽没有宫廷饮食的铺张、刻板和奢侈，但也是竞相斗富，多有讲究"芳饪标奇""庖膳穷水陆之珍"的特点。

贵族饮食以孔府菜和谭家菜最为著名。孔府历代都设有专门的内厨和外厨。在长期的发展过程中，其形成了饮食精美、注重营养、风味独特的饮食菜肴。这无疑是孔老夫子"食不厌精，脍不厌细"祖训的影响。谭家菜由清末官僚谭宗浚的家人所创。同治十三年（1874 年），广东南海区人谭宗浚，殿试中一甲二名进士（榜眼），入京师翰林院为官。谭宗浚一生酷爱珍馐美味，亦好客酬友，常于家中作西园雅集，亲自督点，炮龙蒸凤，中国历史上唯一由翰林创造的"菜"自此发祥。他与儿子刻意饮食并以重金礼聘京师名厨，得其烹饪技艺，将广东菜与北京菜相结合而自成一派。

3. 市井饮食文化

市井饮食是随城市贸易的发展而发展的，所以其首先是在大、中、小城市，州府，商埠以及各水陆交通要道发展起来的，这些地方发达的经济、便利的交通、云集的商贾、众多的市民，以及南来北往的食物原料、四通八达的信息交流，都为市井饮食的发展提供了充分的条件。如唐代的洛阳和长安，两宋的汴京、临安，清代的北京，都汇集了当时的饮食精品。

市井饮食具有技法各样、品种繁多的特点。如《梦粱录》中记有南宋临安当时的各种熟食 839 种。而在烹饪方法上，仅《梦粱录》所录就有蒸、煮、熬、酿、煎、炸、焙、炒、燠、炙、鲊、脯、腊、烧、冻、酱、焐、火 19 类，而每一类下又有若干种。当时饮食不仅满足不同阶层人士的饮食需要，还考虑到不同时间的饮食需要。因为市井饮食的对象主要是当时的坐贾行商、贩夫走卒，而这些人来去匆匆，行止不定，所以随来随吃、携带方便的各种大众化小吃便极受欢迎。

4. 百姓饮食文化

中国老百姓日常家居所烹饪的肴馔，即民间菜是中国饮食文化的渊源，多少豪宴盛馔，如追本溯源，当初皆源于民间菜肴。民间饮食首先是取材方便、随意。或入山林采鲜菇嫩叶、捕飞禽走兽，或就河湖网鱼鳖蟹虾、捞莲子菱藕，或居家烹宰牛羊猪狗鸡鹅鸭，或下地择禾黍麦粱野菜地瓜，随见随取、随食随用。选材的方便和随意，必然带来制作方法的简单易行，一般是因材施烹，煎炒蒸煮、烧烩拌泡、脯腊渍炖，皆因时因地。如北方常见的玉米，成熟后可以磨成面粉烙成饼、蒸成馍、压成面、熬成粥、掺成饭，也可以整颗粒地炒了吃，还可以连棒煮食、烤食。民间菜的日常食用性和各地口味的差异性，决定了民间菜的味道以适口实惠、朴实无华为特点，任何菜肴，只要首先能够满足人生理的需要，就成为

"美味佳肴"。

(二) 按民族地域分布划分

民族饮食指的是除汉族之外各少数民族的菜肴。由于各少数民族所处的不同社会历史发展阶段,所处地域、环境、物产、宗教信仰等的不同,所以几乎每一个少数民族都有各自不同的饮食习俗和爱好,并最终形成了独具特色的饮食文化。

生活于东北地区白山黑水之间、三江平原一带的少数民族,主要有满族、赫哲族、鄂伦春族、鄂温克等族。满族以定居耕作农业为主,以狩猎为副。满族人最喜欢食用的是"福肉"(清水煮白肉),过年时主要吃饺子和"年饽饽",冬季的美味是白肉酸菜火锅。赫哲族以狩猎为主,由于气候寒冷,故以鱼、兽为主要饮食,而最突出的则是将生鱼拌以佐料而食的"杀生鱼"。而生活于大小兴安岭的鄂伦春和鄂温克族,以狩猎为获取食物来源的主要内容,尤喜生食狗肝和半生不熟的各类兽肉。

北方的蒙古族人民,由于地处沙漠和草原,他们的饮食以羊肉和各种奶制品为主,一般羊肉不加调味品,以原汁煮熟,手扒为主,宴客或喜庆的宴会,则以全羊席为最贵。而生活于西北地区的哈萨克族、乌孜别克族、塔吉克族、柯尔克孜族等族人民,其饮食原料与蒙古族没有多大区别,只不过他们的面食要稍为丰富,并多以油炸为主。

西北的少数民族主要有维吾尔、回、藏等族。维吾尔族日常饮食主要以牛乳、羊肉、奶皮、酥油、馕、水果、红茶为多。藏族居住于青藏高原,以畜牧业为主,兼营农业。其饮食以牛、羊、马、骆驼、牦牛的肉和乳为主,并大量食用青稞、小麦,以及少量的玉米、豌豆。平常饮食多为糌粑和青稞酒。

西南少数民族多居于深山密林之中,形成了自己的独特饮食,即肉食以猪和鱼为主,加有各种昆虫和蛆虫;主食以米为主;喜欢腊干或腌薰的肉;喜欢各种腌制的菜;有各种植物或粮食作物为原料酿制的酒可供饮用。

知识链接 8-2

中国南北饮食风味大不同

中国烹饪百花齐放,风味独具,其重要的一点就是多种多样的风格特色争奇斗艳,融为一体。不同的地理环境、不同的气候状态、不同的生活习惯,都造成了烹饪制作的风味差异和区别。晋朝张华在《博物志》中说:"东南之人食水产,西北之人食陆畜。食水产者,龟蛤螺蚌以为珍味,不觉其腥也;食陆畜者,狸兔鼠雀以为珍味,不觉其膻也。"自古以来,我国黄河流域、长江流域的人民在饮食习惯中就有明显的差别,"南米北面"的饮食生活,一直是我国人民的习惯饮食方式。至此,我国的烹饪制作,无论是在选料上、口味上,还是在制法上、风格上,都形成了各自不同的浓厚的地方特色。大体上可分为"南味"和"北味"两大类型。

1. 主食:自然环境差异——南米北面

自古以来,北方盛产小麦,南方盛产稻米。产小麦者,面是主食,北方人民善于烹制面食,有"一面百样吃"之说。在面食制作方面,蒸、炸、煎、烤、烙、焖、烩、浇卤、凉拌等,任意制作,都别有风味。

从远古开始,北方的劳动人民在源远流长的家事活动中,经过长期的定向培育,发展起一大批适应北方水土的农作物品种,如小麦、玉米、高粱、莜麦、荞麦等,为北方面食制作提供了丰富的主食原料。所以,北方人民制作出以面粉、杂粮为主要原料的各种食品,丰富多彩。北方人的日常食品是花卷、面条、糖包和大饼。其面食不但制作技术精湛,而且口味爽滑、筋道,被称为北方四大面食的抻面、刀削面、小刀面和拨鱼面,受到北方各族人民喜爱。他们不仅天天要吃面食,而且几乎家家会做。

长江、淮河以南,襟江临湖,盛产稻米和水产。长期以来,这里的劳动人民多以大米为主食,米粉、糕团、汤圆、煎堆等风味食品都用米制成。南方人认为面食只能当点心。他们制作的食品随季节的变化和群众的习俗应时更换品种。如各式汤圆、方糕、拉糕、松糕、年糕、萝卜糕、糯米糕、油炸糖环等,是当地人们的最爱。

在民俗节令方面,除夕守岁吃团圆饭也有很大的差异。北方不可以没有面食的饺子。饺子,形如元宝,音同"交子",除夕子时进食,有招财进宝和更岁交子的双重吉祥含义;而南方守岁必备年糕和鱼,年糕是粳米和糯米混合制成粉后而成,寓意"年年高",鱼含有"连年有余"吉祥之意和辟邪消灾的双重含义。

2. 烹调:社会环境差异——南细北粗

一方水土养一方人。南北自然气候的影响,使得南北方的社会环境形成了一定的差别。从整体上说,南方饮食比较细腻,北方饮食比较粗犷。生物品种多样性有地带性变化。北方温度低,生物品种少。南方温度高,生物品种多。生物品种丰富的地方,食物种类也比较丰富。我国北方冬季漫长,群众主要靠越冬储存的大白菜、萝卜度日。东北十大怪之一是"大缸小缸腌酸菜"。腌酸菜是储存白菜的好方法。南方四季常青,没有"死冬"。丰富的食物原材料是精工细作的基础。南北经济生活、文化生活以及性格上的差异对饮食上南细北粗也有较大影响。

在东北常听到一个大字。满族民谣:"背长弓,骑大马,大酒葫芦腰上挂。"环境是大森林、大草原、大油田、大工厂。人称是大丫头、大小伙子、大老爷们。与吃有关的是大葱、大酱、大饼、大馒头、大白菜,大口吃肉,大碗喝酒。"馒头有200克一个,油条长的有半米,土豆大得像婴儿脑袋,粉条粗得像筷子。餐馆的菜码都很大。不仅盘子大,而且量也足。同样的一盘菜,哈尔滨能大南方3倍以上。"东北人到江南,对那里的小碗、小碟看不惯,吃不饱。炖是东北常见的烹调方式,什么都炖,没有烦琐工序,没有色、形讲究,省心省力。连汤带肉一起吃下,痛快淋漓。

陕西农民常用的海碗,容量可以达到2升,形如半个篮球;潮州人饮工夫茶用的茶杯,薄如纸,白如玉,响如磬,容量只有4毫升,形如半个乒乓球,两者相差50倍。南方饮食在精细上下功夫,肉切得薄薄的、细细的,码得齐齐的。东南一带的点心小品,玲珑别透;街头小吃,花色繁多。在江苏,鳝鱼可以做100多道不同的菜肴;一尾刀鱼可以制成刀鱼全席。《随园食单》记曰:"作馒头如胡桃大,就蒸笼食之。每箸可夹一双。扬州物也。扬州发酵最佳,手捺之不盈半寸,放松隆然而高。小馄饨小如龙眼,用鸡汤下之。"

3. 口味：人文环境差异——南甜北咸

我国各地自古以来就有不同口味特色的差异。从中国烹饪史上看，最早的地方菜只有两大派，即南方菜和北方菜。《诗经》中反映出来的食品原料，主要是猪、牛、羊，水产仅有鲤鱼、鲂鱼等少数几种，代表着西起秦晋、东至齐鲁，有黄河流域的北方风味；而《楚辞·招魂》中反映出来的食品原料，则以水产和禽类居多，具有长江流域的南方风味，这就是明显的分野。南北的差异，不仅仅局限于原材料上，人们在饮食口味上也有相当大的差别。清朝钱泳在《履园丛话》中说："北方嗜浓厚，南方嗜清淡。"在我国各地，流传着好几个版本的《口味歌》，如："南味甜北味咸，东菜辣西菜酸。辣味广为接受，麻辣独钟四川。少者香脆刺激，老者烂嫩松软。秋冬偏于浓厚，春夏偏于清淡。"

南甜北咸已是我国人民饮食的自然特色，这主要反映了环境对人们饮食口味的影响。南方湿度大，人体蒸发量相对较小，不需要补充过多盐分，又盛产甘蔗，所以南人爱用甜食。北方干燥，人体蒸发量大，需要补充较多盐分，因此北人性喜咸味。另外，北方气候寒冷，人们习惯吃味咸油重色深的菜；南方气候炎热，人们就偏向吃得清淡些；川湘云贵多雨潮湿，人们唯有吃辣才能祛风祛湿。这些都是自然条件影响了人们生理上的需求，只有这样，才能达到身体平衡，保障健康。

山西人爱吃酸味。黄土高原水中含钙量大，醋酸可以帮助钙质沉淀，防止体内结石。山西人爱吃酸菜，雁北尤甚。"什么都拿来酸，除了萝卜、白菜，还包括杨树叶子、榆树钱儿。有人来给姑娘说亲，当妈的先问，那家有几口酸菜缸。酸菜缸多，说明家底子厚。"

4. 习俗：民族环境差异——南糯北奶

从我国众多少数民族的饮食来看，各民族所处的地域环境和气候条件的影响以及在特定环境内的生活方式的差别，使我国各民族在饮食上形成了不同的风格特色。尽管各个民族之间的饮食千差万别，但从总体上看，各民族之间的分布还是有一个共同的分野的，这就是以奶食品为主的民族与以稻米为主食的民族的分布，从东北到西南，似乎有条斜线把他们分开，而从东北的朝鲜族地区到云南和西藏南部，恰好形成一个上弦新月形。以奶食为主的民族基本分布在北方，而以稻米（古代主要是糯米）为主食的民族基本上分布在南方，"北奶"和"南糯"可以概括中国少数民族的饮食特点。而在这两种地区交界地带，则有在奶中加煮谷米的"奶粥"吃法。

现今中国比较典型的畜牧民族主要是哈萨克族和牧区的蒙古族。古代文献记载中曾说哈萨克族、蒙古族等游牧民族的饮食特点是"不粒食"，即饮食中没有一粒粮食。现今在这两个民族的饮食中，奶和肉仍占较重的比例。北方民族食用奶食的品种丰富多彩。奶食分为食品和饮料两类。奶制食品有奶皮子、奶酪、奶油、白油、奶豆腐、奶饼、奶果子、乳饼、酸奶疙瘩、奶粥等。奶类饮料则有酸奶、奶茶、酥油茶、马奶酒、奶酒（牛奶酒）等。

中国饮用奶食的民族还有鄂温克族、达斡尔族、土族、裕固族、塔吉克族、藏族、俄罗斯族、维吾尔族、塔塔尔族、柯尔克孜族。这些民族所食用的主要是牛奶，其次是马奶，也有骆驼奶。

在中国南方以稻米为主食的民族有朝鲜、畲、壮、毛南、仫佬、苗、瑶、黎、彝、哈尼、拉祜、基诺、景颇、阿昌、白、羌、佤、德昂、傣、布朗、布依、侗、水、仡佬、土家、京、高山等族。这里除了朝鲜族分布在东北之外，其余民族均分布在长江之南。考虑到朝鲜半岛的稻作文化是从长江下游传播去的，因此这也是"南糯"饮食的发展。在这些民族中，壮族、布依族、侗族、傣族等壮侗语民族的"糯食"最有代表性。这些民族历史上属于"百越"，百越分布地区是我国野生稻发现的地区，也是栽培稻起源的地区。代表食品有打年糕、各式糯米饭、二合饭、糯米糍粑等。

(三) 按宗教习俗划分

许多民族都有自己的宗教信仰，每一种宗教在其传播的初始阶段，除了宣传其既定的教理之外，还要通过一定的建筑、服饰、仪式及饮食将人们从日常状态下标示出来。单就饮食看，通过长期的发展，逐渐形成了独具特色的宗教饮食风格。

1. 道教饮食文化

道教起源于原始巫术和道家学说，所以道教饮食深受道家学说的影响。道家认为人是禀天地之气而生，所以应"先除欲以养精、后禁食以存命"，在日常饮食中禁食鱼羊荤腥及辛辣刺激之食物，以素食为主，并尽量地少食粮食等，以免使人的先天元气变得混浊污秽，而应多食水果，因为"日啖百果能成仙"。道家饮食烹饪上的特点就是尽量保持食物原料的本色本性，如被称为"道家四绝"之一的青城山的"白果炖鸡"，不仅清淡新鲜，且很少放佐料，保持了其原色原味。

2. 佛教饮食文化

佛教在印度本土并不食素，传入中国后与中国的民情风俗、饮食传统相结合，形成了其独特的风格。其特点首先是提倡素食，这是与佛教提倡慈善、反对杀生的教义相一致的。其次，茶在佛教饮食中占有重要地位。由于佛教寺院多在名山大川，这些地方一般适于种茶、饮茶，而茶本性又清淡淳雅，具有镇静清心、醒脑宁神的功效，于是，种茶不仅成为僧人们体力劳动、调节日常单调生活的重要内容，也成为培育其对自然、生命热爱之情的重要手段，而饮茶，也就成为历代僧侣漫漫青灯下面壁参禅、悟心见性的重要方式。最后，佛教饮食的特点是就地取材，佛寺的菜肴，善于运用各种蔬菜、瓜果、笋子、菌菇及豆制品为原料。

第二节　中国饮食风味流派

一、地方风味流派

菜系，又称"帮菜"，是指在选料、切配、烹饪等技艺方面，经长期演变而自成体系，具有鲜明的地方风味特色，并为社会所公认的中国饮食的菜肴流派。

中国饮食文化的菜系，是指在一定区域内，由于气候、地理、历史、物产及饮食风俗的不同，经过漫长历史演变而形成的一整套自成体系的烹饪技艺和风味，并被全国各地所承认的地方菜肴。

早在春秋战国时期，饮食文化中南北菜肴风味就表现出差异。到唐宋时，南食、北食各自形成体系。发展到清代初期时，鲁菜、淮扬菜、粤菜、川菜，成为当时最有影响的地方菜，被称作"四大菜系"。到清末时，浙菜、闽菜、湘菜、徽菜四大新地方菜系分化形成，共同构成汉民族饮食的"八大菜系"。

(一) 鲁菜

鲁菜历史悠久,宋代以后鲁菜就成为"北食"的代表。明、清两代,鲁菜已成宫廷御膳的主体,对京、津和东北各地的影响较大,是八大菜系之首。一般认为鲁菜内部分为两大派系,分别以济南和胶东两地的地方菜演化而成。有时也分为三大派系,是在以上两种基础之上再加上孔府菜。

鲁菜的特点是以清香、鲜嫩、味醇而著名,十分讲究清汤和奶汤的调制,清汤色清而鲜,奶汤色白而醇。烟台福山为胶东菜发源地,以烹制各种海鲜而驰名,口味清淡。济南历城为济南菜发源地,擅长爆、烧、炸、炒,口味偏重。

知识链接 8-3

鲁菜的构成

鲁菜由齐鲁、胶辽、孔府三种风味组成,是宫廷最大菜系,中国四大菜系之首。

1. 齐鲁风味

齐鲁风味以济南菜为代表,在山东北部、天津、河北盛行。

齐鲁菜以清香、鲜嫩、味纯著称,一菜一味,百菜不重。尤重制汤,清汤、奶汤的使用及熬制都有严格规定,菜品以清鲜脆嫩著称。用高汤调制是济南菜的一大特色。糖醋鲤鱼、宫保鸡丁(鲁系)、九转大肠、汤爆双脆、奶汤蒲菜、南肠、玉记扒鸡、济南烤鸭等都是家喻户晓的济南名菜。济南著名的风味小吃有锅贴、灌汤包、盘丝饼、糖酥煎饼、罗汉饼、金钱酥、清蒸蜜三刀、水饺等。德州菜也是齐鲁风味中重要的一支,代表菜有德州脱骨扒鸡。

2. 胶辽风味

胶辽风味亦称胶东风味,以烟台福山菜为代表,流行于胶东、辽东等地。

胶辽菜起源于福山、烟台、青岛,以烹饪海鲜见长,口味以鲜嫩为主,偏重清淡,讲究花色。胶东十大代表菜是肉末海参、香酥鸡、家常烧牙片鱼、崂山菇炖鸡、原壳鲍鱼、酸辣鱼丸、炸蛎黄、油爆海螺、大虾烧白菜、黄鱼炖豆腐。胶东十大特色小吃:烤鱿鱼、酱猪蹄、三鲜锅贴、白菜肉包、辣炒蛤蜊、海鲜卤面、排骨米饭、鲅鱼水饺、海菜凉粉、鸡汤馄饨。

3. 孔府风味

孔府风味以曲阜菜为代表,流行于山东西南部和河南地区,和江苏菜系的徐州风味较近。

孔府菜有"食不厌精,脍不厌细"的特色,其用料之精广、筵席之丰盛堪与过去皇朝宫廷御膳相比,和江苏菜系中的淮扬风味并称为"国菜"。孔府菜的代表有一品寿桃、翡翠虾环、海米珍珠笋、炸鸡扇、燕窝四大件、烤牌子、菊花虾包、一品豆腐、寿字鸭羹、拔丝金枣。

(二) 川菜

川菜是中国八大菜系之一,起源于四川、重庆,以麻、辣、鲜、香为特色。川菜的出现可追溯至秦汉,在宋代已经形成流派,当时的影响已达中原地区。

川菜是中国最有特色的菜系,也是民间影响最广的菜系。川菜素来享有"一菜一格,百菜百味"的声誉。川菜在烹调方法上,有炒、煎、干烧、炸、熏、泡、炖、焖、烩、贴、爆等38种之多。在口味上特别讲究色、香、味、形,兼有南北之长,以味的多、广、厚著称。历来有"七味""八滋"之说。其中最负盛名的菜肴有干烧岩鲤、干烧鳜鱼、鱼香肉丝、怪味鸡、宫保鸡丁、粉蒸牛肉、麻婆豆腐、毛肚火锅、干煸牛肉丝、夫妻肺片、灯影牛肉、担担面、赖汤圆、龙抄手等。川菜中六大名菜是鱼香肉丝、宫保鸡丁、夫妻肺片、麻婆豆腐、回锅肉、东坡肘子。

知识链接 8-4

川菜的构成

川菜一般分为成都和乐山为核心的上河帮,自贡、内江和宜宾为核心的小河帮,重庆、达州和南充为核心的下河帮。

1. 上河帮

上河帮川菜也就是以成都和乐山为核心的蓉派菜系,其特点为亲民平和、调味丰富、口味相对清淡,多为传统菜品。蓉派川菜讲求用料精细准确,严格以传统经典菜谱为准,其味温和,绵香悠长,同时集中了川菜中的宫廷菜、公馆菜之类的高档菜,通常颇具典故。精致细腻,多为流传久远的传统川菜,旧时历来作为四川总督的官家菜,一般酒店中高级宴会菜式中的川菜均以成都川菜为标准菜谱制作。

著名菜品有开水白菜、青城山白果炖鸡、夫妻肺片、蚂蚁上树、蒜泥白肉、芙蓉鸡片、锅巴肉片、白油豆腐、烧白(咸烧白、甜烧白)、鱼香系列(肉丝、茄子)、鲃泥鳅系列(石锅鲃泥鳅)、盐煎肉、干煸鳝片、鳝段粉丝、酸辣鸭血、东坡肘子、东坡墨鱼、清蒸江团、跷脚牛肉、西坝豆腐、魔芋系列(雪魔芋、魔芋烧鸭)、串串香、冷锅鱼、简阳羊肉汤、干烧岩鲤、干烧鳜鱼、雅安雅鱼全席宴等。

四川各地小吃通常也被看作川菜的组成部分。川菜小吃主要以上河帮小吃为主,以川西坝子为中心,诸如四川泡菜系列、凉粉系列(川北凉粉、伤心凉粉)、川北米粉(如绵阳米粉、绵竹羊肉粉)、红薯粉系列(酸辣粉、肥肠粉)、锅盔系列(锅盔又叫锅魁,有卤肉锅盔、肺片锅盔等)、豆花系列(泉水豆花、谭豆花、牛肉豆花、馓子豆花、冰醉豆花、酸辣豆花)、面食系列(担担面、香辣牛肉面)、青城山老腊肉、川式香肠、蛋烘糕、银鱼烘蛋、叶儿粑、黄粑、丁丁糖、三大炮、泡椒凤爪、冒菜、盐边牛肉、冷锅串串、盐包蛋、乐山甜皮鸭/彭山甜皮鸭、怪味鸡块、棒棒鸡、百味鸡、青椒鸡、九味鸡、钵钵鸡、盐水鸭、夫妻肺片等。

2. 小河帮

小河帮川菜也称盐帮菜,以自贡、内江和宜宾地方菜为主,其特点是大气、怪异、高端。

古代盐业的发展造就了这一名菜，故又被称为"盐帮菜""盐商菜"，是以井河（釜溪河）饮食风味为代表的"小河帮系"。

自贡的特色菜有火鞭子牛肉、冷吃兔、冷吃牛肉的冷吃系列和富顺豆花、跳水鱼、鲜锅兔、鲜椒兔、牛佛烘肘、梭边鱼火锅等。内江特色菜有资中球溪河鲶鱼等。宜宾特色菜有宜宾燃面、竹海名菜、李庄白肉、叶儿粑、泥溪芝麻糕、柏溪潮糕、兔火锅。泸州特色小吃有白糕、黄粑、猪儿粑、窖沙珍珠丸、两河桃片、合江烤鱼、姜氏卤菜一绝、老牌鸭子、朱氏杂酱。

小河帮同时也是水煮技法的发源地，自古就有水煮牛肉的吃法。水煮技法经由下河帮川菜派得以发扬光大，成就了水煮鱼、水煮肉片等水煮系列精品川菜。

3. 下河帮

下河帮川菜是以重庆、达州、南充为中心的菜系，其特点是大方而粗犷，以花样翻新迅速、用料大胆、不拘泥于材料著称。重庆、达州、南充川菜以传统川东菜为主。

其代表作有以酸菜鱼、毛血旺、口水鸡为代表的干菜炖烧系列（多以干豇豆为主），以水煮肉片和水煮鱼为代表的水煮系列，以辣子田螺、豆瓣虾、香辣贝和辣子肥肠为代表的辣子系列，以泉水鸡、烧鸡公、芋儿鸡和啤酒鸭为代表的干烧系列。

(三) 苏菜

苏菜即江苏菜系，其在烹饪学术上一般称为"苏菜"，而在一般餐馆中，常常会被称为"淮扬菜"。苏菜由南京、徐海、淮扬和苏南四种风味组成，是宫廷第二大菜系，今天国宴仍以淮扬菜系为主。

苏菜选料讲究，刀工精细，口味偏甜，造型讲究，特色鲜明。由于江浙地区气候潮湿，又靠近沿海，所以往往会在菜中增加糖分来去除湿气。江苏菜很少放辣椒，因为吃辣椒虽然能够去除湿气，但是容易上火。因此，江浙菜系以偏甜为主。

知识链接 8-5

苏菜的构成

苏菜一般又分为徐海风味、淮扬风味、金陵风味和苏南风味四种不同的地域流派。

1. 徐海风味

徐海风味以徐州菜为代表，流行于徐海和河南地区，与山东菜系的孔府风味较近。徐海菜鲜咸适度，习尚五辛、五味兼崇，清而不淡、浓而不浊。其菜无论取料于何物，均注意"食疗、食补"作用。另外，徐州菜多用大蟹和狗肉，尤其是全狗席甚为著名。徐海风味菜代表有羊方藏鱼（据说是以此菜创造出"鲜"字）、霸王别姬、沛公狗肉、彭城鱼丸、地锅鸡等。

2. 淮扬风味

淮扬风味以扬州、淮安菜为代表，主要流行于以大运河为主，南至镇江，北至洪泽湖、淮河一带，东至沿海地区。淮扬风味选料严谨，讲究鲜活，主料突出，刀工精细，擅长炖、焖、烧、烤，重视调汤，讲究原汁原味，并精于造型，瓜果雕刻栩栩如生。口味咸淡适中，南北皆宜,并可烹制"全鳝席"。淮扬细点,造型美观,口味繁多,制作精巧,清新味美,四季有别。著名菜肴有清炖蟹粉狮子头、大煮干丝、三套鸭、文思豆腐、扬州炒饭、文楼汤包、拆烩鲢鱼头、扒烧整猪头、水晶肴肉等。

3. 金陵风味

金陵风味以南京菜为代表,主要流行于以南京为中心,一直延伸到江西九江的地区。金陵菜烹调擅长炖、焖、叉、烤,特别讲究七滋七味,即酸、甜、苦、辣、咸、香、臭、鲜、烂、酥、嫩、脆、浓、肥。南京菜以善制鸭馔而出名,素有"金陵鸭馔甲天下"的美誉。金陵菜的代表有盐水鸭、鸭汤、鸭肠、鸭肝、鸭血、豆腐果(北方人叫豆泡)和香菜(南京人叫芫荽)。

南京小吃是中国四大小吃之一,其代表有小笼包子、拉面、薄饼、葱油饼、豆腐涝、汤面饺、菜包、酥油烧饼、甜豆沙包、鸡面干丝、春卷、烧饼、牛肉汤、小笼包饺、压面、蟹黄面、长鱼面、牛肉锅贴、回卤干、卤茶鸡蛋、糖粥藕等。

4. 苏南风味

苏南风味以苏州菜为代表,主要流行于苏州、无锡、常州和上海等地区,与浙菜、安徽菜系中的皖南、沿江风味相近。有专家认为苏南风味应当属于浙菜。苏南风味与浙菜的最大区别是苏南风味偏甜。苏南风味中的上海菜受浙江的影响比较大。

苏南风味擅长炖、焖、煨、焐,注重保持原汁原味,花色精细,时令时鲜,甜咸适中,酥烂可口,清新腴美。苏南名菜有香菇炖鸡、咕咾肉、松鼠鳜鱼、鲃肺汤、碧螺虾仁、响油鳝糊、白汁圆菜、叫花童鸡、西瓜鸡、鸡油菜心、糖醋排骨、桃源红烧羊肉、太湖银鱼、太湖大闸蟹、阳澄湖大闸蟹。松鹤楼、得月楼是苏州的代表名食楼。

苏州小吃是中国四大小吃之一,是品种最多的小吃,主要有卤汁豆腐干、松子糖、玫瑰瓜子、苏式月饼、虾子酱油、枣泥麻饼、猪油年糕、小笼馒头、苏州汤包、桃源红烧羊肉、藏书白切羊肉、奥灶面等。

(四) 粤菜

西汉时就有粤菜的记载,南宋时受御厨随往羊城的影响,明清时期发展迅速。20世纪随着对外通商,吸取西餐的某些特长,粤菜也推向世界,仅美国纽约就有粤菜馆数千家。粤菜是以广州、潮州、东江三地的菜为代表而形成的。菜的原料较广,花色繁多,形态新颖,善于变化,讲究鲜、嫩、爽、滑,一般夏秋力求清淡、冬春偏重浓醇。调味有所谓五滋(香、松、臭、肥、浓)、六味(酸、甜、苦、咸、辣、鲜)之别。其烹调擅长煎、炸、烩、炖、焗等,菜肴色彩浓重,滑而不腻,尤以烹制蛇、狸、猫、狗、猴、鼠等野生动物而负盛名,著名的菜肴品种有三蛇龙虎凤大会、五蛇羹、盐焗鸡、蚝油牛肉、烤乳猪、干煎虾碌和冬瓜盅、白云猪手等。

知识链接 8-6

粤菜的构成

粤菜是以广州、潮州、东江三地的菜为代表而形成的。

1. 广府风味

广府风味以广州菜为代表,集南海、番禺、东莞、顺德、中山等地方风味特色,主要流行于广东中西部、香港、澳门、广西东部。广府菜注重质和味,口味比较清淡,力求清中求鲜、淡中求美,而且夏秋偏重清淡,冬春偏重浓郁,随季节时令的变化而变化。食味讲究清、鲜、嫩、爽、滑、香,调味遍及酸、甜、苦、辣、咸,此即所谓五滋六味,有"食在广州"的美誉。代表品种有广州文昌鸡、龙虎斗、白灼虾、烤乳猪、香芋扣肉、黄埔炒蛋、炖禾虫、狗肉煲、五彩炒蛇丝等。

2. 客家风味

客家风味又称东江风味,以惠州菜为代表。流行于广东、江西和福建的客家地区,与福建菜系中的闽西风味较近。客家菜下油重,口味偏咸,酱料简单,但主料突出,喜用三鸟、畜肉,很少配用菜蔬,河鲜海产也不多。代表品种有东江盐焗鸡、东江酿豆腐、爽口牛丸、酿豆腐、酿三宝等,表现出浓厚的古代中州之食风。

3. 潮汕风味

潮汕风味以潮州菜为代表,主要流行于潮汕地区,和福建菜系中的闽南风味较近。潮汕菜以烹调海鲜见长,刀工技术讲究,口味偏重香、浓、鲜、甜,喜用鱼露、沙茶酱、梅膏酱、姜酒等调味品,甜菜较多,款式百种以上,都是粗料细作,香甜可口。潮州菜的另一特点是喜摆十二款,上菜次序又喜头、尾甜菜,下半席上咸点心。秦以前潮州属闽地,其语系和风俗习惯接近闽南而与广州有别,因渊源不同,故菜肴特色也有别。代表品种有潮州卤鹅、潮州牛肉丸、水晶包、萝卜糕、猪肠灌糯米、豆酱鸡、护国菜、什锦乌石参、葱姜炒蟹、干炸虾枣等,都是潮州特色名菜。

(五) 闽菜

闽菜是以闽东、闽南、闽西、闽北、闽中、莆仙地方风味菜为主形成的菜系,以闽东和闽南风味为代表。

闽菜清鲜淡爽,偏于甜酸,尤其讲究调汤,汤鲜、味美,汤菜品种多,具有传统特色。闽东菜有"福州菜飘香四海,食文化千古流传"之称,有以下鲜明特征:一为刀工巧妙,寓趣于味;二为汤菜众多,变化无穷;三为调味奇特,别是一方。

闽菜最突出的烹调方法有醉、扣、糟等,其中最具特色的是糟,有炝糟、醉糟等。闽菜中常使用的红糟,由糯米经红曲发酵而成,糟香浓郁、色泽鲜红。糟味调料本身也具有很好的去腥膻、健脾肾、消暑火的作用,非常适合在夏天食用。

知识链接 8-7

闽菜的构成

闽菜是以闽东、闽南、闽西、闽北、闽中、莆仙地方风味菜为主形成的菜系。

1. 闽东风味

闽东风味以福州菜为代表,主要流行于闽东地区。闽东菜有"福州菜飘香四海,食文化千古流传"之称。选料精细,刀工严谨;讲究火候,注重调汤;喜用佐料,口味多变,显示了如下三大鲜明特征。一为刀工巧妙,寓趣于味,素有切丝如发、片薄如纸的美誉,比较有名的菜肴如炒螺片。二为汤菜众多,变化无穷,素有"一汤十变"之说,最有名的如佛跳墙。三为调味奇特,别是一方。闽东菜的调味,偏于甜、酸、淡,喜加糖醋,如比较有名的荔枝肉、醉排骨等菜,都是酸酸甜甜的。这种饮食习惯与烹调原料多取自山珍海味有关。善用糖,用甜去腥腻;巧用醋,酸甜可口;味偏清淡,则可保持原汁原味,并且以甜而不腻、酸而不峻、淡而不薄而享有盛名。五大代表菜是佛跳墙、鸡汤氽海蚌、淡糟香螺片、荔枝肉、醉糟鸡。

2. 闽南风味

闽南风味以泉州菜为代表,主要流行于闽南、台湾地区,和广东菜系中的潮汕风味较近。闽南菜具有清鲜爽淡的特色,讲究佐料,长于使用辣椒酱、沙茶酱、芥末酱等调料。闽南菜的代表有海鲜、药膳和南普陀素菜。闽南药膳最大的特色就是以海鲜制作药膳,利用本地特殊的自然条件,根据时令的变化烹制出色、香、味、形俱全的食补佳肴。闽南菜还包含了当地的风味小吃,无论是海鲜类的海蛎煎、鱼丸、葱花螺、汤血蛤等,还是肉食类的烧肉粽、酥鸽、牛腩、炸五香等,抑或是点心类的油葱果、韭菜盒、薄饼、面线糊等,都独具特色。

3. 闽西风味

闽西风味又称长汀风味,以长汀菜为代表,主要流行于闽西地区,是客家风味,和广东菜系的客家风味较近。闽西位于粤、闽、赣三省交界处,以客家菜为主体,多以山区特有的奇味异品做原料,有浓厚山乡、多汤、清淡、滋补的特点。代表菜有薯芋类的,如绵软可口的芋子饺、芋子包、炸雪薯、煎薯饼、炸薯丸、芋子糕、酿芋子、蒸满圆、炸满圆等;野菜类的,如白头翁饭、芒叶饭、苦斋汤、炒马齿苋、鸭爪草、鸡爪草、炒马兰草、香椿芽、野苋菜、炒木锦花等;瓜豆类的,如冬瓜煲、酿苦瓜、脆黄瓜、南瓜汤、南瓜饭、狗爪豆、罗汉豆、炒苦瓜等;饭食类的,如红米饭、高粱粿、麦子饭、拳头粟饭等;肉食类的,如较出名的白斩河田鸡、烧大块等。

4. 闽北风味

闽北风味以南平菜为代表,主要流行于闽北地区。闽北特产丰富、历史悠久、文化发达,是个盛产美食的地方,丰富的山林资源,加上湿润的亚热带气候,为闽北盛产各种山珍提供了充足的条件。香菇、红菇、竹笋、建莲、薏米等地方特产以及野兔、野山羊、麂子、蛇等野味都是美食的上等原料。主要代表菜有八卦宴、文公菜、慢亭宴、蛇宴、茶宴、涮兔肉、熏鹅、鲤干、龙凤汤、食抓糍、冬笋炒底、菊花鱼、双钱蛋茄、茄汁鸡肉、建瓯板鸭、峡阳桂花糕等。

5. 闽中风味

闽中风味以三明、沙县菜为代表,主要流行于闽中地区。闽中菜以其风味独特、做工精细、品种繁多和经济实惠而著称,小吃居多。其中最有名的是沙县小吃。沙县小吃共有162个品种,常年上市的有47种多,形成馄饨系列、豆腐系列、烧卖系列、芋头系列、牛杂系列,其代表有烧卖、馄饨、夏茂芋饺、泥鳅粉干、鱼丸、真心豆腐丸、米冻皮与米冻糕。

6. 莆仙风味

莆仙风味以莆田菜为代表,主要流行于莆仙地区。莆仙菜以乡野气息为特色,主要代表有五花肉滑、炒泅粉、白切羊肉、焖豆腐、回力草炖猪脚、土笋冻、莆田(兴化)米粉、莆田(江口)卤面、莆田(西天尾)扁食、酸辣鱿鱼汤。

(六) 浙菜

浙江地处中国东海之滨,素称鱼米之乡,特产丰富,盛产山珍海味和各种鱼类。浙江菜是以杭州、宁波、绍兴和温州四种风味为代表的地方菜系,其所采用的原料十分广泛,注重原料的新鲜和合理搭配,以求味道的互补,充分发掘出普通原料的美味与营养,特别是杭菜中的湖上帮和山里帮两大风味技术体系,都强调原料鲜嫩,现取现做。还有不少水中和山地植物,富含多种营养成分,对身体健康十分有益。

杭帮菜重视其原料的鲜、活、嫩,以鱼、虾、禽、畜、时令蔬菜为主,讲究刀工,口味清鲜,突出本味。其制作精细,变化多样,并喜欢以风景名胜为菜肴命名,烹调方法以爆、炒、烩、炸为主,清鲜爽脆。宁波菜咸鲜合一,以烹制海鲜见长,讲究鲜嫩软滑,重原味,强调入味。口味"甜、咸、鲜、臭",以炒、蒸、烧、炖、腌制见长,注重大汤大水,保持原汁原味。温州素以"东瓯名镇"著称,故温州菜也称"瓯菜";瓯菜则以海鲜入馔为主,口味清鲜,淡而不薄,烹调讲究"二轻一重",即轻油、轻芡、重刀工。都自成一体,别具一格。而金华菜则是浙菜的重要组成部分,烹调方法以烧、蒸、炖、煨、炸为主,以火腿菜为核心,在外地颇有名气,仅火腿菜品种就达300多道。火腿菜烹饪不宜红烧、干烧、卤烩,在调配料中忌用酱油、醋、茴香、桂皮等;也不宜挂糊、上浆,讲究保持火腿独特的色香味。浙菜点心中的团、糕、羹、面品种多、口味佳,如嘉兴肉粽、宁波汤圆、绍兴臭豆腐、舟山虾爆鳝面、湖州馄饨等。

浙菜的名菜名点有龙井虾仁、西湖莼菜、虾爆鳝背、西湖醋鱼、冰糖甲鱼、剔骨锅烧河鳗、苔菜小方烤、雪菜大黄鱼、腐皮包黄鱼、网油包鹅肝、荷叶粉蒸肉、黄鱼海参羹、彩熘全黄鱼等。

(七) 徽菜

徽菜是以沿江、沿淮、徽州三个地区的地方菜为代表构成的。其特点是选料朴实,讲究火功,重油重色,味道醇厚,保持原汁原味。徽菜以烹制山野海味而闻名,早在南宋时,"沙地马蹄鳖,雪中牛尾狐"就是那时的著名菜肴了。徽菜擅长烤、炖,其特点是芡大油重。因此,患有高血压、高血脂、冠心病等疾病的人,最好少吃徽菜,或是选择其中的汤菜、炖菜食用,其烹调方法擅长于烧、焖、炖。

徽菜著名的菜肴品种有符离集烧鸡、火腿炖甲鱼、腌鲜鳜鱼、火腿炖鞭笋、雪冬烧山鸡、红烧果子狸、奶汁肥王鱼、毛峰熏鲥鱼、无为熏鸭、方腊鱼等。

(八) 湘菜

湘菜是以湘江流域、洞庭湖区和湘西山区的菜肴为代表发展而成的,其特点是用料广泛,油重色浓,多以辣椒、熏腊为原料,刀法奇异而形态逼真,巧夺天工,口味注重香鲜、酸辣、软嫩。烹调方法擅长腊、熏、煨、蒸、炖、炸、炒。

湖南菜最大特色,一是辣,二是腊。著名菜点有东安仔鸡、剁椒鱼头、腊味合蒸、组庵鱼翅、冰糖湘莲、红椒腊牛肉、发丝牛百叶、干锅牛肚、平江火焙鱼、吉首酸肉、湘西外婆菜、换心蛋等。

长沙小吃是中国四大小吃之一,主要品种有糯米粽子、麻仁奶糖、浏阳茴饼、浏阳豆豉、臭豆腐、春卷、口味虾、糖油粑粑等。

二、地方风味小吃

中国小吃大都具有地方特色,多选用当地优质原料,适应民间的饮食风俗、口味嗜好,与菜系的风味特色有直接联系。南米北面、北咸南甜、川辣粤鲜,在小吃中都有体现。有一部分名品来自少数民族,近代从西方传来的面包和各种西式糕饼,经改进而有所创新,也成为中国小吃、点心的一部分。中国风味小吃、点心,由于地理、气候、物产、生活习俗的不同,在选料上、口味上、制法上形成了不同的风格流派特色,目前常分为南味和北味两大风味,具体又分为北方风味、长江下游风味、岭南风味和川蜀风味四大流派。

(一) 北方风味的京式流派

北方风味的京式流派点心小吃,最早起源于华北、东北、西北、山东地区的农村和满、蒙、回等少数民族地区,后来在我国首都北京形成了一个制作体系与一大批主要代表风味,北京也成了全国食品制作的中心,代表了那个历史时代全国饮食的最高水平,在全国享有盛誉。

北京点心、小吃具有汉族风味、清真风味和宫廷风味的特色。各种荤素、甜咸、干稀、凉热小吃约有300余种,著名的品种有烧卖、艾窝窝、小窝头、豌豆黄、豆面糕(驴打滚)、焦圈、爆肚、豆汁、肉末烧饼等。

河南地处黄河中下游,这里的九朝古都洛阳和宋代的京城汴梁(开封),是南北小吃荟萃之地,小吃市场十分繁荣。著名品种有大枣锅盔、风球包子、鸡丝卷、八宝馒头、白糖焦饼、豌豆馅、荆芥面托、鸡蛋布袋等。

陕西小吃品种繁多,风味各异,著名品种有黄桂柿子饼、石子馍、岐山臊子面、黑米稀饭、烩麻食、苦荞饸饹、葫芦头、泡泡油糕、牛羊肉泡馍、金线油塔等。

(二) 长江下游风味的苏式流派

长江中下游地区是我国的发达地区,主要是江苏、浙江一带,产生了以苏式面点小吃为主要代表的流派。它起源于扬州、苏州,发展于江苏、浙江、上海等地,以江苏为代表。

江苏小吃属于江南地方小吃。它以米面为主料,形成咸、鲜、甜、香、软、糯、松、滑等特色俱有的糕团点心、面食豆品小吃。著名品种有虾爆鳝面、片儿川、幸福双、马蹄酥、葱包桧儿、湖州大馄饨、宁波汤团、龙凤金团、吴山酥油饼、清明艾饺、豆腐圆子等。

(三) 岭南风味的广式流派

广式面点小吃是珠江流域及南部沿海地区面食制作的总称。由于广州长期以来是我国南方政治、经济、文化中心,客观上形成了以广州面点为其主要代表。故广式面点是在民间食品的基础上,吸收北方和西式点心制作的特点,结合本地区人民生活习惯,工艺上不断加以改进,而逐渐自成一种面点制作体系,具有独特的南国风味。

　　广东小吃和点心分为两大类。小吃是指小吃店和街边摊档经营的米面食品,多来自民间,品种多,造型简朴,经济实惠。名品有炒河粉、肠粉、及第粥、艇仔粥、大良双皮奶、伦敦糕、云吞面等。点心是指菜楼、酒家经营的茶市食品,大多博取南北小吃和西式饼饵之技法,不断创新发展而成,品种丰富多彩,技艺精细,款式新颖,命名典雅,名品有蚝油叉烧包、酥皮莲蓉包、蟹黄灌汤饺、荷叶饭、冰肉千层酥、蜂巢香芋角、薄皮鲜虾饺、粉果、广式月饼等。

(四) 西南风味的川蜀流派

　　位于长江上游的四川和重庆,物产富饶,素有"天府之国"的美誉。其点心、小吃用料广泛、制法多样,口感特点是咸、甜、麻、辣、酸、香、脆、嫩,其风味数不胜数。著名的品种有龙抄手、钟水饺、赖汤圆、担担面、宜宾燃面、山城小汤圆、蒸蒸糕、蛋烘糕、芝麻圆子、小笼蒸牛肉、川北凉粉、大竹醪糟、百果糕、叶儿粑、崇庆冻糕、夫妻肺片等。

第三节　中国茶文化

一、茶的起源

　　中国人饮茶起源众说纷纭,有的认为起源于上古神农氏,有的认为起于周,起于秦汉、三国的说法也有。造成众说纷纭的主要原因是因唐代以前"茶"字的正体字为"荼"。唐代《茶经》的作者陆羽,在文中将荼字减一画而写成"茶",因此有人说茶起源于唐代。实际上这只是文字的简化,而且在汉代就已经有人用"茶"字了。陆羽只是把先人饮茶的历史和文化进行总结,茶的历史要早于唐代很多年。

　　蒙顶山是中国历史上有文字记载人工种植茶叶最早的地方。从现存世界上关于茶叶最早记载的王褒《僮约》和吴理真在蒙山种植茶树的传说,可以证明四川蒙顶山是茶树种植和茶叶制造的起源地。

知识链接 8-8

茶 的 起 源

　　有关茶的起源主要有以下几种说法。

　　1. 神农说

　　唐·陆羽《茶经》说:"茶之为饮,发乎神农氏。"在中国的文化发展史上,往往是把一切与农业、与植物相关的事物起源最终都归结于神农氏。而中国饮茶起源于神农的说法也因民间传说而衍生出不同的观点。有人认为茶是神农在野外以釜煮水时,刚好有几片叶子飘进锅中,煮好的水,其色微黄,喝入口中生津止渴、提神醒脑,以神农过去尝百草的经验,判断它是一种药而发现的。这是有关中国饮茶起源最普遍的说法。另有说法则是从语音上加以附会,说是神农有个水晶肚子,由外观可得见食物在胃肠中蠕动的情形,当他尝荼时,发现荼在肚内到处流动,查来查去,把肠胃洗涤得干干净净,因此神农称这种植物为"查",再转成"茶"字,而成为茶的起源。

2. 西周说

晋·常璩《华阳国志·巴志》说:"周武王伐纣,实得巴蜀之师,……茶、蜜……皆纳贡之。"这一记载表明在周朝的武王伐纣时,巴国(今川北及汉中一带)就已经以茶与其他珍贵产品纳贡与周武王。《华阳国志》中还记载,那时就有了人工栽培的茶园。《华阳国志》是第一部以文字记载茶的典籍,因此历史意义更大,也更为可靠。

3. 秦汉说

西汉·王褒《僮约》说:现存最早较可靠的茶学资料是在汉代。此文撰于汉宣帝神爵三年(公元前59年)正月十五日,是在《茶经》之前茶学史上最重要的文献,其文内笔墨间说明了当时茶文化的发展状况。长沙马王堆西汉墓中,发现陪葬清册中有"□—笥"和"□—笥"竹简文和木刻文,经查证"□"即"槚"的异体字,说明当时湖南已有饮茶习俗。

二、茶的分类

我国的茶叶产区主要有华南、西南、江北、江南。茶叶按季节分为春茶、夏茶、秋茶,按生长环境分为平地茶和高山茶。

根据茶叶的发酵程度分为不发酵茶、半发酵茶、全发酵茶三大类。

目前,经常依据茶汤颜色和加工方法的不同,将茶叶分为绿茶、白茶、红茶、乌龙茶、黄茶、黑茶6类。

(一) 绿茶

绿茶是最古老的茶叶品种,是我国品种最多、产量最大、饮用最普遍的第一大茶种。绿茶是不发酵的茶叶,其基本工艺流程分为杀青、揉捻、干燥三个步骤,其中关键在于杀青。鲜叶通过杀青,酶的活性钝化,内含的各种化学成分,基本上是在没有酶影响的条件下,由热力作用进行物理化学变化,从而形成了绿茶的品质特征。杀青方式有加热杀青和热蒸汽杀青两种,其中以蒸汽杀青制成的绿茶称为"蒸青绿茶"。干燥以最终干燥方式的不同有炒干、烘干和晒干之别,最终炒干的绿茶称"炒青",最终烘干的绿茶称"烘青",最终晒干的绿茶称"晒青"。多酚类全部不氧化或少氧化,叶绿素未受破坏,香气清爽、味浓、收敛性强。冲泡后,汤澄碧绿,清香芬芳,味爽鲜醇。西湖龙井、黄山毛峰、洞庭碧螺春是绿茶代表。

(二) 白茶

白茶是不发酵的茶叶,加工过程中不揉捻,仅经过萎调便将茶叶直接干燥制成。白色绒毛多,白茶色白如银,汤色浅淡或初泡无色,滋味鲜醇,毫香明显。制茶时不炒不揉,只有一个自然萎调过程,既不破坏酶促作用而制止氧化,也不促进氧化,听其自然变化,主要产于福建的政和、福鼎等地,名品有白毫银针、白牡丹。

(三) 红茶

红茶出现于清朝,是全发酵茶叶,用全发酵方法制成。制作的关键是渥红(发酵)以促进酶活性,使多酚类充分氧化。红茶红叶红汤,香甜味醇,具有水果香气和醇厚的滋味,还具有耐泡的特点。其制作工艺流程分为萎调、揉捻、发酵、干燥。发酵,俗称"发汗",是最为重要的一个环节。所谓发酵就是茶叶中原先无色的多酚类物质,在多酚氧化酶的催化作用下,氧化以后形成了红色的氧化聚合产物——红茶色素。这种色素一部分能够溶于水,冲泡后形成了红色的茶汤;一部分不能溶于水,积累在叶片中,使叶片变成红色,红茶的红汤红叶就是这样形成的。红茶多以产地命名,以安徽祁红、云南滇红尤为出众。祁红在国际市场上与印度大吉岭茶、斯里兰卡乌伐的季节茶齐名,并称为世界三大高香名茶。

(四) 乌龙茶

乌龙茶是半发酵茶叶,又称青茶,始现于清朝。制作方式介于红茶与绿茶之间。制茶时,经轻度萎调和局部发酵,然后采用绿茶的制作方法,进行高温杀青,使茶叶"七分绿、三分红",从而具有"绿叶镶红边"的独到之处。其特点是叶色青绿,汤色金黄,香气芬芳浓郁,既有红茶的醇厚,又有绿茶的清香。乌龙茶的产地主要集中在福建、广东、台湾地区,名品有福建的武夷岩茶、铁观音,广东的凤凰单枞,台湾地区的乌龙等。

(五) 黄茶

黄茶,加工中采用闷蒸过程,在不破坏酶作用的前提下,多酚类可在温热条件下进行非酶性的自动氧化。黄茶黄叶黄汤,酯型儿茶素大量减少,香气清悦醇和,味厚爽口。名品有君山银针、蒙顶黄芽、北港毛尖和广东大叶青等。

(六) 黑茶

黑茶,叶色油黑或褐绿,汤色褐黄或褐红,香气纯,味不涩。基本工艺流程是杀青、揉捻、渥堆、干燥。其原料较精细,加之制造工序中往往堆积发酵时间较长,因而叶色油黑或黑褐,故名。黑茶主要供边区少数民族饮用,所以又称边销茶。黑毛芽是压制各种紧压茶的主要原料,各种黑茶的紧压茶是藏族、蒙古族和维吾尔族等兄弟民族日常生活的必需品,有"宁可一日无食,不可一日无茶"之说。黑茶分为湖南黑茶、湖北老青茶和四川边茶。

知识链接 8-9

茶 的 功 效

不同种类的茶功效有所区别,具体而言,中国人喜欢饮用的 6 种常见茶的功效有以下几方面的特点。

(1) 绿茶。绿茶对防衰老、防癌、抗癌、杀菌、消炎等均有特殊效果,为发酵类茶所不及。常饮绿茶能防癌、降血脂和减肥。吸烟者可减轻尼古丁伤害。高血压患者、食用油腻食物过多者、小便不利的人都可以饮用绿茶,但神经衰弱者不适合饮用绿茶。

(2) 黄茶。黄茶对脾胃有好处,助消化、有益于脂肪代谢。

(3) 青茶。青茶有降血脂、抗衰老、减肥等功效。但要注意空腹不要喝、睡前不要喝(含茶多酚提神)、凉的不要喝。

(4) 白茶。白茶具有名目、保肝护肝、促进血糖平衡、防暑的功效。

（5）黑茶。黑茶具有降血糖、防止糖尿病、抗衰老、延年益寿等功效。

（6）红茶。红茶有助消化、暖胃、提神消除疲劳的作用，还能抗衰老并具有一定的抗癌作用。但是经期、孕期、更年期的女性以及神经衰弱、结石患者和容易上火的人不宜喝红茶。

三、中国传统名茶

(一) 西湖龙井

西湖龙井属绿茶，中国十大名茶之一，产于浙江省杭州市西湖龙井村周围群山，具有1200多年历史。清乾隆游览杭州西湖时，盛赞西湖龙井茶，把狮峰山下胡公庙前的十八棵茶树封为"御茶"。西湖龙井按外形和内质的优次分作1~8级。

西湖龙井茶，外形扁平挺秀，色泽绿翠，内质清香味醇，泡在杯中，芽叶色绿。素以"色绿、香郁、味甘、形美"四绝著称。

春茶中的特级西湖龙井、浙江龙井外形扁平光滑，苗锋尖削，芽长于叶，色泽嫩绿，体表无茸毛；汤色嫩绿（黄）明亮；清香或嫩栗香，但有部分茶带高火香；滋味清爽或浓醇；叶底嫩绿，尚完整。其余各级龙井茶随着级别的下降，外形色泽由嫩绿变青绿到墨绿，茶身由小到大，茶条由光滑至粗糙；香味由嫩爽转向浓粗，四级茶开始有粗味；叶底由嫩芽转向对夹叶，色泽由嫩黄变青绿到黄褐。夏秋龙井茶，色泽暗绿或深绿，茶身较大，体表无茸毛，汤色黄亮，有清香但较粗糙，滋味浓略涩，叶底黄亮，总体品质比同级春茶差。

(二) 洞庭碧螺春

碧螺春是传统名茶，中国十大名茶之一，属于绿茶类，已有一千多年历史。碧螺春产于江苏省苏州市太湖的东洞庭山及西洞庭山（今苏州吴中区）一带，所以又称"洞庭碧螺春"。

碧螺春在唐朝时就被列为贡品，古人们又称碧螺春为"功夫茶""新血茶"。高级碧螺春，茶芽细嫩，0.5千克干茶需要茶芽6万~7万个。炒成后的干茶条索紧结，白毫显露，色泽银绿，翠碧诱人，卷曲成螺，产于春季，故名"碧螺春"。此茶冲泡后杯中白云翻滚，清香袭人，是中国的名茶。

(三) 黄山毛峰

黄山毛峰是传统名茶，中国十大名茶之一，属于绿茶。产于安徽省黄山（徽州）一带，所以又称徽茶。由清代光绪年间谢裕大茶庄所创制。每年清明谷雨，选摘良种茶树黄山种、黄山大叶种等的初展肥壮嫩芽手工炒制，该茶外形微卷，状似雀舌，绿中泛黄，银毫显露，且带有金黄色鱼叶（俗称黄金片）。入杯冲泡，雾气结顶，汤色清碧微黄，叶底黄绿而有活力，滋味醇甘，香气如兰，韵味深长。由于新制茶叶白毫披身，芽尖锋芒，且鲜叶采自黄山高峰，遂将该茶起名为黄山毛峰。

(四) 君山银针

君山银针是传统名茶，中国名茶之一，属于黄茶。产于湖南岳阳洞庭湖中的君山，形细如针,故名君山银针。其成品茶芽头苗壮,长短大小均匀,茶芽内面呈金黄色,外层白毫显露完整,而且包裹坚实,茶芽外形很像一根根银针,雅称"金镶玉"。"金镶玉色尘心去,川迥洞庭好月来。"君山茶历史悠久,唐代就已生产、出名,据说文成公主出嫁时就选带了君山银针茶带入西藏。

(五) 祁门红茶

祁门红茶简称祁红,茶叶原料选用当地的中叶、中生种茶树"槠叶种"(又名祁门种)制作,是一种传统名茶,著名红茶精品,由安徽省茶农创制于光绪年间,但史籍记载最早可追溯至唐朝陆羽的《茶经》。祁红产于安徽省祁门、东至、贵池(今池州市)、石台、黟县,以及江西的浮梁一带。"祁红特绝群芳最,清誉高香不二门。"祁红是红茶中的极品,享有盛誉,是英国女王和王室的至爱饮品,高香美誉,香名远播,美称"群芳最""红茶皇后"。

(六) 安溪铁观音

铁观音发源于安溪县西坪镇尧阳山麓,属于乌龙茶类,是中国十大名茶之一,为乌龙茶类的代表,介于绿茶和红茶之间。纯种铁观音植株为灌木型,树势披展,枝条斜生,叶片水平状着生,叶形椭圆,叶缘齿疏而钝,叶面呈波浪状隆起,具明显肋骨形,略向背面反卷,叶肉肥厚,叶色浓绿光润,叶基部稍钝,叶尖端稍凹,向左稍歪,略下垂,嫩芽紫红色,因此有"红芽歪尾桃"之称,这是纯种特征之一。铁观音属于半发酵茶类,具有一般茶叶的保健功能,还具有抗衰老、抗癌症、抗动脉硬化、防治糖尿病、减肥健美、防治龋齿、清热降火、敌烟醒酒等功效。

(七) 白毫银针

白毫银针简称银针,又叫白毫,属白茶类,素有茶中"美女""茶王"之美称。白毫银针由福建省的茶农创制于1889年,产地位于中国福建省的福鼎市和南平市政和县。

由于鲜叶原料全部是茶芽,白毫银针制成成品茶后,形状似针,白毫密被,色白如银,因此命名为白毫银针。其针状成品茶,长3厘米许,整个茶芽为白毫覆被,银装素裹,熠熠闪光,令人赏心悦目。冲泡后,香气清鲜,滋味醇和。茶在杯中冲泡,即出现"白云疑光闪,满盏浮花乳",芽芽挺立,蔚为奇观,使人情趣横生。

银针性寒凉,有退热、祛暑、解毒之功,在华北被视为治疗养护麻疹患者的良药。

(八) 信阳毛尖

信阳毛尖又称豫毛峰,属绿茶类,中国十大名茶之一,河南省著名特产。由茶农创制于民国初年。主要产地在信阳市和新县、商城县及境内大别山一带。信阳毛尖具有"细、圆、光、直、多白毫、香高、味浓、汤色绿"的独特风格,具有生津解渴、清心明目、提神醒脑、去腻消食等多种营养价值。信阳毛尖品牌多年位居中国茶叶区域公用品牌价值第三位。1915年在巴拿马万国博览会上与贵州茅台同获金质奖。1990年信阳毛尖品牌参加国家评比,取得绿茶综合品质第一名。信阳毛尖被誉为"绿茶之王"。

(九) 六安瓜片

六安瓜片,中华传统历史名茶,中国十大名茶之一,简称瓜片、片茶,产自安徽省六安市大别山一带,唐称"庐州六安茶",为名茶;明始称"六安瓜片",为上品、极品茶;清为朝廷贡茶。

六安瓜片,为绿茶特种茶类,具有悠久的历史底蕴和丰厚的文化内涵。在世界所有茶叶中,六安瓜片是唯一无芽无梗的茶叶,由单片生叶制成。去芽不仅保持单片形体,且无青草味;梗在制作过程中已木质化,剔除后,可确保茶味浓而不苦、香而不涩。六安瓜片每逢谷雨前后 10 天之内采摘,采摘时取二三叶,求"壮"不求"嫩"。

(十) 冻顶乌龙

冻顶乌龙茶,产地为台湾省鹿谷乡凤凰村、永隆村、彰雅村(冻顶巷),茶区海拔 600～1000 米,被誉为"茶中圣品"。冻顶乌龙茶茶汤清爽怡人,汤色蜜绿带金黄,茶香清新典雅,喉韵回甘浓郁且持久,香气独特,据说是帝王级泡澡茶浴的佳品。台湾鹿谷附近冻顶山,山多雾,路陡滑,上山采茶都要将脚尖"冻"起来,避免滑下去,山顶叫冻顶、山脚叫冻脚。所以,冻顶茶产量有限,尤为珍贵。

四、中国茶道的基本精神

茶道是中国特定时代产生的综合性文化,带着东方农业民族的生活气息和艺术情调,追求清雅、和谐,基于儒家的治世机缘,倚于佛家的淡泊节操,洋溢着道家的浪漫理想,借品茗贯彻和普及清和、俭约、廉洁、求真、求美的高雅精神。

我国茶文化界对中国茶道精神加以总结,把中国茶道的基本精神归纳为:和、静、怡、真。

(一) "和"是中国茶道哲学思想的核心

茶道所追求的"和"源于《周易》中的"保合太和",意指世间万物皆由阴阳两要素构成,阴阳协调,保全大和之元气,以普利万物才是人间正道。陆羽在《茶经》中对此论述得很明白,他用 250 个字来描述他所设计的风炉,指出风炉用铁铸从"金";放置在地上从"土";炉中烧的木炭从"木";木炭燃烧从"火";风炉上煮的茶汤从"水"。煮茶的过程就是金木水火土相生相克并达到和谐平衡的过程。可见,五行调和理念是茶道的哲学基础。

儒家从"太和"的哲学理念中推出"中庸之道"的中和思想。在儒家眼里"和"是中、是度、是宜、是当,"和"是一切恰到好处,无过亦无不及。儒家对和的诠释,在茶事活动中表现得淋漓尽致。在泡茶时,表现为"酸甜苦涩调太和,掌握迟速量适中"的中庸之美。在待客时表现为"奉茶为礼尊长者,备茶浓意表浓情"的明礼之伦。在饮茶过程中表现为"饮罢佳茗方知深,赞叹此乃草中英"的谦和之仪。在品茗的环境与心境方面表现为"朴实古雅去虚华,宁静致远隐沉毅"的俭德之行。

(二)"静"是中国茶道修习的必由之径

中国茶道是修身养性、追寻自我之道,静是中国茶道修习的必由途径。

中国茶道正是通过茶事创造一种宁静的氛围和一个空灵虚静的心境。当茶的清香静静地浸润你的心田和肺腑的每一个角落时,你的心灵便在虚静中显得空明,你的精神便在虚静中升华净化,你将在虚静中与大自然融涵玄会,达到"天人合一"的"天乐"境界。得一静字,便可洞察万物、心中常乐。"禅茶一味",道家主静,儒家主静,佛教更主静。在茶道中以静为本、以静为美的诗句有很多。唐代皇甫曾的《送陆鸿渐山人采茶回》云:"千峰待逋客,香茗复丛生。采摘知深处,烟霞羡独行。幽期山寺远,野饭石泉清。寂寂燃灯夜,相思一磬声。"这首诗写的是境之静。宋代杜小山有诗云:"寒夜客来茶当酒,竹炉汤沸火初红。寻常一样窗前月,才有梅花便不同。"写的是夜之静。清代郑板桥诗云:"不风不雨正晴和,翠竹亭亭好节柯。最爱晚凉佳客至,一壶新茗泡松萝。"写的是心之静。

在茶道中,静与美常相得益彰。古往今来,无论羽士、高僧还是名宦、大儒,都殊途同归地把"静"作为茶道修习的必经大道。因为静则明,静则虚,静可虚怀若谷;静可内敛涵藏,静可洞察明澈、体道入微。可以说:"欲达茶道通玄境,除却静字无妙法。"

(三)"怡"是中国茶道修习中茶人的身心感受

"怡"指和悦、愉快之意。中国茶道是雅俗共赏之道,体现于日常生活之中,不讲形式,不拘一格,突出体现了道家"自恣以适己"的随意性。同时,不同地位、不同信仰、不同文化层次的人对茶道有不同的追求。历史上王公贵族讲茶道重在"茶之珍",意在炫耀权势,夸富示贵,附庸风雅。文人学士讲茶道重在"茶之韵",托物寄怀,激扬文思,交朋结友。佛家讲茶道重在"茶之德",意在驱困提神,参禅悟道,见性成佛。道家讲茶道重在"茶之功",意在品茗养生,保生尽年,羽化成仙。普通百姓讲茶道重在"茶之味",意在去腥除腻,涤烦解渴,享受人生。无论何人都可以在茶事活动中取得生理上的快感和精神上的畅适与心灵上的怡悦。

参与中国茶道,可抚琴歌舞,可吟诗作画,可观月赏花,可论经对弈,可独对山水,可潜心读《易》,亦可置酒助兴。儒生可"怡情悦性",羽士可"怡情养生",僧人可"怡然自得"。中国茶道的这种怡情悦性,正是区别于强调"清寂"的日本茶道的根本标志之一,使其有着极为广泛的群众基础。

(四)"真"是中国茶道的终极追求

中国人不轻易言"道",而一旦论道,则执着于"道",追求于"真"。"真"是中国茶道的起点,也是中国茶道的终极追求。中国茶道在从事茶事时所讲究的"真",不仅包括茶应是真茶、真香、真味;环境最好是真山、真水;挂的字画最好是名家、名人的真迹;用的器具最好是真竹真木、真陶真瓷,还包含了对人要真心,敬客要真情,说话要真诚,心境要真闲。茶事活动的每个环节都要认真,每个环节都要求真。

中国茶道追求的"真"有三重含义:一是追求道之真,即通过茶事活动追求对"道"的真切体悟,达到修身养性、品味人生之目的;二是追求情之真,即通过品茗述怀,使茶友之间的真情得以发展，达到茶人之间互见真心的境界；三是追求性之真，即在品茗过程中，真正放松自己，在无我的境界放飞自己的心灵，放牧自己的天性，达到"全性葆真"。

知识链接 8-10

泡 茶 之 水

中国人历来好品茶，泡茶似乎人人都会，但并非个个都能泡出好茶，好茶还需好水泡。

择水先择源，水有泉水、溪水、江水、湖水、井水、雨水、雪水之分，但只有符合"源、活、甘、清、轻"5 个标准的水才算得上是好水。所谓的"源"是指水出自何处，"活"是指有源头而常流动的水，"甘"是指水略有甘味，"清"是指水质洁净透澈，"轻"是指分量轻。所以，水源中以泉水为佳，因为泉水大多出自岩石重叠的山峦，污染少，山上植被茂盛，从山岩断层涓涓细流汇集而成的泉水富含各种对人体有益的微量元素，经过砂石过滤，清澈晶莹，茶的色、香、味可以得到最大程度的发挥。

古人陆羽有"山水上、江水中、井水下"的用水主张，当代科学试验也证明泉水第一，深井水第二，蒸馏水第三，经人工净化的湖水和江河水，即平常使用的自来水最差。但是慎用水者提出，泉水虽有"泉从石出，清宜冽"之说，但泉水在地层里的渗透过程中融入了较多的矿物质，它的含盐量和硬度等就有较大差异，如渗有硫黄的矿泉水就不能饮用。所以，只有含有二氧化碳和氧的泉水才最适宜于煮茶。

第四节　中国酒文化

一、中国酒的起源与发展

酒是用高粱、麦、米、葡萄或其他水果等原料经糖化、发酵制成的含有食用酒精等成分的饮品。

中国是世界上最早的酿酒国家之一，早在 8 000 年前的新石器时代人们就已经开始酿酒。商周时期已经出现了制曲方法、酿酒职官和酿酒工艺。南北朝贾思勰的《齐民要术》记录了 9 种酒曲的制作法、39 种酒的酿造法和两种药酒的配制法。宋代出现了较全面的酿酒专著——朱翼中的《北海酒经》，详细记述了制曲、酿酒的方法。根据现有的资料，酿酒历史中谁第一个发明了酒，谁又是酿酒的祖宗，目前不能考证，但是关于酿酒的传说主要有以下几种。

(一) 上天造酒

中国唐代的诗仙李白在《月下独酌·其二》中有"天若不爱酒，酒星不在天"的诗句；东汉名士孔融在《与曹操论酒禁书》中有"天垂酒星之耀，地列酒泉之郡"之说；唐代诗人李贺在《秦王饮酒》中有"龙头泻酒邀酒星"的诗句，宋代窦苹在《酒谱》中有"酒星之作也"的说法。以上文学作品中的意思即是自古以来，我国祖先就有酒是天上"酒星"所造的说法。不过就连《酒谱》的作者窦苹本人也不相信这样的传说。

(二) 仪狄酿酒

相传夏禹时期的仪狄发明了酿酒方法。仪狄造酒的记载始见于先秦官吏所撰《世本》。《世本》述"仪狄始作酒醪，变五味"。公元前 2 世纪史书《吕氏春秋》云："仪狄作酒。"汉代刘向编写的《战国策》则进一步说明："昔者，帝女令仪狄作酒而美，进之禹，禹饮而甘之，曰：'后世必有以酒亡其国者'。遂疏仪狄，绝旨酒。"显然，人们有理由将其视为酿酒鼻祖。

(三) 杜康酿酒

一种传说认为酿酒始于杜康。东汉许慎《说文解字》中解释"酒"字的条目中有："杜康作秫酒。"历史上确有杜康其人，《世本》《吕氏春秋》《战国策》对杜康都有过记载。杜康造酒的说法由于曹操乐府诗《短歌行》而得以广为传播。曹操诗中说"慨当以慷，忧思难忘。何以解忧？惟有杜康"。杜康在这里成了酒的代名词，人们把姓杜名康的这个人当作酿酒的祖师。在今河南汝阳有为纪念杜康而建造的酒祖殿。

(四) 酿酒始于黄帝时期

另一传说认为黄帝时人们就已经开始酿酒。汉代的《黄帝内经·素问》中记载了黄帝与岐伯讨论酿酒的情景，黄帝问道："为五谷汤液及醪醴奈何？"岐伯答曰："必以稻米，炊之稻薪。稻米者完，稻薪者坚。"书中还提到一种古老的酒——醴酪，即用动物的乳汁酿成的甜酒。但《黄帝内经》一书实乃后人托黄帝之名而作，其可信度尚待考证。

(五) 猿猴造酒

明代文人李日华在他的著述中记载："黄山多猿猱，春夏采杂花果于石洼中，酝酿成酒，香气溢发，闻娄百步。野樵深入者或得偷饮之，不可多，多即减酒痕，觉之，众猱伺得人，必嬲死之。"清代文人李调元在他的著作中记述："琼州（今海南岛）多猿……尝于石岩深处得猿酒，盖猿以稻米杂百花所造，一石六辄有五六升许，味最辣，然极难得。"清代的另一种笔记小说中也说："粤西平乐（今广西壮族自治区东部，西江支流桂江中游）等府，山中多猿，善采百花酿酒。樵子入山，得其巢穴者，其酒多至数石。饮之，香美异常，名曰猿酒。"由此可以推论酒的起源：猿猴在水果成熟的季节，收储大量水果于"石洼中"，堆积的水果受到自然界中酵母菌的作用而发酵，在石洼中将一种被后人称为"酒"的液体析出。因此猿猴在不自觉中"造"出酒来，是合乎逻辑与情理的。

二、酒的分类

(一) 按酿造方法分类

1. 发酵酒

发酵酒又称酿造酒、原汁酒，这类酒酿造以后，只经过简单澄清、过滤、储藏以后即作为成品。其特点是酒度低,一般为 3%～8%(v/v),保质期短,不宜长期储存。

2. 蒸馏酒

蒸馏酒是用各种原料酿造产生酒精后的发酵液、发酵醪或酒醅等,经过蒸馏技术,提取其中酒精等易挥发物质,再冷凝而制成。其特点是含酒精度高,一般在 30%(v/v)以上,致醉性强。

3. 配制酒

配制酒品种多,制造技术也极为不同,它是以酿造酒、蒸馏酒或食用发酵酒精为酒基,用混合蒸馏、浸泡、萃取液混合等各种方法,混入香料、药材、动植物、花等组成,使之形成独特的风格。这类酒差异很大,但其共同特点是经过风味物质、营养物质或疗效性物质等强化的酒。其酒精浓度通常介于发酵酒和蒸馏酒之间,一般在 18%～38%(v/v)范围内。

(二) 按酒精含量分类

低度酒,酒中含酒精组分在 20%(v/v)以下的酒类。

中度酒,酒中含酒精组分在 20%～40%(v/v)的酒类。

高度酒,酒中含酒精组分在 40%(v/v)以上的酒类。

(三) 按商业习惯分类

1. 白酒

白酒是中国传统蒸馏酒。它以谷物及薯类等富含淀粉的作物为原料,经过糖化、发酵、蒸馏制成。一般酒度在 40%～65%。白酒酒质无色透明,气味芳香纯正,入口绵甜爽净。

按酒的香型分类,白酒主要有以下 5 种。

(1) 酱香型白酒。酱香型又称茅香型,以贵州省仁怀市的茅台酒为典型代表。这种香型的白酒,以高粱为原料,以小麦高温制成的高温大曲或纵曲和产酯酵母为糖化发酵剂,采用高温堆积,一年一周期,2 次投料,8 次发酵,以酒养糟,7 次高温烤酒,多次取酒,长期陈储的酿造工艺酿制而成。酒质特点为,无色或微黄色,透明晶亮,酱香突出,优雅细腻,空杯留香而经久不散,幽雅持久,口味醇厚、丰满,回味悠长。

(2) 浓香型白酒。浓香型又称泸香型、窖香型,其特点是窖香浓郁,香味协调。以泸州老窖特曲、五粮液、剑南春、沱牌、洋河大曲、古井贡酒等酒为代表,以浓香甘爽为特点,发酵原料有多种,以高粱为主,发酵采用混蒸续渣工艺。发酵采用陈年老窖,也有人工培养的老窖。在名优酒中,浓香型白酒的产量最大。四川、江苏等地的酒厂所产的酒均是这种类型。浓香型白酒以"无色透明、窖香优雅、绵甜爽净、柔和协调、尾净香长、风格典型"名扬海内外。泸州老窖国宝窖池以其独一无二的社会价值、经济价值、历史价值和文化价值成为世界酿造史上的奇迹,其精湛的酿酒工艺为世界酿造蒸馏酒之最。

(3) 清香型白酒。清香型亦称汾香型,以山西汾酒、浙江同山烧、河南宝丰酒、青稞酒、河南龙兴酒、厦门高粱酒、天长帝酒等为代表,属大曲酒类。它入口绵,落口甜,香气清正。清香型白酒标准是:清香纯正,醇甜柔和,自然谐调,余味爽净。总之,清香型白酒的特点可以概括为"清、正、甜、长、净"五个字,清字当头,净字到底。

清香型白酒以高粱等谷物为原料,以大麦和豌豆制成的中温大曲为糖化发酵剂,采用清蒸清糟酿造工艺、固态地缸发酵、清蒸流酒,强调"清蒸排杂、清洁卫生",即都在一个"清"字上下功夫,"一清到底",不应有浓香或酱香及其他香味和邪杂气味。

(4)米香型白酒。米香型亦称蜜香型,以桂林三花、冰峪庄园大米原浆酒为代表。其典型风格是在"米酿香"及小曲香基础上,突出幽雅清柔的香气。一些消费者和评酒专家认为,用蜜香表达这种综合的香气较为确切。其特点可概括为:蜜香清雅,入口柔绵,落口甘洌,回味怡畅。即米酿香明显,入口醇和,饮后微甜,尾子干净,不应有苦涩或焦煳苦味(允许微苦)。

(5)复香型白酒。复香型又称混香型、兼香型,以湖北宜昌的西陵特曲为典型代表。这种香型的白酒,以高粱为原料,以小麦制成的中、高温大曲或麸曲和产酯酵母为糖化发酵剂,采用混蒸续糟、高温堆积、泥窖发酵、缓慢蒸馏、贮存勾兑的酿造工艺酿制而成。酒质特点为:无色,清亮透明,浓头酱尾,协调适中,醇厚甘绵,酒体丰满,留香悠长。

2. 黄酒

黄酒是我国特有的酿造酒。多以糯米为原料,也可以用粳米、籼米、黍米和玉米为原料,蒸熟后加入专门的酒曲和酒药,经糖化、发酵后压榨而成。酒度一般在 16°～20°。黄酒颜色黄亮,香气浓郁,富含营养。黄酒主要产于我国长江中下游一带,以绍兴加饭酒、福建龙岩沉缸酒、山东即墨黄酒为代表。福建的红曲酒"五月红"被誉为中国第一黄酒。

3. 果酒

果酒以各种含糖量较高的水果为原料,经糖化发酵后压榨过滤的低度饮料酒,度数一般在 15°左右,主要包括葡萄酒、苹果酒、山楂酒等,其中以葡萄酒最为著名。葡萄酒是用新鲜的葡萄或葡萄汁经发酵酿成的酒精饮料,按颜色可以划分为白葡萄酒、红葡萄酒、桃红葡萄酒,按葡萄酒中含糖量分为干葡萄酒、半干葡萄酒、半甜葡萄酒和甜葡萄酒。

4. 啤酒

啤酒是人类最古老的酒精饮料,是水和茶之后世界上消耗量排名第三的饮料。啤酒于 20 世纪初传入中国,属外来酒种。它是根据英语 Beer 译成中文"啤"而称其为"啤酒",沿用至今。啤酒以大麦芽、酒花、水为主要原料,经酵母发酵作用酿制而成的饱含二氧化碳的低酒精度酒。

啤酒含二氧化碳,饮用时有清凉舒适感,可促进食欲。啤酒花含有蛋白质、维生素、挥发油、苦味素、树脂等,具有强心、健胃、利尿、镇痛等医疗效能,对高血压病、心脏病及结核病等均有较好的辅助疗效。啤酒是夏秋季防暑降温、解渴止汗的清凉饮料,据医学和饮料专家们研究,啤酒含有 4% 的酒精,能促进血液循环。

三、中国酒文化

中国是酒的故乡,酒和酒类文化一直占据着重要地位。酒是一种特殊的食品,是属于物质的,但酒又融入人们生活之中成为不可缺少的东西。作为一种特殊的文化形式,酒文化在传统的中国文化中有其独特的地位,其中也衍生出了酒政制度。在几千年的文明历史中,酒几乎渗透到社会生活中的各个领域。

(一) 酒文化

酒文化是指酒在生产、销售、消费过程中所产生的物质文化和精神文化的总称。酒文化包括酒的制法、品法、作用、历史等文化现象。既有酒自身的物质特征，也有品酒所形成的精神内涵，是制酒、饮酒活动过程中形成的特定文化形态。酒文化在中国源远流长，不少文人学士写下了品评与鉴赏美酒佳酿的著述，留下了斗酒、写诗、作画、养生、宴会、饯行等酒中佳话。酒作为一种特殊的文化载体，在人类交往中占有独特的地位。酒文化已经渗透到人类社会生活中的各个领域，对人文生活、文学艺术、医疗卫生、工农业生产、政治经济各方面都有着巨大影响和作用。

(二) 酒文化的内涵

1. 酒德

酒德，指饮酒的道德规范和酒后应有的风度。合度者有德，失态者无德，恶趣者更无德。酒德两字，最早见于《尚书》和《诗经》，其含义是说饮酒者要有德行，不能像商纣王那样，"颠覆厥德，荒湛于酒"，《尚书·酒诰》集中体现了儒家的酒德，这就是："饮惟祀"（只有在祭祀时才能饮酒）；"无彝酒"（不要经常饮酒，平常少饮酒，以节约粮食）；"执群饮"（禁止民从聚众饮酒）；"禁沉湎"（禁止饮酒过度）。儒家并不反对饮酒，用酒祭祀敬神、养老奉宾，都是德行。

2. 酒礼

酒礼即饮酒的礼节，使饮酒成为一种庄重的活动和仪式。这种礼节，使饮酒成为文明进程或文化氛围的一部分，现在宴会上碰杯即为酒礼。

我国古代饮酒有以下一些礼节：主人和宾客一起饮酒时，要相互跪拜；晚辈在长辈面前饮酒，叫侍饮，通常要先行跪拜礼，然后坐入次席；长辈命晚辈饮酒，晚辈才可举杯；长辈酒杯中的酒尚未饮完，晚辈也不能先饮尽。

古代饮酒的礼仪约有四步：拜、祭、啐、卒爵。就是先做出拜的动作，表示敬意；接着将一点酒倒到地上，祭谢大地生养之德；然后尝尝酒味，并加以赞扬令主人高兴；最后仰杯而尽。

在酒宴上，主人要向客人敬酒（叫酬），客人要回敬主人（叫酢），敬酒时还有说上几句敬酒辞。客人之间也可相互敬酒（叫旅酬），有时还要依次向人敬酒（叫行酒）。敬酒时，敬酒的人和被敬酒的人都要"避席"起立。普通敬酒以 3 杯为度。

中华民族大家庭中的 56 个民族中，除了信奉伊斯兰教的回族一般不饮酒外，其他民族都是饮酒的。饮酒的习俗各民族都有独特的风格。

3. 酒令

酒令是筵宴上助兴取乐的饮酒游戏，最早诞生于饮酒行令，是中国人在饮酒时助兴的一种特有方式。酒令由来已久，开始时可能是为了维持酒席上的秩序而设立"监"。汉代有了"觞政"，就是在酒宴上执行觞令，对不饮尽杯中酒的人实行某种处罚。在远古时代就有了射礼，为宴饮而设的称为"燕射"，即通过射箭决定胜负，负者饮酒。古人还有一种被称为投壶的饮酒习俗，源于西周时期的射礼。其法为，酒宴上设一壶，宾客依次将箭向壶内投去,以投入壶内多者为胜,负者受罚饮酒。《红楼梦》第四十回中鸳鸯吃了一盅酒,笑着说:"酒令大如军令,不论尊卑,唯我是主,违了我的话,是要受罚的。"总的说来,酒令是用来罚酒的。但实行酒令最主要的目的是活跃饮酒时的气氛。何况酒席上有时坐的都是客人,互不认识是很常见的,行令就像催化剂,能立刻使酒席上的气氛活跃起来。

行酒令的方式可谓五花八门。文人雅士与平民百姓行酒令的方式自然大不相同。文人雅士常用对诗或对对联、猜字或猜谜等,一般百姓则用一些既简单,又不需做任何准备的行令方式。

最常见也最简单的是"同数",现今一般叫"猜拳",即用手指中的若干个手指的手姿代表某个数,两人出手后,相加后必等于某数,出手的同时,每人报一个数字,如果甲所说的数正好与加数之和相同,则算赢家,输者就得喝酒;如果两人说的数相同,则不计胜负,重新来一次。

知识链接 8-11

古代的酒令

1. 春秋战国:投壶

最古老而又持久的酒令当首推投壶。投壶产生于春秋前,盛行于战国。《史记·滑稽列传》就载有投壶盛况。时至今日,在河南南阳卧龙岗汉画馆里就有一幅生动形象的投壶石刻图。

投壶之壶口广腹大、颈细长,内盛小豆,因其圆滑且极富弹性,使所投之矢往往弹出。矢的形态为一头齐一头尖,长度以"扶"(汉制,约相当于四寸)为单位,分五、七、九扶,光线愈暗距离愈远,则所用之矢愈长。投壶开始时,司射(酒司令)确定壶之位置,然后演示告知"胜饮不胜者",即胜方罚输方饮酒,并奏"狸首"乐。

投壶因其最具封建礼仪的意义,所以沿袭最久。在《礼记》中慎重地写着《投壶》专章。三国名士邯郸淳的《投壶赋》描绘最为出色:"络绎联翩,爰爰兔发,翻翻隼隼,不盈不缩,应壶顺入。"可窥见当时盛况。

2. 魏晋:流觞曲水

魏晋时,文人雅士喜袭古风,整日饮酒作乐,纵情山水,清淡老庄,游心翰墨,作流觞曲水之举。这种有如"阳春白雪"的高雅酒令,不仅是一种罚酒手段,还因有被罚作诗这种高逸雅致的精神活动的参与,使之不同凡响。

所谓"流觞曲水",是选择一风雅静僻所在,文人墨客按秩序安坐于潺潺流波之曲水边,一人置盛满酒的杯子于上流使其顺流而下,酒杯止于某人面前即取而饮之,再乘微醉或啸吟或援翰,作出诗来。最著名的一次当数晋穆帝永和九年三月三日的兰亭修禊大会,大书法家王羲之与当朝名士41人于会稽山阴兰亭排遣感伤,诗篇荟萃成集由王羲之醉中笔走龙蛇,写下了名传千古的《兰亭集序》。当然,在汉族民间亦有将此简化只饮酒不作诗的。

南北朝时期,除了"流觞曲水"此种酒令外,继而演化而来的是吟诗应和。此酒令令文人墨客十分喜爱,流行较盛。南方的士大夫在酒席上吟诗应和,迟者受罚,已成风气。

3．唐朝：藏钩·射覆

唐朝，"唐人饮酒必为令为佐欢"。《胜饮篇》中有："唐皇甫嵩手势酒令，五指与手掌节指有名，通吁五指为五峰，则知豁拳之戏由来已久。"白居易诗曰："花时同醉破春愁，醉折花枝当酒筹。"《梁书·王规传》记载："湘东王时为京尹，与朝士宴集，属视为酒令。"欧阳修《醉翁亭记》："觥筹交错，起座而喧哗者，众宾欢也。"

当酒令发展到唐代时，形式多种多样，丰富多彩，当时较盛行的有"藏钩""射覆"等几种。"藏钩"也称"送钩"，简便易行。即甲方将"钩"或藏于手中，或匿于手外，握成拳状让乙方猜度，猜错罚酒。这好似"猜有无"一样。

"射覆"是先分队，也叫"分曹"，先让一方暗暗覆物于器皿下让另一方猜。射就是猜或度量之意，唐代诗人李商隐就精于此道。他在诗中写道："隔座送钩春酒暖，分曹射覆蜡灯红。"

4．明清：拧酒令儿

明清两朝流行的酒令当推"拧酒令儿"，即不倒翁。先拧着它旋转，一待停下后，不倒翁的脸朝着谁就罚谁饮酒，粤人称"酒令公仔"。

为此，俞平伯先生引《桐桥倚棹录》称其为"牙筹"。它是一种泥胎，苏州特产，一般为彩绘滑稽逗乐形象。《红楼梦》六十七回写薛蟠给薛姨妈和宝钗带的礼物中就有这种惟妙惟肖的酒令儿。

酒令繁衍到清代，其形式越来越丰富多彩，或投壶猜枚，或联诗对句，或拆字测签，或猜拳行令，经过一番"游戏"，最后由令官仲裁，输者或违令者必须"饮满一大杯"。

思考与练习

一、实训项目

项目名称	饮食习俗大不同
实训目的	了解各地的饮食习俗
实训要求	理解和掌握各种不同的饮食习俗
准备工作	1．分组，成员 3～5 人 2．每组成员以家乡的饮食习俗为调查对象
方法	1．根据班级情况，学生分组 2．每组同学针对家乡的饮食习俗制作 PPT 3．小组汇报各地饮食习俗 4．教师点评每组同学的表现，总结饮食习俗的地域性、民族性等特征

二、选择题

1．下面属于药膳菜肴的有（　　）。

　　A．枸杞炖乌鸡　　　　　B．燕窝贺字锅　　　　　C．荷叶凤脯

　　D．虫草鸭子　　　　　　E．马齿苋粥

2．代表鲁菜、川菜、粤菜、淮扬菜的四个名菜是（　　）。

　　A．糖醋鱼、樟茶鸭子、佛跳墙、叫花鸡

  B. 霸王别姬、麻辣仔鸡、龙虎斗、盐水鸭

  C. 糖醋鱼、水煮牛肉、脆皮乳猪、松鼠鳜鱼

  D. 红烧海螺、水煮牛肉、文昌鸡、烤方

3. 川菜的代表菜有（ ）。

  A. 东坡肉   B. 鱼香肉丝   C. 糖醋鲤鱼

  D. 夫妻肺片   E. 开水白菜

4. 属于半发酵的茶有（ ）。

  A. 铁观音   B. 凤凰茶   C. 大红袍

  D. 武夷岩茶   E. 台湾乌龙茶

5. （ ）是中国茶道的终极追求。

  A. 和   B. 怡   C. 真   D. 静

6. 按酒精含量，35°的酒是（ ）。

  A. 高度酒   B. 中度酒   C. 低度酒   D. 烈性酒

三、简答题

1. 简单介绍一下我国饮食发展的历史沿革。

2. 简述一下鲁菜的特点。

3. 简述一下淮扬菜的特点。

4. 按照制作方法，简述一下我国主要的茶叶类型。

5. 简述一下，中国茶道的基本精神包含哪些方面？

6. 按照商业习惯分类，酒一般有哪些类型？

第九章

旅游文学与旅游艺术文化

【引导案例】

诗仙李白是开封的女婿①

诗仙李白(701—762年)毕生浪迹四方,25岁就离开巴蜀辞亲远游,开始其四海为家的生涯。除在唐朝首都长安游历与为官外,足迹遍及大江南北、长城内外,其中开封(当时称大梁、梁园)更留下他不羁的身影与瑰丽的诗句,甚至他还当了开封的女婿。

天宝三年(744年)仲春,43岁的李白自长安弃官远行,在洛阳邂逅诗圣杜甫(712—770年),"惺惺相惜"的两位大诗人大有相见恨晚之感,于是相携来到开封。又与另一位诗人高适相逢,于是三人畅游古城,饮酒咏诗。

位于开封东南角的禹王台,相传是春秋时期著名盲人音乐家师旷吹奏处,李、杜、高三位自然要来此凭吊。他们登上环境幽静的古吹台,抚今追昔、饮酒论诗。此时附近飘来一阵悠悠琴声,乘着酒兴和琴声,李白诗兴大发,起身在一面墙壁前挥毫泼墨,留下脍炙人口的名篇《梁园吟》。杜甫与高适当然没有闲着,分别咏成《遣怀》与《古大梁行》等诗篇。后人为纪念李、杜、高三人在此聚会和《梁园吟》的诞生,在此修建了三贤祠。李白一行离开后,那位抚琴的小姐走来,被墙上气势磅礴的《梁园吟》及飘逸的书法吸引,反复吟咏后更是激动万分。此时有僧人路过,见白色墙壁被题诗弄污,大为不满,拿起抹布就要去擦。小姐忙上前制止道:"这面墙我买了,壁上题诗不准擦掉,我还要请你将它妥善看管好呢!"原来这位靓女来头不小——她乃大梁名媛、已故宰相宗楚客之孙女。宗楚客在武则天期间曾三度为相,后代移居开封,成为汴梁巨富。宗小姐果然派人拿来一千两银子,僧人见状目瞪口呆……从此留下"千金买壁"的故事。

"千金买壁"的佳话被高适得知后,便建议刚刚丧偶的李白乘此良机续弦,李白自然欣然同意。经高适从中斡旋,很快与知书达理的宗小姐喜结良缘,当了开封的女婿,并在古城落了户,一住便是10年,故有"一朝去京国,十载客梁园"的美谈。宗家是名门巨富,在经济上对李白也多有资助。10年里李白经常

---

① 中国国学网.诗仙是开封的发婿. http://www.confucianism.com.cn/html/A00030021/17218837.html.

外出,对宗氏及开封的眷恋却从未消减,我们从《秋浦寄内》《自代赠内》《赠内》等诗中即可获悉。天宝十四年(755年)安禄山造反,殃及中原,李白偕宗氏匆匆离别开封,避乱于豫章(今江西南昌)。李白活了61岁,在他现存900余首诗中,写开封和涉及开封人事风物者20余首,有时他还自称是开封人,可见开封与李白渊源之深之密。如今开封禹王台公园新建有三贤殿,内有"三贤相聚""吹台赋诗""千金买壁"和"十载客梁园"等塑像,展示了李白的开封情结和古城深厚的人文底蕴。

　　问题讨论:古代文学作品众多,请列举一些古人描述游历体验的文学作品。

　　分析参考:古代文学中有关作者游历体验的作品非常多,比如诗经中的《溱洧》,就通过一对恋人的旅游经历反映了春秋时期郑国的旅游风俗;元代散曲家乔吉的《重观瀑布》,写自己重观乐清白鹤寺瀑布所见;唐代大文豪白居易在其《钱塘湖春行》中将初春时节的西湖景象附着于水、云、树、泥、花、草、沙堤和莺、燕这些自然景物和飞禽上,并将审美主体的活动融入其中,刻画出了一幅清晰的江南春游图,等等。

【学习导航】

　　通过本章的学习,学生可了解和掌握旅游文学的内涵;掌握我国古代游记文学的类型及发展沿革;熟悉和掌握我国民间工艺特征;了解和熟悉我国戏曲文化的艺术特征;了解和掌握我国书法、绘画的艺术特征。

【教学建议】

　　旅游文学方面需要加强对文学作品艺术鉴赏方面的讲解;对于民间工艺技艺可以增加实训和教学互动等环节,加深学生的理解,拓宽学生的知识面;对书法和绘画方面的教学,建议借助图片和音像资料,增强教学的直观性,提高学生的学习兴趣。

第一节　旅游文学

　　旅游文学是反映旅游生活的文学。它主要通过对山川风物等自然景观以及文物古迹、风俗民情等人文景观的描绘,抒写旅游者及旅游工作者的思想、情感和审美情趣。抒情性、审美性、知识性、反映社会生活的片段性是旅游文学的特点。

　　古代旅游文学的表现形式多样,有诗歌、词曲、游记散文、楹联和其他传说逸闻等。在众多旅游文学样式中,游记文学更为翔实和全面地记载了不同时期古人游玩体验的心理状态和生活情境。因此,本书主要以古代游记文学为主体来介绍我国旅游文学的发展。

一、古代旅游游记文学的分类

本书将我国古代游记文学分为写景型古代游记文学、抒情型古代游记文学、记叙型古代游记文学和说理型古代游记文学 4 大类。

(一) 写景型古代游记文学

古代文人骚客畅游名山大川,寻山如访友,赏水如饮酒,将自己的所见、所闻、所感以文学的形式生动地表达出来,形象地描绘了祖国的锦绣河山,广博而深邃地揭示了大自然的真与美。

比如,徐霞客"行万里路"著成《徐霞客游记》。在他的笔尖下,峰峦叠嶂、怪石嶙峋、深涧幽壑,都不再是被动地被游者欣赏,而是在主动地向游者展现它独特的美。九疑山(现为九嶷山)似"狮象龙蛇夹路而起,与人争道",黄山的狮子峰竟然与游者"身穿绕而过",而太和峰的蜡烛峰,居然也会"兀兀欲动"。这就是人与自然的相互欣赏,是对山水之美最好的升华,正所谓"我见青山多妩媚,青山见我应如是"。

又如,柳宗元的放逸游玩,遂有语言优美的《至小丘西小石潭记》。文中写道:"全石以为底,近岸,卷石底以出,为坻,为屿,为嵁,为岩。青树翠蔓,蒙络摇缀,参差披拂。潭中鱼可百许头,皆若空游无所依。日光下澈,影布石上,怡然不动;俶尔远逝,往来翕忽,似与游者相乐。"柳宗元用失意孤独的心境去观察山水,用凝练的语言刻画景物,一石一泉,一竹一木,都极富诗情画意,生动逼真、形神兼备,从而使原本呆滞的山水获得了全新的美的生命,描绘出不一样的意境。

此外,陶渊明的《游斜川诗序》《桃花源记》,张衡的《归田赋》,王羲之的《兰亭集序》等佳作,都是古代写景型游记文学的典范。诗人们畅游名山大川,将心中的特殊感受表达出来,创作了大量讴歌山水之景的山水文学。由此可见,山水文学最初的产生就与旅游结下了不解之缘,它在旅游中产生,又是对旅游本质的升华。游记文学与大自然的山川美景有着一种特别的审美关系。自然山水景观的客观存在,给文人骚客的旅游活动提供了前提和基础。当这些山水景观之美与作者的内心产生共鸣之时,作者的心里亦泛起阵阵涟漪,不断激荡和叩击着内心。此时,看山亦是山,看水亦是水,可山水交融之间,作者眼中的山水亦不是山水,因为自己的内心赋予了山水以人文的气息。因此,也就逐渐形成了写景型游记文学中体现的山水形美、声美、影美等特点,这也就是古代旅游审美观形成和发展中最直观、最显著的一大特点。

(二) 抒情型古代游记文学

我国古代的游记文学,作者都不仅仅是对自然风物单纯的描绘与刻画,更在于寄情于景、情景交融,即于写景之中或隐或显地抒发内心最真实的情怀。写景不一定抒情,但抒情必写景。因为在中国文化的形成中,有一大特点就是文化的"隐逸"和"隐喻",其重点都在"隐"字上,古代游记文学也不例外。如在"运涉末世,人未尽才"的东晋,陶渊明弃官归隐,从而成为田园诗派创始人,被称为"隐逸诗人之宗"。《桃花源记》中"土地平旷,屋舍俨然,有良田美池桑竹之属。阡陌交通,鸡犬相闻。其中往来种作,男女衣着,悉如外人。黄发垂髫,并怡然自乐",看似描绘了桃源人物的往来种作、衣着装束和怡然自乐的生活,实际上是作者在勾勒一幅理想的田园生活,寄托了他对桃源般理想社会的向往和憧憬。这种"隐",是对内心情感的寄托,是抒情的一种委婉表达。除此之外,古代游记文学中也不乏寄情于景、直抒胸臆之作。如谢灵运所作《山居赋》,对自然环境、地形、地貌、河流等均有研究,直抒胸臆描写山水之美,对自然景色真实细腻的描绘和反映,能激发出人们对自然的无限情趣以及对祖国山河的热爱之心。他开创的山水诗清丽幽静,推动了山水诗风的流行,被誉为山水诗人的鼻祖。

古代游记文学,游目所及,犹如写生,同时更在明意和抒情。不管是"隐逸"或"隐喻"的抒情,还是直抒胸臆的抒情,作者都在表现自己的观感,寄情于景,这样才能让内心的情感找到契合点,喷薄而出。此时、此景、此情,也才能够"合三为一",达到情与景的强烈共鸣,将审美推向"天地与我并生,万物与我为一"的境界。所谓抒情型的游记文学,就在于其"悦耳悦目""悦心悦意""悦志悦神"这三个旅游审美层次的体现和不断提升,这也就是旅游审美心理的层层递进和升华的过程。

(三) 记叙型古代游记文学

我国古代游记文学多以记叙为主,或写景,或抒情,或因事见理。在我国古代游记文学的璀璨星河里,《徐霞客游记》应当之无愧地是记叙型游记文学中重要的一笔。《徐霞客游记》以日记体为主,记叙了徐霞客一生的旅游足迹和旅行观察。其中,它不仅详细考察了我国众多名山大川的秀丽风景,也记载了众多历史文物古迹、传说故事、风土民情等,内容广博,视野开阔。徐霞客写景依景直书,自然真切,不加雕琢。他常常将其亲历目睹的山山水水以写实的笔法描摹成长篇画卷,令人身临其境。如对九鲤湖"久漈"的描绘,"湖穷而水由此飞堕深峡,峡石如劈,两崖壁立万仞。水初出湖,为石所扼辖制,势不得出,怒从空坠,飞喷冲激,水石各极雄观。再下为第三漈之珠帘泉……上与天并,玉龙双舞,下极潭际",对其描绘逼真,活灵活现。

再如,《滕王阁序》乃王勃的巅峰之作,亦算绝笔之作。文中对仗工整,言语华丽,铺叙了滕王阁一带形势景色和宴会盛况,抒发了作者"无路请缨"之感慨。"落霞与孤鹜齐飞,秋水共长天一色",这一句堪称千古绝唱。此外,如"披绣闼,俯雕甍,山原旷其盈视,川泽纡其骇瞩。闾阎扑地,钟鸣鼎食之家;舸舰弥津,青雀黄龙之舳。云销雨霁,彩彻区明。落霞与孤鹜齐飞,秋水共长天一色。渔舟唱晚,响穷彭蠡之滨;雁阵惊寒,声断衡阳之浦"一段,作者将滕王阁外之境描绘得淋漓尽致,秋水一色,展现出滕王阁一带的美丽景色。

记叙型的游记文学甚多,像柳宗元的《小石潭记》、欧阳修的《醉翁亭记》、袁宏道的《满井游记》等,都是以所游之地命名而作的游记文学。这类游记文学不仅写景物,抒感慨,更多的是对所游之地整体和细节进行的描绘。以记叙型的方式对景点进行描绘,通过行文就能为读者展现景点的大体构造和生动画面,也更能给读者提供更大的想象空间。这是古代旅游审美观由点到面、由细节到宏观的一大提升,它也很好地印证了"艺术来源于生活,却又高于生活"的境界。对于游记文学来说,它肯定来源于自然或人文景观,但其描述之境肯定高于景观客观存在之景。这就是人在旅游过程中对客体产生的动情的、积极的、综合的审美反应。所以,凡是古代优秀的游记文学中所写之地,均成为现今旅游业开发的热点,也是旅游者趋之若鹜的焦点。就连陶渊明笔下臆想而出的"世外桃源",也成为现代旅游开发商开发的范本、经营的噱头。

(四) 说理型古代游记文学

游记文学在长期的发展过程中,在各个时期呈现的形式和倾向各不相同。王安石、苏轼分别以《游褒禅山记》与《石钟山记》,在寄情于景的基础上,又创造了借景明理的新篇章,体现了游记散文的新成就。两文不以写景见长,而以说理取胜。王安石通过游山中"夫夷以近,则游者众;险以远,则至者少。而世之奇伟、瑰怪、非常之观,常在于险远,而人之所罕至焉,故非有志者不能至也"的事实,说明研究学问必须具有坚强的意志和深思慎取的态度。苏轼则通过实地考察,探求石钟山得名的原因,表现了作者反对主观臆断,注重调查研究的求实精神。同时,陆游在《游山西村》中的"山重水复疑无路,柳暗花明又一村"和苏轼在《题西林壁》中的"不识庐山真面目,只缘身在此山中"这两首诗,都体现出强烈的说理性,前者道出了"船到桥头自然直"的道理,后者说出了"当局者迷,旁观者清"的道理,都是在以诗喻人,警醒世人。

对于古代游记文学这四大板块而言,如果把写景型游记文学放在基础位置,那么抒情型游记文学就是衍生,记叙型游记文学就是升华,而说理型游记文学就是质的飞跃。说理型游记文学已不单单是写景或是抒情,更多体现的是作者内心的深思和对世间万物的一种理性的认识。此时的审美意识,已从主观的"游景游心"到客观的"游境游理",这是旅游审美的心理过程由审美知觉、审美想象到审美理解质的转变。这种说理型的议论化倾向与宋人尚理有关,是时代的产物。文中行文严谨,语言精要,原本过多的议论会削弱文章的形象性,但恰到好处的借景明理正是古代游记文学成熟的特征。

二、中国旅游游记文学发展概况

(一) 先秦至两汉时期

先秦至两汉时期是游记文学的萌芽期。先秦时期包括秦朝时期,这时以审美为目的的旅游还未产生,人们周游或出行,都是为了实现政治或社会目的,未带有旅游的性质,所以游记并未产生。如孔子周游列国,是为了宣扬自己"仁"的政治主张;秦始皇巡视天下,是为了四海归一,称霸天下。但先秦时期对山和水的记载,始见于《禹贡》《山海经》等书。到了汉代,随着国力强盛,社会稳定,经济繁荣,人们的出游活动开始增加,从而对山水和宫殿建筑有了新的认识。两汉时期的游记文学尤以赋为主,描写了京都宫观苑囿之盛和帝王穷奢极欲的生活。如汉赋代表作家司马相如在《子虚赋》中所描绘,"云梦者,方九百里,其中有山焉。其山则盘纡岪郁,隆崇崒嵂。岑崟参差,日月蔽亏。交错纠纷,上干青云。罢池陂陀,下属江河。其土则丹青赭垩,雌黄白坿,锡碧金银。众色炫耀,照烂龙鳞"。在东汉时期,张衡的《归田赋》一改汉代大赋繁重凝滞、虚夸堆砌的文风,转向文句平淡清丽的小赋。文中"于是仲春令月,时和气清。原隰郁茂,百草滋荣。王雎鼓翼,鸧鹒哀鸣;交颈颉颃,关关嘤嘤。于焉逍遥,聊以娱情",形象地描绘了田园山林那种和谐欢快、神和气清的景色。

先秦两汉时期由于其特殊的时代背景和政治的动荡不安，导致文学在开端之时就以原始歌谣和上古文化为主，到后来因政治需要，才发展出春秋战国百家争鸣的旅游文化。这一时期的旅游文化都在逐渐由"神本"走向"人本"，这是旅游审美观的萌芽。虽然到后期创作的主要目的是张扬大国风采和帝国气象，但这其中已经开始具备游记文学的一些特质和倾向。虽然它们都还不具备游记文学的特点，但已经可以被视为早期的游记文学。

(二) 魏晋南北朝时期

魏晋南北朝是游记文学的正式形成和产生期。由于长期的封建割据和连绵不断的战争，社会动荡不安，文人士大夫或对现实社会不满，或逃避官场失意，寄情于山水田园，在大自然中寻找乐趣、抒发情怀，得以慰藉饱受创伤却不甘现实的心灵。也正因如此，他们在审美心理上得到一定程度的发掘和觉醒，大自然的美好开始进入他们的内心世界，背靠青山，坐拥绿水，成为他们生活的一种风气和常态。随着出游活动的增加，旅游意识局部增强，在某种程度上就促进了相对完整和独立的骈体游记和散文游记的产生。如东晋袁崧的《宜都记》"山水纡曲，而两岸高山重障，非日中夜半，不见日月，绝壁或十许丈，其石采色形容，多所像类。林木高茂，略尽冬春。猿鸣至清，山谷传响，泠泠不绝"，形象、生动地写出了三峡江水如带、奇峰秀丽的美景。此外，陶渊明的《游斜川序》以及南北朝时期陶弘景的《答谢中中书》、鲍照的《登大雷岸与妹书》与竹林七贤嵇康、阮籍、山涛、向秀、刘伶、阮咸、王戎等的文学作品，从内容上看都已经完全具备游记文学的审美特点。在这一时期，还特别值得一提的就是北魏地理学家郦道元的著作《水经注》。《水经注》文笔雄健俊美，既是古代地理名著，又是优秀的文学作品。其所包容的地理内容十分广泛，包括自然地理、人文地理、山川胜景、历史沿革、风俗习惯、人物掌故、神话故事等，在中国长期历史发展进程中有着深远影响。侯仁之教授在《水经注选释·前言》中概括得最为贴切："他赋予地理描写以时间的深度，又给予许多历史事件以具体的空间的真实感。"

魏晋南北朝时期的游记文学多是士人对政治和现实的不满，不得不在精神上寻找出路，把灵魂放逐于自然山水的旅游活动之中，因此旅游之风大盛。士人漫游，所到之处，必仰观宇宙、俯察人生，由此生出诸多感慨。像东晋王羲之的《兰亭集序》中"此地有崇山峻岭，茂林修竹；又有清流激湍，映带左右，引以为流觞曲水，列坐其次。虽无丝竹管弦之盛，一觞一咏，亦足以畅叙幽情"，其间不仅记叙兰亭周围山水之美和聚会的欢乐之情，也抒发了作者对好景不长、生死无常的感慨。此时的士人享受山水之美，对旅游文化有着无比热情的创造力。他们以求逃避现实的旅游审美需要和旅游动机便也一直贯穿在历代文人骚客的旅游审美活动之中，因此也推动着旅游审美观由单纯的看山玩水逐渐走向抒情、表意、明理的多元化。

(三) 隋唐宋元时期

隋唐宋元时期是游记文学发展的成熟期。隋唐时期是中国历史上最强盛的时期，国力强盛，社会安定，思想上也比较开放，使得人们的旅游审美意识也更加成熟。这时的人们在旅游过程中不再单单关注于自然或是人文风情,更看重的是旅游者在旅游观赏中的主体审美作用。伴随着山水诗、山水画的盛行,游记文学已走向成熟,并蔚为大观。这一时期的游记内容不仅重视旅游主体的身心愉悦,还积极探索旅游的价值观,注重景物的文化内涵。游记的体裁也在骈体小品短札的基础上产生了铭文、诗序、书信等形式。唐宋游记注重景趣、情趣、理趣,重理念、重寄托。如元结的《右溪记》,仅用一百九十余字,将写景、抒情、议论三者巧妙地结合在一起,将一条默默无闻的小溪描绘得妙趣横生,同时也借此抒发了自己怀才不遇的感慨。他这种寄情于景的游记写作方法对唐代以后的游记文学产生了重大的影响。清人吴汝纶给予很高的评价,说他"次山(元结)放恣山水,实开子厚(柳宗元)先声,文字幽眇芳洁,亦能自成境趣"。唐代的大散文家柳宗元是唐代游记文学的集大成者,他在被贬永州期间创作的《永州八记》,是我国古代游记文学中的一座丰碑,标志着古代游记文学的最高成就。如《始得西山宴游记》中"其高下之势,岈然洼然,若垤若穴,尺寸千里,攒蹙累积,莫得遁隐;萦青缭白,外与天际,四望如一。然后知是山之特立,不与培塿为类。悠悠乎与颢气俱,而莫得其涯;洋洋乎与造物者游,而不知其所穷",诗句文笔质朴,清新峻爽,描写生动,寓言诗形象鲜明,寓意深刻,委婉深曲地抒写自己的心情。

　　宋代的游记文学在内容和形式上更臻完美。其主要表现是名家辈出,游记数量增多,风格多样。著名的唐宋八大家中,宋代占有六家,而这六家的苏洵、苏轼、苏辙、欧阳修、王安石和曾巩均是文学的集大成者。如苏轼的《石钟山记》将议论和叙述相结合,通过夜游石钟山的实地考察,对郦道元和李渤关于石钟山得名的说法进行了分析批评,提出了事不目见耳闻不能臆断其有无的论断,表现了作者注重调查研究的求实精神,富有教育意义。这也体现出宋代游记文学的议论化倾向,在寄情于景的基础上,又创造了借景明理的新篇章,表明人们已经从单纯的"游"转为"游"和"感"相结合。这是审美价值的一大提升。

(四) 明清时期

　　明清时期是游记文学的繁荣期。明清两代是古代游记文学创作的黄金时代,是游记文学的昌盛时期。这一时期不仅出现了专门的游记作家,而且著名的文学家的文集中,几乎皆有游记。同时,公安派主张"独抒性灵,不拘格套",强调创作个性;竟陵派提出幽深孤峭的风格;而桐城派讲究创作的"义法",这都在一定程度上表现出这一时期审美的多样化,推动了游记文学的发展。如明初宋濂的《桃花洞修禊诗序》,刘基的《活水源记》《松风阁记》,写景形象生动,文笔明朗清晰,集中体现了绘画美、风格美、意境美。

　　明代突出的游记文学除了有以公安、竟陵派为代表的山水游记,还有另一座奇峰——徐霞客的巨著《徐霞客游记》。《徐霞客游记》不仅再现了祖国的大好河山,更重要的是,徐霞客的旅游文化思想为旅游过程中科学认识、民俗体验、宗教感悟的审美思想奠定了基础,形成了现代旅游文化的基本观念。

　　清代是古代游记文学继续繁荣的时期,虽然这一时期公安、竟陵"独抒性灵"的余波不绝如缕,但是在乾隆、嘉庆之后,桐城派在游记散文中逐步占有主导地位。如刘大櫆的《游三游洞记》中"中室如堂,右室如厨,左室如别馆。其中一石,乳而下垂,扣之,其声如钟。

而左室外小石突立正方,扣之如磬。其地石杂以土,撞之则逄逄然鼓音。背有石如床,可坐,予与二三子浩歌其间,其声轰然,如钟磬助之响者。下视深溪,水声冷然出地底。溪之外翠壁千寻,其下有径,薪采者负薪行歌,缕缕不绝焉",生动、形象地描绘出洞中石、溪的形态美和声音美,赋予了大自然跃动的生命力。同时,姚鼐的《登泰山记》也是桐城派的名作。其文简洁生动,写景尤为出色,不仅描述作者冒雪登泰山观赏日出的经过,描写出泰山的雄奇形势,也考察纠正了泰山记载的错误,体现了旅游过程中的批判精神。

第二节　中国民间工艺

一、陶瓷器

陶瓷与茶叶、丝绸合称为中国三大特产而名扬中外。中国陶瓷是中国传统文化宝库中的瑰宝,是最富有民族特色的日用工艺品。陶瓷是陶器和瓷器的总称。凡是由黏土或以黏土、长石、石英等为主的混合物,经成型、干燥、烧制而成的制品统称陶瓷。中国陶瓷源远流长,在世界上享有盛誉,早在七八千年前的新石器时代,我国的先民就已经会制造和使用陶器了。瓷器更是中国古代的伟大发明,中国素有瓷国之称。china 是瓷器的意思,而 China 是"中国"的英文翻译,可见在外国人眼里瓷器是中国最有代表性的物品之一。

(一) 陶器

陶器,是用黏土成型,经 700～800℃ 的炉温焙烧而成的无釉或上釉的日用品和陈设品。按黏土所含成分的不同,坯体呈白、青、褐、棕等色。

陶器历史悠久,在新石器时代就已初见简单粗糙的陶器。陶器的发明,是人类历史上最早通过火的使用使一种物质变成另一种物质的创造性活动。陶器的出现,标志着新石器时代的开始,让人类的定居生活更加稳固。

我国当代陶器以江苏宜兴、广东石湾、安徽界首、山东淄博、湖南铜官、云南建水、甘肃天水、河北唐山等地所产最为著名。

知识链接 9-1

中国陶器的发展概况

中国最早的陶器出现于新石器时代早期。在距今 15 000 年左右,首先在中国南方可能已经开始制陶的试验,到距今 9 000 年左右大致完成了陶器的发明和探索。1962 年于江西万年县仙人洞遗址发现的圆底罐,据放射性碳素测试其年代为公元前 6875±240 年,为夹砂红陶,外表有绳纹。裴李岗文化(公元前 5500—公元前 4900 年)中的陶器则多为泥质或夹砂红陶,亦有少量灰陶。在接下来的磁山文化(公元前 5400—公元前 5100 年)、大地湾文化(公元前 5200—公元前 4800 年)、仰韶文化、马家窑文化、大汶口文化、龙山文化可以看出,古代中国人的制陶工艺不断发展,品质提高,种类增多。在中国,彩陶出现在公元前 4000 年左右。"半坡彩陶"为仰韶文化的一部分,在 1953 年首先于陕西西安市半坡村被发现,主要包含水壶及碗等。一开始它们上面纯粹为红色,但陶器上渐渐有独特的符号,称为半坡陶符,纹饰有动物纹、几何纹、编织纹等。此后,在临近各省也发现了类似的陶器。在公元前 2500 年至公元前 2000 年的龙山文化中,出现了黑陶,这是中国制陶工艺的一次高峰。在商朝,有理论认为是当时印欧语系的游牧民族带来陶轮的技术,令陶器量产化。在周朝,以陶轮制作的陶器会以更高温度烧制,令其硬度增强,同时亦会使用绿色的釉料。秦朝的陶俑兵马俑成为当时最具代表性的陶器,而在此时陶器的描绘主题由动物转变为人。在汉朝,陶器的描绘主题出现了佛的形象。到了唐朝,中国出现了白色的陶瓷,而同时亦出现了其他陶像,唐三彩(见图 9-1)成为当时艺术精华的代表。到了宋朝,因为瓷器技术开始成熟,令中国的陶器的辉煌被瓷器完全盖过。此后,中国的陶瓷器重点便落在瓷器上。然而,明清的紫砂壶等陶器乃至近代的江苏宜兴、广东石湾的陶器工艺仍然有非常高的水准。

图 9-1　唐三彩

(二) 瓷器

瓷器是在陶器的基础上制成的器物,不同于陶器,主要有以下特点。第一,瓷器胎料的瓷土成分主要是高岭土,化学成分是氧化硅和氧化铝,含铁量低,瓷胎烧结后,胎色白,质地致密,胎体吸水率不足 1%,具有透明或半透明性,叩之能发出清脆悦耳的金石之声。第二,瓷器的烧成温度必须在 1 200℃ 以上,胎釉经高温烧结后,不易脱落。第三,瓷器表面所施的釉,必须是在高温之下和瓷器一道烧成的玻璃质釉。

中国早在商代就烧出了原始瓷器,东汉时期烧出了真正的瓷器。经魏晋南北朝隋唐时代的发展,至宋元明清时期,中国制瓷业进入兴盛时期,创烧出大量的新品种,从单色釉发展到多种彩色釉,装饰纹样复杂,江西的景德镇成为全国的制瓷业中心。

按产地划分,我国瓷器发展史上有名的瓷器主要有以下几种。

1. 越窑

越窑,该名称最早见于唐人陆龟蒙的《秘色越器》一诗,系对杭州湾南岸古越地青瓷窑场的总称。其形成于汉代,经三国、西晋,至晚唐五代达到全盛期,至北宋中叶衰落。中心产地位于上虞曹娥江中游地区,始终以生产青瓷为主,质量上乘。陆羽《茶经·四之器》中评述茶碗的质量时写道:"若邢瓷类银,越瓷类玉,邢不如越;邢瓷类雪,则越瓷类冰,邢不如越二也;邢瓷白而茶色丹,越瓷青而茶色绿,邢不如越三也。"陆羽煮饮绿茶,故极推崇越瓷。

2. 邢窑

邢窑,在今河北内丘、临城一带,唐代属邢州,故名。该窑始于隋代,盛于唐代,主产白瓷,质地细腻,釉色洁白,曾被纳为御用瓷器,一时与越窑青瓷齐名,世称"南青北白"。陆羽在《茶经》中认为邢不如越,主要是因为他饮用蒸青饼茶,若改用红花比较,或要反映真实的茶汤色泽,则结果正好相反,所以两者各有所长,关键在于与茶性是否相配。

3. 汝窑

汝窑,宋代五大名窑之一,在今河南宝丰清凉寺一带,因北宋属汝州而得名。北宋晚期为宫廷烧制青瓷,是古代第一个官窑,又称北宋官窑。釉色以天青为主,用石灰—碱釉烧制技术,釉面多开片,胎呈灰黑色,胎骨较薄。

4. 钧窑

宋代五大名窑之一。在今河南禹县,此地唐宋时为钧州所辖而得名。始于唐代,盛于北宋,至元代衰落。以烧制铜红釉为主,还大量生产天蓝、月白等乳浊釉瓷器,至今仍生产各种艺术瓷器。

5. 定窑

定窑,宋代五大名窑之一。在今河北曲阳涧磁村和燕山村,因唐宋时属定州而得名。唐代已烧制白瓷,五代有较大发展,白瓷釉层略显绿色,流釉如泪痕。北宋后期创覆烧法,碗盘器物口沿无釉,称为"芒口"。五代、北宋时期承烧部分宫廷用瓷,器物底部有"官""新官"铭文。宋代除烧白瓷外,还烧黑釉、酱釉和绿釉等品种。

6. 南宋官窑

宋代五大名窑之一,宋室南迁后设立的专烧宫廷用瓷的窑场。前期设在龙泉(今浙江龙泉大窑、金村、溪口一带),后期设在临安郊坛下(今浙江杭州南郊乌龟山麓)。两窑烧制的器物胎、釉特征非常一致,难分彼此,均为薄胎,呈黑、灰等色;釉层丰厚,有粉青、米黄、青灰等色;釉面开片,器物口沿和底足露胎,有"紫口铁足"之称。

7. 哥窑

哥窑,宋代五大名窑之一,至今遗址尚未找到。有的文献上将浙江龙泉官窑称为哥窑,实为讹传。传世的哥窑瓷器,胎有黑、深灰、浅灰、土黄等色,釉以灰青色为主,也有米黄、乳白等色,由于釉中存在大量气泡、未熔石英颗粒与钙长石结晶,所以乳浊感较强。釉面有大小纹开片,细纹色黄,粗纹黑褐色,俗称"金丝铁线"。从瓷器的釉色、纹片、造型来看,均不同于宋代龙泉官窑。

8. 建窑

建窑,在今福建建阳。始于唐代,早期烧制部分青瓷,至北宋以生产兔毫纹黑釉茶盏而闻名。兔毫纹为釉面条状结晶,有黄、白两色,称金、银兔毫;有的釉面结晶呈油滴状,称鹧鸪斑;也有少数窑变花釉,在油滴结晶周围出现蓝色光泽。这种茶盏传到日本,都以"天目碗"称之,如"曜变天目""油滴天目"等,现都成为日本的国宝,非常珍贵。该窑生产的黑瓷,釉不及底,胎较厚,含铁量高达10%左右,故呈黑色,有"铁胎"之称。

9. 景德镇窑

景德镇窑,在今江西景德镇。始烧于唐武德年间,产品有青瓷与白瓷两种。青瓷色发灰,白瓷色纯正,素有"白如玉、薄如纸、明如镜、声如磬"之誉。它在宋代主要烧制青白瓷。元代为宫廷烧制青白瓷,上有"枢府"字样,还烧制青花、釉里红等品种。至明代它成为全国瓷器烧制中心,设立了专为宫廷茶礼烧制茶具的工场。

10. 宜兴窑

宜兴窑,在今江苏宜兴鼎蜀镇。早在汉晋时期,就始烧青瓷,产品造型的纹饰均受越窑影响,胎质较疏松,釉色青中泛黄,常见剥釉现象。于宋代开始改烧陶器,及明代它则以生产紫砂而闻名于世。

11. 德化窑

福建省德化瓷的制作始于新石器时代,兴于唐宋,盛于明清,技艺独特,至今传承未断。它一直是我国重要的对外贸易品,与丝绸、茶叶一道享誉世界,为制瓷技术的传播和中外文化交流做出了贡献。如今德化县内保存着宋元时代的碗坪和屈斗宫等窑址。最早可追溯到新石器时代烧造印纹陶器;唐代已开始烧制青釉器;宋代生产的白瓷和青瓷已很精致,瓷器产品开始大量出口;元代,德化瓷塑佛像已经进贡朝廷,得到帝王的赏识;明、清两代,德化瓷器大量流传到欧洲,它的象牙白釉(又名奶油白)对欧洲瓷器的艺术产生很大的影响。

二、织绣艺术

织绣是用棉、麻、丝、毛等纺织材料进行织造、编结或绣制的工艺。中国织绣工艺品种繁多,绚丽多彩,主要有刺绣、织锦、缂丝、抽纱、花边、绒绣、机绣、绣衣、绣鞋、珠绣、地毯、手工编结等工艺。

(一) 丝织艺术

丝织艺术是以蚕丝或化学纤维长丝作经、纬,交织制成丝织物的工艺过程。中国的丝织工艺中,织锦工艺尤为发达。

织锦是中国古代传统的用彩色经纬丝提花织成各种图案花纹的熟丝织品。早在2000多年前的周代,我国先民就发明了织锦的生产工艺。明清时期,随着中国织锦业的发展,逐步形成了产于江苏南京的云锦、产于四川成都的蜀锦、产于江苏苏州的宋锦、产于广西的壮锦这"四大名锦"。

1. 云锦

中国四大名锦现在只有云锦(见图9-2)还保持着传统的特色和独特的技艺,一直保留着传统的老式提花木机织造。南京云锦配色多达18种,运用"色晕"层层推出主花,富丽典雅、质地坚实、花纹浑厚优美、色彩浓艳庄重,大量使用金线,形成金碧辉煌的独特风格。

明、清时为宫廷织品,有多处官办织造局生产,用于宫廷服饰、赏赐等。晚清以来始有商品生产,行业中才产生"云锦"的名称,因其富丽华贵,绚烂如云霞而得名。现代只有南京生产,常称为"南京云锦"。现代云锦继承了

图 9-2　云锦

明、清时期的传统风格而有所发展,传统品种有妆花、库锦、库缎等几大类。库金、库锦等,以清代织成后输入内务府"缎匹库"而得名,沿用至今。

2. 蜀锦

蜀锦(见图 9-3)原指四川生产的彩锦,后成为织法似蜀锦的各地所产之锦的通称。蜀锦多用染色的熟丝线织成,用经线起花,运用彩条起彩或彩条添花,用几何图案组织和纹饰相结合的方法织成。成都是蜀锦的故乡,公元前 316 年秦灭蜀后,便在成都夷里桥南岸设"锦官城",置"锦官"管理织锦刺绣。汉朝时成都蜀锦织造业便已经十分发达,朝廷在成都设有专管织锦的官员,因此成都被称为"锦官城",简称"锦城";而环绕成都的锦江,也因有众多织工在其中洗濯蜀锦而得名。十样锦是蜀锦的主要品种之一,简称"什锦"。

3. 宋锦

宋锦(见图 9-4)产于苏州,因其具有宋代织锦风格而得名。始于北宋,明末失传,清初又恢复。宋锦色彩多用调和色,不用对比色,纹样多为几何纹骨架,间饰团花或折枝小花,规整工致,几何纹有八达晕、连环、飞字、龟背等。宋锦主要用于装裱书画和礼品装饰之用。

图 9-3　蜀锦

图 9-4　宋锦

4. 壮锦

壮锦(见图 9-5)据传起源于宋代,是广西民族文化瑰宝。这种利用棉线或丝线编织而成的精美工艺品,图案生动,结构严谨,色彩斑斓,充满热烈、开朗的民族格调,体现了壮族人民对美好生活的追求与向往。忻城县是广西壮锦的起源地之一,有着悠久的历史和深厚的文化底蕴,忻城壮锦曾经是广西壮锦中的精品,作为贡品晋献皇宫。传统沿用的纹样主要有二龙戏珠、回纹、水纹、云纹、花卉、动物等 20 多种,又出现了"桂林山水""民族大团结"等 80 多种新图案,富有民族风格。

图 9-5　壮锦

(二) 刺绣艺术

刺绣是用针引线在绣料上穿刺出一定图案和色彩花纹的装饰织物,是中国民间传统手工艺之一,在中国至少有两三千年历史,被誉为"东方艺术明珠"。苏绣、湘绣、粤绣、蜀绣被誉为中国四大名绣。

1. 苏绣

苏绣(见图 9-6)主要产地在江苏苏州、南通一带,已有 2600 多年历史,在宋代已具相当规模,明代逐步形成自己独特的风格,清代为盛期。苏州刺绣,素以精细、雅洁著称。图案秀丽,色泽文静,针法灵活,绣工细致,形象传神。技巧特点可概括为"平、光、齐、匀、和、顺、细、密"八个字。针法有几十种,常用的有齐针、抢针、套针、网绣、纱绣等。最能体现苏绣艺术特征的是"双面绣",《猫》是双面绣的代表作。

图 9-6　苏绣

2. 湘绣

湘绣(见图 9-7)以湖南长沙为中心的刺绣品的总称。是在湖南民间刺绣的基础上,吸取了苏绣和湘绣、粤绣的优点而发展起来的。早期湘绣以绣制日用装饰品为主,以后逐渐增加绘画性题材的作品。湘绣的特点是构图严谨、色彩鲜明,各种针法富于表现力。常以中国画为蓝本,色彩丰富鲜艳,十分强调颜色的阴阳浓淡,形态生动逼真,风格豪放,曾有"绣花能生香,绣鸟能听声,绣虎能奔跑,绣人能传神"的美誉。湘绣以特殊的鬊毛针绣出的狮、虎等动物,毛丝有力、威武雄健,有"苏猫湘虎"的说法。

3. 粤绣

粤绣(见图 9-8)亦称"广绣",产地在广东。粤绣历史悠久,相传最初创始于少数民族——黎族。粤绣构图繁而不乱,色彩富丽夺目,针步均匀,针法多变,纹理分明,善留水路。粤绣品类繁多,欣赏品主要有条幅、挂屏、台屏等;实用品有被面、枕套、床楣、披巾、头巾、台帷和绣服等。一般多作写生花鸟,富于装饰味,常以凤凰、牡丹、松鹤、猿、鹿以及鸡、鹅等为题材,混合组成画面。妇女衣袖、裙面,则多作满地折枝花,铺绒极薄,平贴绸面。配色选用反差强烈的色线,常以红绿相间,炫目耀眼,宜于渲染欢乐热闹气氛。金银丝线绣是粤绣中最具特色的技法之一,它能使绣品上的景物形象富有立体感。粤绣的代表作有《百鸟朝凤》等。

图 9-7　湘绣

图 9-8　粤绣

4. 蜀绣

蜀绣(见图 9-9)又名"川绣",是以四川成都为中心的刺绣品的总称。据晋代常璩《华阳国志》载,当时蜀中刺绣已很闻名,同蜀锦齐名,都被誉为蜀中之宝。清代道光时期,蜀

图 9-9　蜀绣

绣已形成专业生产,成都市内发展有很多绣花铺,既绣又卖。蜀绣以软缎和彩丝为主要原料,题材内容有山水、人物、花鸟、虫鱼等。针法经初步整理,有套针、晕针、斜滚针、旋流针、参针、棚参针、编织针等 100 多种。品种有被面、枕套、绣衣、鞋面等日用品和台屏、挂屏等欣赏品。以绣制龙凤软缎被面和传统产品《芙蓉鲤鱼》最为著名。蜀绣的特点是形象生动,色彩鲜艳,富有立体感,短针细密,针脚平齐,片线光亮,变化丰富,具有浓厚的地方特色。

三、木版年画

年画是我国民间用于过春节、庆丰收、预祝来年春景好的传统民俗艺术品。木版年画出现于雕版印刷术发明之后的宋代,明代中叶已经成为一种独立的艺术形式。清朝康熙以后,年画的发展到了鼎盛时期。传统年画的题材大体分五类,一为神像,以门神为最常见,分文武两种;二为吉祥图案;三为历史人物及故事;四为戏曲故事;五为市井风情。著名年画产地有天津杨柳青、江苏苏州桃花坞、山东潍坊杨家埠、河南朱仙镇、四川绵竹、陕西凤翔、广东佛山、福建泉州和安徽阜阳等地。其中天津杨柳青、苏州桃花坞、山东潍坊杨家埠被誉为中国三大木版年画产地。

(一) 杨柳青年画

杨柳青年画,全称"杨柳青木版年画",属于木版印绘制品,是著名的汉族民间木版年画之一,与苏州桃花坞年画并称"南桃北柳"。

杨柳青年画产生于中国明代崇祯年间,继承了宋、元绘画的传统,吸收了明代木刻版画、工艺美术、戏剧舞台的形式,采用木版套印和手工彩绘相结合的方法,创立了鲜明活泼、喜气吉祥、富有感人题材的独特风格。2006 年 5 月 20 日,该遗产经国务院批准列入第一批国家级非物质文化遗产名录。

(二) 桃花坞年画

桃花坞年画是江南地区的民间木版年画,因曾集中在苏州城内桃花坞一带生产而得名。它和河南朱仙镇、天津杨柳青、山东潍坊杨家埠、四川锦竹的木版年画,并称为中国五大民间木版年画。

桃花坞年画源于宋代的雕版印刷工艺,由绣像图演变而来,到明代发展成为民间艺术流派,清代雍正、乾隆年间为鼎盛时期,每年出产的桃花坞木版年画达百万张以上。桃花坞年画的印刷兼用着色和彩套版,构图对称、丰满,色彩绚丽,常以紫红色为主调表现欢乐

气氛,基本全用套色制作,刻工、色彩和造型具有精细秀雅的江南地区民间艺术风格,主要表现吉祥喜庆、民俗生活、戏文故事、花鸟蔬果和驱鬼避邪等汉族民间传统审美内容。民间画坛称之为"姑苏版"。2006 年 5 月 20 日,该遗产经国务院批准列入第一批国家级非物质文化遗产名录。

(三) 杨家埠木版年画

杨家埠木版年画是一种流传于山东省潍坊市杨家埠的汉族民间版画。其制作方法简便,工艺精湛,色彩鲜艳,内容丰富。每年春节年画题材都会更换一次,许多新思想、新事物出现之后,马上就能够在年画中反映出来,对社会的进步起到一定的促进作用。另外,杨家埠木版年画还间接地记录下了中国民居和民间社会生活的情况,对于中国古代文化的研究有一定的参考价值。

杨家埠木版年画乡土气息浓厚,制作工艺别具特色,与天津杨柳青、苏州桃花坞并称中国木刻版画三大产地。2006 年 5 月 20 日,该遗产经国务院批准列入第一批国家级非物质文化遗产名录。

四、雕塑工艺

雕塑工艺是中国文化中的瑰宝,是造型艺术的重要门类,分为雕刻和塑造。雕刻分为玉雕、石雕、木雕、竹雕等。塑造分为泥塑、面塑等。

(一) 玉雕

玉雕,也称玉器,由玉石雕琢而成,是我国特种工艺品之一。玉分软玉和硬玉,中国传统古玉多是软玉,软玉有新疆和田玉、河南独山玉、辽宁岫玉等;硬玉主要指翡翠。

中华民族是崇尚玉的民族,好玉之风甚至影响到中国人的行为道德规范。有"君子比德于玉"之说,凡国家重要庆典、朝会、祭祀及百姓生活中的各种饰品用具都会用到玉,如皇帝象征权力的玉玺,北京奥运会的会徽也是用和田玉雕琢而成的。古人用玉之广泛和讲究,是告诫人们要重视和遵守国家社会的礼制。此外,好玉的原因还认为玉可以"辟邪"和"养生"。中国最早的玉器出现于新石器时代。古代玉雕按用途可大体分为玉礼器、玉兵器、仪仗器、装饰器、葬玉器、实用器具和玉陈设等几类。

我国玉雕主要产地是北京、江苏、上海、广东、新疆、辽宁和黑龙江等地,以北京玉雕、扬州玉雕和苏州玉雕较为著名。

1. 北京玉雕

北京玉雕历史悠久,早在新石器时代的"山顶洞人",就用玉器作为妇女的装饰品。在以后的漫长岁月中,历代繁衍,逐渐形成工艺精湛、造型优美的玉雕艺术。北京玉雕是原宫廷玉雕工艺的继承和发扬。

北京玉雕技艺源远流长、深厚精湛,在制作上量料取材,因材施艺,遮瑕为瑜成为琢玉的重要法则。能工巧匠利用玉石的自然形状、色泽、质地、纹理和透明度,创作出许多巧夺天工、妙趣天成的珍品。玉器制作的工艺过程可概括为"议、绘、琢、光"几个阶段。表现手法有圆雕、浮雕、镂雕、线雕等。北京玉雕品类繁多,有诸如器皿、人物、花卉、鸟兽、盆景、首饰等。

2. 扬州玉雕

扬州玉雕是江苏扬州汉族民间雕刻艺术之一，是中国玉雕工艺的一大流派。江苏扬州市是一座具有2 000多年历史的古城，文化积淀厚重，尤其自明清以来，即为中国三大玉雕重地之一。

扬州玉雕选用优质白玉、翡翠、珊瑚、芙蓉石及岫岩石等为原料制成。制作技艺上讲究立雕、浮雕、镂空雕等相结合，因材施艺，度势造型。成品雄浑古朴、圆润典雅且秀丽精细、玲珑剔透。总体风格以"南方之秀"为主，兼具"北方之雄"。扬州玉雕以雕大件作品最为著名，元代开创山子雕，将三雕技术结合为一体。如清乾隆时的《大禹治水图》即为扬州玉雕珍品，以和田玉为玉料，是世界上最大的玉雕作品。

3. 苏州玉雕

苏州玉雕是古老的汉族民间雕刻艺术，中国玉雕发源地之一。中国的玉雕作品在世界上享有很高的声誉。明末宋应星所著《天工开物》记载，有良玉虽集京城，工巧则推苏州。苏州玉雕沿用传统技艺，选材严密，设计强调因材施艺，量料取材，有炉瓶、花卉、人物、鸟兽、杂件等品种。

(二) 石雕

石雕工艺是以各种名石为原料，采用圆雕、浮雕、镂雕等技法，以人物、动物、花鸟和山水等为题材雕刻出的各种陈设和实用工艺品。石雕是雕刻艺术中影响最广的门类之一，帝王陵墓雕刻和石窟造像艺术大多都属于石雕。常用石料有大理石、青田石、汉白玉、寿山石、鸡血石、菊花石和巴林石等，著名的有寿山石雕、青田石雕、菊花石雕等。

1. 寿山石雕

寿山石因产于福州北郊寿山而得名，色彩斑斓、种类繁多，有上百个品种，以"田黄石"

图 9-10 寿山石雕

最名贵。寿山石雕（见图 9-10）始于南朝，盛于明清，到了清末同治、光绪年间，寿山石雕因发源地、师承关系、市场对象和雕风习俗的区别等原因，还出现了流派，主要是东门派和西门派。寿山石雕的技法有圆雕、钮雕、镂雕、链雕、浮雕、透雕、薄意、镶嵌、微雕和篆刻。作品巧妙利用石料色泽和形状进行设计，分别雕刻出各种印章、人物、花卉、动物、文具、器皿等陈设和实用品，能使各种造型达到形、神、情、趣兼具。

2. 青田石雕

青田石产于浙江青田县，其脆软相宜，适宜手工精雕细刻。青田石分布很广，种类上百，以灯光冻、封门青、封门三彩、黄金耀等冻石最名贵。青田石雕（见图 9-11）始于南宋，是民间艺术宝库中的一颗璀璨明珠。最早产品多为图章、笔架、笔筒、墨水池和香炉，到清代产品扩展为人物、花果、鸟兽虫鱼等欣赏陈设品。青田石雕自成流派，奔放大气，细腻精巧，写实而尚意，形神兼备。技法有圆雕、镂雕、透雕、浮雕及线刻等，尤以镂雕见长。由于根据石材的特点展开构思,因材施艺、依色取俏,因而青田石雕具有独特的艺术魅力。

3. 菊花石雕

菊花石产于湖南浏阳,其石色泽呈灰色或灰黑色,上面显现着一朵朵天然生成的菊花状白色花纹,其花纹洁白晶莹,奇趣天成。菊花石雕(见图9-12)工艺有浮雕、圆雕、镂空雕、透雕等。石雕作品以石料的天然花纹为底色,将菊花雕刻得十分逼真。作品有山水花草、古今人物、飞禽走兽为题材的陈设品。

图 9-11　青田石雕

图 9-12　菊花石雕

此外,浙江昌化鸡血石雕刻,内蒙古巴林石雕刻和云南大理石雕刻也是现代非常著名的石雕工艺美术。昌化鸡血石、青田冻石和寿山田黄石还被称为我国的三大佳石。

(三) 木雕

木雕是以各种木材为原料的雕刻工艺,用料有紫檀木、乌木、红木、鸡翅木、沉香木、楠木和黄杨木等,最常用的是紫檀木与黄杨木。木雕历史悠久,浙江余姚河姆渡文化遗址就有木雕鱼出土,是我国木雕史上最早的实物。明清以来,木雕形成许多流派,分布在浙江、福建、湖北、江苏、广东、山东、安徽等地,其中东阳木雕、潮州木雕、乐清黄杨木雕、徽州木雕、云南剑川木雕、宁波木雕、苏州红木雕、曲阜楷木雕、武汉木雕船、泉州木偶雕刻等都较有名。

中国木雕工艺大的方面有两大系统,一是以潮州木雕为代表,作品雕刻完工后,要在其表面髹漆、贴金,宁波朱金木雕、福州龙眼木雕就如此;另一系统是以东阳木雕为代表,作品雕刻完成后不髹漆,保持木材的原有色泽和纹理,如黄杨木雕和红木雕刻等。

1. 东阳木雕

东阳木雕(见图9-13)产于浙江东阳,是古老的民间木雕工艺之一,约始于北宋。东阳木雕根据建筑、家具及陈设品各自的造型特点,有一套独特而完备的雕刻技法,以浮雕见长。平面镂空和多层镂空独具特色,还有圆雕、阴

图 9-13　东阳木雕

刻和彩木镶嵌等。东阳木雕借鉴传统的散点透视法或鸟瞰透视法构图,然后镂空双面雕,使人物或场景有远有近,主次得体,立体感强,内容多取材山水、花鸟走兽及人们喜闻乐见

图 9-14 潮州木雕

的神话故事、民间传说和戏曲故事等。东阳木雕、乐清黄杨木雕和青田石雕被誉为"浙江三雕"。东阳有"木雕之乡"的美誉。

2. 潮州木雕

潮州木雕(见图 9-14)起源于潮州,包括潮安、潮阳、普宁、饶平、海陆丰和梅县等地,主要用作建筑装饰和日用家具装饰,技法有浮雕、圆雕、阴刻和镂雕等,以镂雕、通雕最为精湛。作品表面贴金是其一大特征,和东阳木雕风格截然不同,称为"金漆木雕"。有黑漆装金和五彩装金两种形式,作品显得玲珑剔透、庄严华丽。题材以人物、山水、水族和戏曲故事为多,景物错落有致、形神兼备,风格细腻优美,具有强烈的艺术魅力。

(四) 泥塑与面塑

泥塑,俗称"彩塑""泥玩",是中国民间传统的一种古老而常见的民间艺术。即用黏土塑制成各种形象的一种民间手工艺。制作方法是在黏土里掺入少许棉花纤维,捣匀后,捏制成各种人物的泥坯,经阴干,涂上底粉,再施彩绘。它以泥土为原料,以手工捏制成形,或素或彩,以人物、动物为主。泥塑发源于宝鸡市凤翔县,流行于陕西、天津、江苏、河南等地。著名的泥塑有陕西彩泥偶、无锡惠山泥塑、河北白河沟泥塑、苏州泥塑。其中影响最大的是天津泥塑及泥人张。

面塑,俗称面花、礼馍、花糕、捏面人,是源于山西的汉族民间传统艺术之一,以糯米面为主料,调成不同色彩,用手和简单工具,塑造各种栩栩如生的形象。旧社会的面塑艺人"只为谋生故,含泪走四方",挑担提盒,走乡串镇,做于街头,深受群众喜爱,但他们的作品却被视为一种小玩意儿,是不能登上大雅之堂的。如今,面塑艺术作为珍贵的非物质文化遗产受到重视,小玩意儿也走入了艺术殿堂。捏面艺人,根据所需随手取材,在手中几经捏、搓、揉、掀,用小竹刀灵巧地点、切、刻、划,塑成身、手、头面,披上发饰和衣裳,顷刻之间,栩栩如生的艺术形象便脱手而成。

五、漆器及金属工艺

(一) 漆器

用漆涂在各种器物的表面上所制成的日常器具及工艺品、美术品等,一般称为"漆器"。生漆是从漆树割取的天然液汁,主要由漆酚、漆酶、树胶质及水分构成。用它做涂料,有耐潮、耐高温、耐腐蚀等特殊功能,又可以配制出不同色漆,光彩照人。在中国,从新石器时代起就认识了漆的性能并用以制器。历经商周直至明清,中国的漆器工艺不断发

展,达到了相当高的水平。中国的炝金、描金等工艺品,对日本等地都有深远影响。漆器是中国古代在化学工艺及工艺美术方面的重要发明。当代漆器工艺分布于北京、福建、江苏、四川、贵州、山西和甘肃等地。著名漆器有北京雕漆、福州脱胎漆器、扬州漆器、大方漆器等。

知识链接 9-2

中国著名的漆器

1. 北京雕漆

北京雕漆(见图 9-15)是一项古老的传统手工技艺。始于唐代,兴于宋、元,盛于明、清。和一般的漆器不同,一般所说的漆器,主要的表现手法是把漆涂在漆胎上或是在漆器上刻花之后再涂一层漆,也有的是镶上或用漆色画上图案、花纹等,产品的品种主要是室内家具。北京雕漆则不然,它是以雕刻见长。在漆胎上涂几十层到几百层漆,厚 15～25 毫米,再用刀进行雕刻,故称"雕漆"。在史书上雕漆又可称为"剔红",这是习惯性的称法,因为在古代的雕漆制品中,主要是以红、绿颜色为主。

2. 福州脱胎漆器

福州脱胎漆器(见图 9-16)是具有独特民族风格和浓郁地方特色的传统艺术珍品,与北京的景泰蓝、江西的景德镇瓷器并称为中国传统工艺的"三宝",享誉国内外。福州脱胎漆器是继承中国古代优秀漆文化发展起来的。它品类之多在全国漆器行业首屈一指,大的如陈列在北京人民大会堂的漆画大屏风、彩绘大花瓶、脱胎仿古铜大狮等,小的如烟具、茶具、餐碗、盘、碟、罐等,共有 18 类 1 200 多个花色品种。它质地坚固轻巧、造型别致,装饰技法丰富多样,色彩明丽和谐,可谓集众美于一体,具有非凡的艺术魅力。

图 9-15　北京雕漆

图 9-16　福州脱胎漆器

3. 扬州漆器

扬州漆器(见图 9-17)历史悠久,早在两千多年前的汉代,就饮誉海内。隋唐时期,扬州漆器工艺格外精致,金属镶嵌产品日益增多。明清两代为扬州漆器的兴盛时期,除了彩绘和雕漆外,平磨螺钿、骨石镶嵌、百宝镶嵌等新工艺亦有所发展。传统的扬州漆器,是在精致髹漆的基础上,选用翡翠、玛瑙、珊瑚、碧玉、白玉、象牙、紫檀、云母、夜光螺及金银等800种名贵材料制作而成。漆器装饰纹样大量摹刻"扬州八怪"等名人书画,更提高了扬州漆器的艺术欣赏价值。

4. 贵州大方漆器

贵州大方漆器(见图9-18)产于贵州大方县,始于明末清初,有300多年历史。大方漆器开始只会用牛马皮脱胎,经过29道工序,制成烟叶盒,专供少数民族需用。后将牛马皮脱胎技术改为用棉麻布脱胎,颜色上由过去的黑红两色改进为以部分颜料作色,由过去的明花、影花、明光、退光逐步扩大到印漆、银刻、金花、台花、五彩霞花等。大方漆器技艺精湛,古朴典雅、润泽生辉,表面绘有金花、影花、龙凤、人物、山水、花卉等图案,并有古代名人诗词歌赋,具有能保色、保味、防潮、防蛀、不传热、经久耐用的特点。

图 9-17　扬州漆器

图 9-18　贵州大方漆器

(二) 金属工艺

金属工艺是中国工艺艺术的一个特殊门类,主要包括景泰蓝、烧瓷、花丝镶嵌、斑铜工艺、锡制工艺、铁画、保定铁球、金银饰品等。

1. 景泰蓝

图 9-19　景泰蓝

景泰蓝(见图 9-19)又称铜胎掐丝珐琅,13 世纪由云南传到北京,盛于明景泰年间,并多用蓝色釉料,故名"景泰蓝"。现在各种颜色都有,但仍叫景泰蓝,因为景泰蓝已代表一种工艺,而非颜色的名称了。制作景泰蓝先要用紫铜制胎,然后在上面作画,再用铜丝或金银丝在铜胎上粘出图案花纹。接着用不同色彩的珐琅釉料镶嵌在图案中,最后经反复烧结、磨光、镀金而成。这种工艺品晶莹夺目、金碧辉煌,具有浑厚持重、富丽典雅的艺术特色。景泰蓝的制作既运用了青铜和瓷器工艺,又融入了传统手工绘画和雕刻技艺,堪称中国传统工艺集大成者。它和福建脱胎漆器、景德镇瓷器并称中国传统工艺"三绝"。

知识链接 9-3

"景泰蓝"的起源

　　景泰蓝,亦称"铜胎掐丝珐琅",是一种特种工艺品,是用细扁铜丝做线条,在铜制的胎上捏出各种图案花纹,再将五彩珐琅点填在花纹内,经烧制、磨平镀金而成。外观晶莹润泽,鲜艳夺目。

　　关于景泰蓝的起源,考古界至今没有统一的答案。一种观点认为景泰蓝诞生于唐代;另一种说法是元代忽必烈西征时,从西亚、阿拉伯一带传进中国,先在云南一带流行,后得到京城人士喜爱,才传入中原。但有一点为学术界所公认:明代宣德年间,中国景泰蓝制作工艺吸收以前各代优点,并达到了一个新的顶峰时期,"景泰蓝"一词也从此诞生。

　　北京是中国景泰蓝的发祥地,也是最为重要的产地。北京景泰蓝以典雅雄浑的造型、繁富的纹样、清丽庄重的色彩著称,给人以圆润坚实、细腻工整、金碧辉煌、繁花似锦的艺术感受,成为驰名世界的传统手工艺品。景泰蓝工艺的艺术特点可用形、纹、色、光四字来概括。一件精美的景泰蓝器皿,首先要有良好的造型,这取决于制胎;还要有优美的装饰花纹,这决定于掐丝;华丽的色彩决定于蓝料的配制;辉煌的光泽完成于打磨和镀金。所以,它是集美术、工艺、雕刻、镶嵌、玻璃熔炼、冶金等专业技术为一体,具有鲜明的民族风格和深刻的文化内涵,是最具北京特色的传统手工艺品之一。

2. 金银花丝镶嵌

　　金银花丝镶嵌(见图 9-20)又叫"细金工艺",是用金、银等材料镶嵌各种宝石、珍珠,或用编织技艺制造而成。花丝镶嵌工艺唐代已具雏形,时称盘丝或垒丝;明代达到很高的艺术水平;清代有更大的发展,名品不断涌现,很多成为宫廷贡品。花丝镶嵌主要有首饰和摆件两大类,以摆件为主。花丝镶嵌以北京、成都最负盛名。

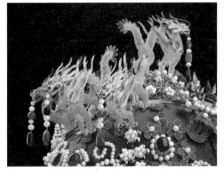

图 9-20　金银花丝镶嵌

第三节　中国书法艺术

　　中国的书法艺术兴始于汉字的产生阶段,"声不能传于异地,留于异时,于是乎文字生。文字者,所以为意与声之迹"。因此,产生了文字。书法艺术的第一批作品不是文字,而是一些刻画符号——象形文字或图画文字。汉字的刻画符号,首先出现在陶器上。最初的刻画符号只表示一个大概的混沌的概念,没有确切的含义。

汉字书法为汉族文化的独特表现艺术,被誉为:无言的诗,无行的舞;无图的画,无声的乐。中国书法的六种主要书体,即篆书体(包括大篆、小篆)、隶书体(包括古隶、今隶)、楷书体(包括魏碑、正楷)、燕书体(包括燕行、燕隶)、行书体(包括行楷、行草)、草书体(包括章草、小草、大草、标准草书)。

一、中国书法的发展历史

(一) 史前时期

距今 8 000 多年前,黄河流域出现了磁山、斐李岗文化,在斐李岗出土的手制陶瓷上,有较多的符号。这种符号,是先民们的交际功能、记事功能与图案装饰功能的混沌结合。这些虽不是真正的汉字,但却是汉字的雏形。

紧接着在距今约 6 000 年前的仰韶文化的半坡遗址,出土了有一些类似文字的简单刻画的彩陶。这些符号已区别于花纹图案,把汉文字的发展又向前推进了一步。这可以说是中国文字的起源。接着有二里头文化和二里岗文化。二里头文化考古发掘中发现有刻画记号的陶片,其记号共有二十四种,有的类似殷墟甲骨文字,都是单个独立的字。二里岗文化已发现有文字制度。这里曾发现过三块有字的骨头,两块各一个字,一块十个字,似为练习刻字而刻。这使得文明又向前迈进了一大步。

原始文字的起源,是一种模仿的本能,用于形象某个具体事物。它尽管简单而又混沌,但它已经具备了一定的审美情趣。因此这种简单的文字可以称之为史前的书法。

(二) 秦时期

从夏商周,经过春秋战国,到秦汉王朝,2 000 多年的历史发展也带动了书法艺术的发展。这个时期内各种书法体相继出现,有甲骨文、金文、石刻文、简帛朱墨手迹等。相对而言,春秋战国时期,各国文字差异很大,是发展经济文化的一大障碍。秦始皇统一国家后,丞相李斯主持统一全国文字,这在中国文化史上是一伟大功绩。秦统一后的文字称为秦篆,又叫小篆,是在金文和石鼓文的基础上删繁就简而来的。著名书法家李斯主持整理出了小篆,《绎山石刻》《泰山石刻》《琅琊石刻》《会稽石刻》即为李斯所书,历代都有极高的评价。

(三) 两汉时期

两汉书法分为两大表现形式,一为主流系统的汉石刻;一为次流系统的瓦当玺印文和简帛盟书墨迹。

"后汉以来,碑碣云起"是汉隶成熟的标记。在摩崖石刻中(刻在山崖上的文字)尤以《石门颂》等为最著名,书法家视之为"神品"。与此同时,蔡邕的《熹平石经》达到了恢复古隶、胎息楷则的要求。而碑刻是体现一个时代度与韵的最主要的艺术形式,东汉碑刻上的隶书已经登峰造极,字形方正,法度谨严,波磔分明。

书法艺术的繁荣期是从东汉开始的。东汉时期出现了专门的书法理论著作,最早的书法理论提出者是东西汉之交的扬雄。第一部书法理论专著是东汉时期崔瑗的《草书势》。

(四) 魏晋南北朝时期

三国时期，隶书开始由汉代的高峰地位降落，从而衍变出楷书，楷书成为书法艺术的又一主体。楷书又名正书、真书，由钟繇所创。正是在三国时期，楷书进入刻石的历史。三国(魏)时期的《荐季直表》《宣示表》等成了雄视百代的珍品。

两晋时期，在生活处事上倡导"雅量""品目"，艺术上追求中和居淡之美，书法大家辈出。二王(王羲之、王献之)妍放疏妙的艺术品位迎合了士大夫们的要求。人们愈发认识到书写文字还有一种审美价值。其中，最能代表魏晋精神、在书法史上最具影响力的书法家当属王羲之，人称"书圣"。王羲之的行书《兰亭序》被誉为"天下第一行书"。王羲之的行书，笔势飘若浮云，矫若惊龙。其子王献之的《洛神赋》字法端劲，所创"破体"与"一笔书"为书法史一大贡献。加以陆机、卫瑾、索靖、王导、谢安、鉴亮等书法世家之烘托，南派书法相当繁荣。

南北朝时期，中国书法艺术进入北碑南帖时代。此时的南北朝分为南北两派，如北碑南帖，北楷南行。北朝襄扬先世，显露家业，刻石为多。而在北朝碑刻书法之中，以北魏、东魏最精，风格亦多姿多彩。代表作有《张猛龙碑》(全称《鲁郡太守张府君清颂碑》)、《敬使君碑》。碑帖的代表作有《真草千字文》。而南北两派最著名的代表则是南梁的《瘞鹤铭》、北魏的《郑文公碑》，此二者可谓南北双星。

(五) 隋唐五代时期

隋唐五代书法可分为三个阶段。

1. 隋至唐初

隋统一中国，将南北朝文化艺术兼容包蓄，至唐初，政治昌盛，书法艺术逐渐从六朝的遗法中蝉蜕出来，以一种新的姿态显现。唐初以楷书为主流，总特点是结构谨严整饬。

2. 盛唐、中唐阶段

盛唐时期的书法，与当时的社会形态相协调，追求一种浪漫忘形的方式。如"颠张醉素"(张旭、怀素)之狂草，李邕之行书。到了中唐，楷书再度有新的突破。以颜真卿为代表，为楷书奠定了标准，树立了楷模，形成正统。至此中国书法文体已全部确定下来。

3. 晚唐五代阶段存唐遗风

公元 907 年，割据者朱全忠灭唐，建立后梁，由此历后唐、后晋、后汉、后周，称五代。由于国势衰弱和离乱，文化艺术亦呈下坡之势。书法艺术虽承唐末之余续，但因兵火战乱的影响，形成了凋落衰败的总趋势。

五代之际，在书法上值得称道的，当推杨凝式。他的书法在书道衰微的五代，可谓中流砥柱。另外还有李煜、彦修等有成就的书家。至此，唐代平正严谨的书风已告消歇，以后北宋"四家"继之而起，又掀起了新的时代波澜。

知识链接 9-4

"颜筋柳骨"

"颜"指颜真卿,"柳"指柳公权,都是中国古代书法史上著名的楷书大家。颜真卿的书法用笔肥厚粗拙,显得筋力老健,风骨洒脱。柳公权的书法棱角分明,以骨力遒健著称。"颜筋柳骨"是说颜、柳的风格像筋骨那样挺劲有力。

"颜筋柳骨"出自宋·范仲淹《祭石学士文》:"曼卿之笔,颜筋柳骨。"指颜柳两家书法挺劲有力,但风格有所不同。也泛称书法极佳。

(六) 宋朝时期

宋朝书法尚意,这是宋代大倡理学所致。所谓"意",其内涵包含四点:一重哲理性,二重书卷气,三重风格化,四重意境表现,同时介导书法创作中个性化和独创性。这些在书法上有所体现,如果说隋唐五代的尚法是求"工"的体现,那么到了宋代,书法开始以一种尚意抒情的新面目出现在世人面前。这就是书家除了具有"天然""工夫"两个层次外,还需具有"学识",即"书卷气"。北宋四家一改唐楷面貌,追崇晋帖行书的遗风。

无论是天资既高的蔡襄和自出新意的苏东坡,还是高视古人的黄庭坚和萧散奇险的米芾,都力图在表现自己的书法风貌的同时,凸现出一种标新立异的姿态,使学问之气郁郁芊芊发于笔墨之间,并给人以一种新的审美意境。这在南宋的吴说、赵佶、陆游、范成大、朱熹、文天祥等书家中,进一步得到延伸。只不过南宋书家的学问和笔墨功底已不能和北宋四家相比了。

(七) 元朝时期

元初经济文化发展不大,书法总的情况是崇尚复古,宗法晋、唐,而少创新。

虽然在政治上,元朝由少数民族统治,然而在文化上却被汉文化所同化。与宋不拘常法的意境追求不同,元朝之意表现为刻意求工的形式美的追求。所以,苏轼标榜的是"我书意造本无法",但赵孟頫鼓吹的是"用笔千古不易"。前者追求率意之意,后者强调有意之意。

元朝书坛的核心人物是赵孟頫,他所创立的楷书"赵体"与唐楷之欧体、颜体、柳体并称"四体",成为后代临摹的主要书体。由于赵孟頫的书法思想绝对不逾越二王一步,所以,他的书法对王派书法的精髓之处颇有独到的领悟,表现为"温润娴雅""秀妍飘逸"的风格面貌,这也和他信佛教,审美观趋向飘逸的超然之态,希望获得一种精神解脱有一定联系。在元朝书坛也享有盛名的还有鲜于枢、邓文原。虽然成就不及赵孟頫,然在书法风格上也有自己独到之处。他们主张书画同法,注重结字的体态。

纵观元代书法,其特征是"尚古尊帖"。其成就大者还在行书和草书方面。至于篆隶,虽有几位名家,但并不怎么出色。这种以行书、草书为主流的书法,发展到了清代才得到改变。

(八) 明清时期

明初书法"一字万同","台阁体"盛行。沈度、沈粲兄弟推波助澜,将工笔稳健的小楷推向极致。"凡金版玉册,用之朝廷,藏秘府,颁属国,必命之书",二沈书法被推为科举楷则。明初书法家有擅行草书的刘基、工小楷的宋濂、精篆隶的宋遂和名满天下的章草名家朱克,以及祝允明、文徵明、王宠"三子"。

明中期吴中四家崛起,书法开始朝尚态方向发展。祝允明、文徵明、唐寅、王宠四子依赵孟𫖯而上通晋唐,取法弥高,笔调亦绝代,这和当时思想观念的开拓解放有关,书法开始迈入倡导个性化的新境域。

晚明书坛兴起一股批判思潮,书法上追求大尺幅和震荡的视觉效果,侧锋取势,横涂竖抹,满纸烟云,使书法原先的秩序开始瓦解。这些代表书家有张瑞图、黄道周、王铎、倪元瑞等,而帖学殿军董其昌仍坚持传统立场。

明末与清,美学主潮以抒情扬理为旗帜,追求个性与发扬理性互相结合,正统的古典美学与求异的新型美学并盛。清代书法的总体倾向是尚质,同时分为帖学与碑学两大发展时期。

二、中国书法的审美特征

(一) 线条美

线条是书法的基础和灵魂,是书法赖以延续生命的重要媒介,也是书法家表情达意,使精神、气质和学养得以流露的媒介。人们在欣赏一幅书法作品时,首先被欣赏者感觉到的也是线条,所以它也是欣赏者沟通书家的桥梁。通过线条,欣赏者可以获得精神上美的享受,心灵上的慰藉、净化和震撼。中国书法的毛笔工具为线条美的高层次塑造提供了极理想的支持。欣赏者可以把线条作为审美对象,从视觉上把握作品的深层内涵,书法家们也把线条看成其作品的一种生命象征。康有为在《广艺舟双楫·碑评第十八》中,有过这样的一段论述:"书若人然,须备筋骨血肉。血浓骨老,筋藏肉莹,加之姿态奇逆,可谓美矣。"在这里,"筋""骨""血""肉"四者,都是针对书法线条而言的。康有为认为书法线条美犹如一个人生命体的美,它体现出书法美的最高原则。

(二) 结构美

所谓结构美,也就是字形的结构如何能反映出现实中各种事物形体结构美的问题。汉字虽然早已不是原始的象形文字了,但由"象形"发展而来的汉字形体,却仍具有造型的意义和形象的艺术。字的结构之美离不开五个方面,即平正、匀称、参差、连贯、飞动。

一要平正。它是书法形式美的一个基本要素。它能给人以稳定感、舒适感和完整感。书法与人的一般审美心理相一致,人通过社会实践,逐步形成这样的审美观念:整齐为美,芜杂为丑;秩序为美,混乱为丑;妥帖为美,不妥帖为丑等。所以,自古以来的书法家们都十分强调字的平正,西晋卫恒在《四体书势》中指出写隶书要"修短相副,异体同势,奋笔轻举,离而不绝"。

二要匀称。就是字的笔画之间,各部分之间所形成的合适感、整齐感。一般地说,字的匀称只需注意实线的疏密长短适当便能达到。但书法家还常从无实线的白处着眼来使黑白得宜,虚实相成,这叫"计白当黑"。在各体书法中,最讲究匀称和黑白得宜的是篆书。

三要参差。事物还以参差错落为美。山峦的起伏,海浪的翻滚,树木的槎牙,卷云的叠秀,皆为参差之美。在书法方面,即使是法度较严的隶书、楷书,也强调结字、布白要有参差错落之美。

书法的平正、匀称与参差错落看来是矛盾的,其实并非如此,平正、匀称是常、是法,讲的主要是结字的基本要求;参差错落是变、是势,讲的主要是各部分的灵巧变化之美。写字不能光讲常和法,否则就得不到生动活泼的书法形象;写字还要讲奇和变,那样才能得到姿态横生、丰富多彩的书法艺术品。

四要连贯。指一字的笔画之间,各组成部分之间的照应、映带,甚至要衔接在一起。连贯能使字的各部分更能成为一个有机的整体。唐太宗李世民为《晋书》所写的《王羲之传论》中赞道:"观其点曳之工,裁成之妙,烟霏露结,状若断而还连。"揭示了书艺创造"断与连"的美学观点。王羲之善于运用创作和欣赏中的一个审美原理:艺术品在"似有若无"之间能表现出最大的美。

五要飞动。这是使书法具有活泼形象的最重要的方法。不但能创造出静态的美,还能生成动态的美,似乎还可看到生气勃勃的有生命之物,听到旋律美妙的乐声,生成种种联想和想象。艺术动态美,往往要胜过静态美。

(三) 章法美

字与字之间,行与行之间,幅与幅之间的结构问题,是古人所谓"章法"的问题。章法美之要领可以归纳为体势承接,虚实相成,错落有致,它们是字与字之间、行与行之间的三种联络方式。有了这样的章法,一幅书法就会具有浑然一体的风情和活泼旺盛的生命力。也就是说,既要有秩序感,又要有节奏感,还要有飞动感。当然,这三种联络方式的每一种所起的上述美感效果是各不相同的。

(1)体势承接。它所追求的是字与字、行与行间的贯通和秩序。如清代周星莲在《临池管见》中所说的"古人作书,于联络处见章法,于洒落处见意境"。

(2)虚实相成。书法中的实主要指有线条、有字之处;虚,就是字间、行间的空白处。虚实相成的章法,从书写的过程来看,是临时制宜、一次完成的。书写者以其眼和手来掌握黑白的分布,使黑处达到如"金刀之割净";与此同时,线条以外的白要达到如"玉尺之量齐"。书法作品一般都有题识。它既是正文的延续和发展,更是以虚实相成求得章法美的又一点睛之处。另外,题款上的字体变化也能形成虚实相成等章法之美。

(3)错落有致。这是一种在法度中求突破,于缤纷中求奇趣,于变易中求和谐的章法。主要表现在:字与字之间产生错位,字的中轴线有时与行的中线重合,有时则形成一定的角度。这些错位和斜侧有意形成字里行间的不齐整、不均衡、不协调。但是善书法者随后又用技巧来进行纠正,于是作品的整体就会在变化中造成美感,在矛盾中显出灵性。有意识地运用错落有致的章法的圣手要数唐代怀素,他的代表作《自叙帖》的章法特色就表现在参差变化,牵丝映带,欹侧救正。

(四) 意境美

在书法中,古人所称之为"神""神采""神气""精神"等,都讲的是书法的意境美。唐代的张怀瓘说,"神采之至,几于玄微";宋代的黄庭坚说"观之入神"。一件书法作品,如果总体上缺乏一种贯穿全幅的气质和精神,就难以形成一种美的意境;成功的书法艺术,应该是每个字的线条和结构是美的,同时全幅又组成一个整体,集中体现出某一种美的意境。也就是由全幅各个字的用笔和结构所共同体现出来的某种美的理想或美的境界。书法意境美的创造离不开以下三个方面。

(1) 神采。它是对在书法创作活动中个性的强调。它的对立面是外观的形。中国古代艺术理论早就有形神兼备的提法。在书法理论中,神作为形的对立面,是非常清晰的、不可含混的。南齐王僧虔《笔意赞》有云:"书之妙道,神采为上,形质次之。"唐代张怀瓘《评书药石论》则云:"深识书者,唯观神采,不见字形。"此中所论的"神采",都是作为形的对立面而言的,也是更高层次上的对立面而存在的。神采的范畴是意境、情感的笼统范畴。而当神采作为一种构成元素置于意境这个书法美感的大范畴时,它应该侧重书法家的精神内核,具体到作品则指书家的个性、精神风貌等实际内容。神采,就是书法家个性美在作品中的成功表现。

(2) 韵趣。如果说在书法的书者与作品最基本的创造关系中,"神采"偏于精神的人的个性显示,那么"韵趣"则是偏于精神的作品格调的展开。它的对立面是标准的形。韵是指比较平和、比较内涵、比较蕴藉的自然形态的一种格调。最典型的如"晋人尚韵"的说法,即是指王羲之等东晋士大夫在艺术观念上的萧散、简淡、雅逸的格局。而趣,则是指比较夸张、比较外观、比较浪漫的主观外在的一种风姿。最典型的诸如"文人墨戏","戏"的追求结果主要是指"趣味"而不是指"韵味"。站在特定的历史立场上看,趣的表现成分更浓郁一些。韵趣是一种作品的个性化。与人的神采的个性相协调,它以作品趣尚的个性为立足点。一般而言,作品的个性与书写者的个性(神采)的趋向应该是统一的,反映在艺术形式中,则韵趣与神采之间并没有不可逾越的鸿沟。

(3) 诗情。在诗的国度里,诗的审美决定了其他艺术的审美。书法中意境的审美内容之明显地靠向诗,是一种心甘情愿还是一种无可奈何,我们不得而知。但它导致艺术无论是在精神观念上还是在具体形式上都具有极明显的渗透痕迹,当然是一种较单向的渗透——以诗去影响书法。

第四节　中国绘画艺术

中国绘画艺术历史悠久,在世界美术领域中自成独特体系,是极为珍贵的文化遗产。作为世界艺术瑰宝之一的中国画,是中华民族风格的代表和象征,与中华民族的审美意识、哲学观念、伦理道德、文学艺术等具有密切关系。

一、中国绘画的发展历史

中国画历史悠久,远在2000多年前的战国时期就出现了画在丝织品上的绘画——

帛画,这之前又有原始岩画和彩陶画。春秋战国最为著名的有《御龙图》帛画,它是在丝织品上的绘画。这些早期绘画奠定了后世中国画以线为主要造型手段的基础。两汉和魏晋南北朝时期,域外文化的输入与本土文化所产生的撞击及融合,使这时的绘画形成以宗教绘画为主的局面,描绘本土历史人物、取材文学作品亦占一定比例,山水画、花鸟画亦在此时萌芽。隋唐时期社会经济、文化高度繁荣,绘画也随之呈现出全面繁荣的局面。山水画、花鸟画已发展成熟,宗教画达到了顶峰,并出现了世俗化倾向;人物画以表现贵族生活为主,并出现了具有时代特征的人物造型。五代两宋又进一步成熟和更加繁荣,人物画已转入描绘世俗生活,宗教画渐趋衰退,山水画、花鸟画跃居画坛主流。而文人画的出现及其在后世的发展,极大地丰富了中国画的创作观念和表现方法。元、明、清三代水墨山水和写意花鸟得到突出发展,文人画和风俗画成为中国画的主流,随着社会经济的逐渐稳定,文化艺术领域空前繁荣,涌现出很多热爱生活、崇尚艺术的伟大画家,历代画家们创作出了名垂千古的传世名画。

(一) 原始时期

中国绘画的历史最早可追溯到原始社会新石器时代的彩陶纹饰和岩画,原始绘画技巧虽幼稚,但已掌握了初步的造型能力,对动物、植物等动静形态亦能抓住主要特征,用以表达先民的信仰、愿望以及对于生活的美化装饰。

(二) 秦汉时期

先秦绘画已在一些古籍中有了记载,如周代宫、明堂、庙祠中的历史人物,战国漆器、青铜器纹饰,楚国出土的帛画等,都已达到较高的水平。

秦汉王朝是中国早期历史建立的中央集权制大国,疆域辽阔,国势强盛,丝绸之路沟通中外艺术交流,绘画艺术空前发展与繁荣。尤其是汉代盛行厚葬之风,其墓室壁画及画像砖、画像石以及随葬帛画,生动地塑造了现实、历史、神话人物形象,具有动态性、情节性,在反映现实生活方面取得了重大成就。其画风往往气魄宏大,笔势流动,既粗犷豪放,又细密瑰丽,内容丰富博杂,形式多姿多彩。

(三) 魏晋南北朝时期

魏晋南北朝时期战祸频仍,民生疾苦,但是绘画仍取得了较大的发展,苦难给佛教提供了传播的土壤,佛教美术勃然兴起。如新疆克孜尔石窟、甘肃麦积山石窟、敦煌莫高窟都保存了大量该时期的壁画,艺术造诣极高。由于上层社会对绘画的爱好和参与,除了工匠,还涌现出一批有文化教养的上流社会知名画家,如顾恺之等。这一时期玄学流行,文人崇尚飘逸通脱,画史画论等著作开始出现,山水画、花鸟画开始萌芽。这个时期的绘画注重精神状态的刻画及气质的表现,以文学为题材的绘画日趋流行。

(四) 隋唐时期

隋唐时国家统一,社会相对稳定,经济比较繁荣,对外交流活跃,给绘画艺术注入了新的机运。在人物画方面虽然佛教壁画中西域画风仍在流行,但吴道子、周昉等人具有鲜明中原画风的作品占了绝对优势,民族风格日益成熟,展子虔、李思训、王维、张璪等人的山水画、花鸟画已工整富丽,取得了较高的成就。

(五) 五代时期

五代的山水画不但改变了晋唐时期空勾无皴的初级程式,并且有了皴染完备的山水派系。北宋的山水画风沿波接,在五代的基础上更趋成熟。五代时期,花鸟画从人物山水中脱离出来,成为独立的画科,山水、人物、花鸟等各类绘画,均得到了极大发展,题材广泛、名家辈出、成就卓越,对后代影响深远。

(六) 宋朝时期

宋代绘画与社会各阶层都保持着相当密切的联系。贵族、文人、士大夫及商人市民等对绘画的多方面的需求,特别是世俗美术的发展和宫廷绘画的繁荣,使绘题材更加广泛,风格多样。画家们注意观察生活形象及精微生动地塑造形象,画风严谨,精密不苟,技巧上有不少新创造。

宋代绘画题材的内容广泛在古代绘画史中很突出。因题材扩大,所以绘画分科变细,诸如佛道、人物、山水、屋木、走兽、花卉、翎毛、蔬果、墨竹、龙水等门类。优秀画家往往各有专长而又兼善其他,但总的趋势是向专门化发展。工笔绘画有突出成就,青绿重彩仍然流行,但水墨着色在山水画中占有重要地位,形简意赅的写意画也开始抬头。两宋是古代花鸟画空前发展并取得重大成就的时期,宫廷中装堂饰壁务求华美,使花鸟画在贵族美术中占有重要地位。北宋山水画主要沿袭五代以荆浩、关仝为代表的北方画派,着重塑造黄河两岸关洛一带的山水形象。

(七) 元朝时期

元代绘画在唐、五代、宋的基础上有了显著的发展,特点是取消了画院制度,文人画兴起,人物画相对减少。绘画注重诗书画的结合,舍形取神,简逸为上,重视情感的发挥,审美趣味发生了显著的变化,体现了中国画的又一次创造性的发展。山水方面,初期的钱选、赵子昂、高克恭等对唐、五代、宋以来的山水画的继承和发展进行了认真的探索。中后期,黄公望、王蒙、吴镇、倪瓒元末四大家出现,在赵子昂的基础上又各具特色和创造,以简练、超脱的手法,把中国山水画提高到了一个新的高度,对明清的影响极大。元代山水画家还有商琦、曹知白、朱德润、唐棣、孙君泽、盛懋、陆广、马琬、陈汝言、方从义等。

(八) 明朝时期

在中国绘画史上,明代画风迭变,画派繁兴。在绘画的门类、题材方面,传统的人物画、山水画、花鸟画盛行,文人墨戏画的梅、兰、竹及杂画等也相当发达。在艺术流派方面,涌现出众多以地区为中心或以风格相区别的绘画派系。在师承方面,主要有师承南宋院体风格的宫廷绘画和浙派,以及发展文人画传统的吴门派和松江派、苏松派等派系。在画法方面,水墨山水和写意花鸟勃兴,成就显著,人物画也出现了变形人物、墨骨敷彩肖像等独特的新面貌。

(九) 清朝时期

清代绘画,在当时政治、经济、思想、文化等方面的影响下,呈现出特定的时代风貌。卷轴画延续元、明以来的趋势,文人画风靡,山水画兴起,水墨写意画法盛行。文人画呈现出崇古和创新两种趋向。在题材内容、思想情趣、笔墨技巧等方面各有不同的追求,并形成纷繁的风格和流派。宫廷绘画在康熙、乾隆时期也获得了较大的发展,并呈现出迥异于前代院体的新风貌。民间绘画以年画和版画的成就最为突出,呈现空前繁盛的局面。

清朝初期,以四王和吴恽为代表的画坛六大家成为正统派。四僧和金陵八家、新安画派、江西派等各有擅长。清朝中期,以扬州八怪、宫廷画家和高其佩为代表的画家成为这一时期的主流。清朝后期,以海派和岭南派画家为主体,另有改琦、费丹旭等人物画家和戴熙等山水画家。

二、中国绘画的分类

(一) 按绘画题材分

中国画主要分为人物、花鸟、山水这几大类。表面上,中国画是以题材分为这几类,其实是用艺术表现一种观念和思想。所谓"画分三科",即概括了宇宙和人生的三个方面:人物画所表现的是人类社会,人与人的关系;山水画所表现的是人与自然的关系,将人与自然融为一体;花鸟画则是表现大自然的各种生命,与人和谐相处。中国画之所以分为人物、花鸟、山水这几大类,其实是由艺术升华的哲学思考,三者相合构成了宇宙的整体,相得益彰,是艺术之为艺术的真谛所在。

1. 山水画

欣赏中国山水画,先要了解国画制作者的胸襟和意象。画家把名山大川的特色,先储于心,再形于手,所以不以"肖形"为佳,而以"通意"为主。一树一石、一台一亭,皆可代表画家的意境,而不必斤斤计较透视比例等显示的问题。

2. 花鸟画

在中国画中,凡以花卉、花鸟、鱼虫等为描绘对象的画,皆称为花鸟画。花鸟画的画法中有"工笔""写意""兼工带写"三种。工笔花鸟画即用浓墨和淡墨勾勒对象,再以深浅分层次着色;写意花鸟画即用简练、概括的手法绘写对象;介于工笔和写意之间的就称为兼工带写,形态逼真。

3. 人物画

人物画可分为古今两类:古装人物,或者是历代英士为一类;现代服装,或者模特儿写生为一类。由于人物要有动作、表情,所以人物画是比较深奥的制作。

(二) 按绘画技法分

根据制作技巧、笔法,国画可以分为工笔、写意和兼工带写。

1. 工笔

工笔画用细致的笔法制作,着重线条美。一丝不苟是工笔画的特色。

2. 写意

写意画注重心灵感受、笔随意走,是为意笔。写意画不重视线条而重视意象,与工笔的精细背道而驰。其生动往往胜于前者。

3. 兼工带写

兼工带写是指一幅画中的形象,有笔法工整细致的部分,亦有较放纵写意的部分,用工、写两种笔法表现出物象的形与神,多见于花鸟画和人物画。

三、中国绘画的审美特征

中国绘画艺术是画家对生活观察、体验的一种形象反映,同时也是主客观统一的结果。一般来说,中国画创作并不满足于对客观物象的描绘,它有着很强的主观再造性因素。中国画创作既来源于生活,又高于生活。它是一种崭新的艺术创造,是理想化、心灵化的产物。中国画作为一种特殊的艺术形式,它有着多种审美关系。其中形象特征、情感特征、审美特征、个性特征等是比较突出的几个方面。

1. 形象特征

无论是中国画还是西方绘画,都离不开具体的形象。然而,中国画和西方绘画在表现形式和观察方法方面又存在着很大差异。首先就观察方法而言,西方绘画采取"焦点"透视,强调对色、光、影的描绘;中国画则讲求"动点"透视,或称"散点"透视,即"面面看,步步移"的观察方法,并且不受色、光、影的制约。相对来说,西方绘画是一种再现性很强的艺术,中国画则属于表现性艺术。形象既是构成中国画艺术最基本的审美因素,同时也是作者对生活感受和主观思想情感显现的具体方式,中国画家也正是运用这种特殊表现手法进行思考和创作。一般来说,中国画的形象性越强,对生活内涵揭示得越深刻,概括力越大,思想性越高,给欣赏者的启发性就越大,人们获得的美感就越强烈。总之,中国画的艺术形象,既是具体可感的,又是综合概括的。它的可感性和概括性是通过具体鲜明的艺术形象展现出来的。

2. 情感特征

情感特征是艺术创作中重要因素之一。艺术创作本来就是充满着情感色彩的活动,如果没有情感作为动因就不可能有美的艺术创造。在中国画创作中,其情感因素并非是涂抹在形象的表面上,而是深深地渗透在每一根线条之中。只有将情感自然地消融在形象与笔墨之中,才能起到感染人、启发人的作用。

中国画具有潜移默化浸润人的心灵的作用。在中国画创作中,画家常常把"理"和"思想"溶化在情感中,从而产生情与景、情与物相结合的一种艺术形式。中国画创作的目的主要在于借景或借物抒发画家的思想情感,表达胸臆。例如,清初画家八大山人的水墨花鸟画,不仅笔墨奇纵、灵变,其画面形象、署名的别号和某些题句,都鲜明地表现出沉痛的亡国之情和对新皇朝的不满,十分鲜明地反映出了画家内在的思想情感,而他的这种愤懑不平的情感又自然地消融在绘画作品与笔墨形象之中,从而产生了一种独特的艺术境界。当人们欣赏八大山人的绘画作品时,便会产生一种联想和想象,有一种"墨点无多泪点多"

的感受。从根本上来说,中国画作品是作者对生活体验的人生感受,它包含着画家的审美志趣、人生追求和价值取向。

3. 审美特征

审美特征是一切门类艺术创作中最基本、最核心的问题。因为没有美就无艺术可言,没有美就没有艺术存在的可能性。因此,审美特征便成为一切艺术的基本特征之一。中国画艺术也是如此。

中国画之美是对现实生活美的反映,是画家审美理想的实现。中国画艺术的审美价值是它的主要价值,也是其生命所在。因此,审美特征便成为中国画创作中的核心问题,如果失去美也就失去了中国画赖以存在的价值。优秀的中国画作品都是对生活正确反映的结果,这种反映要比现实生活更美、更理想。现实生活中的美与艺术美相比,它有着自身的缺点,因为生活中的美常常存在着分散、集中性不强或不充分等现象,而艺术美则是典型的、高度概括的。中国画创作是一种发现美和表现美的艺术活动。一般来说,现实生活中的美不能直接进入艺术作品,必须经过艺术家的审美感受和审美创造,这是因为中国画创作的过程是画家对现实生活进行筛选和再生的过程。因此说,中国画作品是一种心灵化和人格化的产物,因为它包含着作者的思想情感因素和哲理的意韵,并且藏而不露。总之,中国画是画家对生活审美体验的艺术升华,它不仅具有美的形式,并具有美的内涵,是美的综合体现。

4. 个性特征

个性特征是艺术理论中一个重要的美学范畴,它在中国画艺术创作中同样占有重要地位。中国画和其他门类艺术创作一样,都要求个性化和多样化。艺术创作不同于物质生产,物质生产则要求规范化、程序化、标准化、科学化。由于在艺术创作中包含着强烈的情感因素,从而形成个性化特征,而物质生产则趋于理性化。艺术中的个性特征是在主、客体关系上统一的结果,它有着不可重复性。凡是优秀的中国画作品,无不具有鲜明而独特的个性特征,正是由于艺术形象具有鲜明的个性特征,从而才深深地吸引着欣赏者,并使得这些作品具有不朽的艺术生命力。画家的思想、性情、意趣、气质、生活阅历、文化素养、心理特征、审美趣味、艺术才干等,这些有机的综合体必将贯通、渗透在绘画作品之中,并成为一个画家与众不同的艺术个性。综观我国古今绘画大师,他们无不是善于不断地从生活中去寻找自己的艺术创作语言,不断地丰富、完善自己的绘画艺术创作,从而才使得其艺术作品具有鲜明、独特的风格面貌和个性特征,并传世不朽。

知识链接 9-5

国画与西画的区别

中西文化不同,故艺术的表现亦异。大概东方艺术重主观,西洋艺术重客观。东方艺术为诗的,西洋艺术为剧的。故在绘画上,中国画重神韵,西洋画重形似。两者比较起来,有下列的五个异点。

(1) 中国画盛用线条,西洋画线条都不显著。线条大都不是物象所原有的,是画家用以代表两物象的境界的。例如中国画中,描一条蛋形线表示人的脸孔,其实人脸孔的周围并无此线,此线是脸与背景的界线。又如画一曲尺形线表示人的鼻头,其实鼻头上也并无此线,此线是鼻与脸的界线。又如山水、花卉等,实物上都没有线,而画家盛用线条。山水中的线条特名为"皴法"(皴(cūn)法:中国画技法之一,用以表现山石和树皮的纹理),人物中的线条特名为"衣褶",都是艰深的研究功夫。西洋画就不然,只有各物的界,界上并不描线。所以西洋画很像实物,而中国画不像实物,一望而知其为画。这是因为中国书画同源,作画同写字一样,随意挥洒,披露胸怀。相比后期印象派以前的西洋画,都是线条不显著的。

(2)中国画注重意境,西洋画注重透视法。透视法,就是在平面上表现立体物。西洋画力求肖似真物,故非常讲究透视法。试看西洋画中的市街、房屋、家具、器物等,形体都很正确,竟同真物一样。若是描绘走廊的光景,竟可在数寸的地方表示出数丈的距离来。若是描绘正面的(站在铁路中央眺望的)铁路,竟可在数寸的地方表示出数里的距离来。中国画就不然,不欢喜画市街、房屋、家具、器物等立体相很显著的东西,而欢喜写云、山、树、瀑布等远望如天然平面物的东西。偶然描绘房屋器物,亦不讲究透视法,而任意表现。例如画庭院深深的光景,则曲廊洞房,尽行表示,好似飞到半空中时所望见的。故中国画的手卷,山水连绵数丈,好像是由火车中所见的。中国画的立幅,山水重重叠叠,好像是由飞机中所看见的。因为中国人作画同作诗一样,想到哪里就画到哪里,不能受透视法的拘束。所以中国画中有时透视法会弄错,但这弄错并无大碍,我们不可用西洋画的法则来批评中国画。

(3)中国画不讲解剖学,西洋人物画很重解剖学。解剖学,就是人体骨骼筋肉的表现形状的研究。西洋人作人物画,必先研究解剖学,即艺术解剖学。其所以异于生理解剖学者,生理解剖学讲人体各部的构造与作用,艺术解剖学则专讲表现形状。但也须记诵骨骼筋肉的名称,及其形状的种种变态,是一种艰苦的学问,但西洋画家必须学习。因为西洋画注重写实,必须描得同真的人体一样。但中国人物画家从来不需要这种学问。中国人画人物,目的只在表现出人物的姿态特点,却不讲人物各部的尺寸与比例。故中国画中的男子,相貌奇古,身首不称。女子则蛾眉樱唇,削肩细腰。中国画欲求印象的强烈,故扩张人物的特点,使男子增雄伟,女子增纤丽,而充分表现其性格。故不用写实法而用象征法,不求形似,而求神似。

(4)中国画不重背景,西洋画很重背景。中国画不重背景,例如写梅花,一枝悬挂空中,四周都是白纸。写人物,一个人悬挂空中,好像驾云一般。故中国画的画纸,留出空白余地甚多。很长的一条纸,下方描一株菜或一块石头,就成为一张立幅。西洋画就不然,凡物必有背景,例如果物,其背景为桌子。人物,其背景为室内或野外。故画面全部填涂,不留空白。中国画与西洋画这点差别,也是由于写实与传神的不同而生。西洋画重写实,故必描背景。中国画重传神,故必删除琐碎而特写其主题。

(5)中国画题材以自然为主,西洋画题材以人物为主。中国画在汉代以前,也以人物为主要题材。但到了唐代,山水画即独立。一直到今日,山水常为中国画的正格。西洋自希腊时代起,一直以人物为主要题材。中世纪的宗教画,大都以群众为题材。例如《最后的审判》《死之胜利》等,一幅画中人物不计其数。

第五节　中国戏曲艺术

中国戏曲主要是由民间歌舞、说唱和滑稽戏三种不同艺术形式综合而成。它起源于原始歌舞,是一种历史悠久的综合舞台艺术样式。经过汉、唐到宋、金才形成比较完整的戏曲艺术,它由文学、音乐、舞蹈、美术、武术、杂技以及表演艺术综合而成,特点是将众多艺术形式以一种标准聚合在一起,在共同具有的性质中体现其各自的个性,并经过长期的发展演变,逐步形成了以"京剧、越剧、黄梅戏、评剧、豫剧"五大戏曲剧种为核心的中华戏曲百花苑。中国戏曲剧种种类繁多,据不完全统计,中国各民族地区的戏曲剧种约有360多种,传统剧目更数以万计。其他比较著名的戏曲种类有昆曲、粤剧、淮剧、川剧、秦腔、晋剧、汉剧、河北梆子、河南坠子、湘剧、黄梅戏、湖南花鼓戏等。中国的戏曲与希腊悲剧和喜剧、印度梵剧并称为世界三大古老的戏剧文化。

一、戏曲艺术的发展沿革

(一) 汉代至隋代的百戏散乐

中国封建制度的建立,统一封建国家的产生,为戏剧的发展提供了广阔的天地。汉代的物阜民丰有利于艺术的繁荣。在秦汉时,包括各种杂技幻术、装扮人物或动作的歌舞、简单的叙事表演等古代乐舞、杂技表演集成的"百戏",在汉武帝时达到极盛。

南北朝以后,称百戏为"散乐"。其中《大面》(一称"代面",又以故事内容名之《兰陵王》)、《踏摇娘》等以歌舞表演为主的歌舞小戏在演出形式(如歌舞结合、唱白互用等)上和道具(如面具、脸谱等)的使用上对后世戏剧发展产生了重大影响。隋代百戏重兴,炀帝时"总追四方散乐,大集东都",戏场绵延数里,演出盛况空前。百戏在唐代和北宋时期仍较流行。

(二) 唐代的歌舞参军戏

盛唐时期,南北文化的空前融汇,中外文化的大规模交流,给文学艺术的繁荣兴旺创造了良好的社会氛围。歌舞戏沿着《大面》《踏摇娘》等线索的流传日臻精妙,戏剧效果十分强烈;而由先秦俳优滑稽表演衍变发展而来的参军戏则成为唐代最主要的戏剧样式。参军戏以讽刺贪官参军(官职名)创制,有参军(被嘲弄者)、苍鹘(从旁戏弄者)二角色,以表演科白为主,以后逐渐加进歌舞以及弦管鼓乐成分,并有女演员参加表演歌唱。参军戏的"脚色"(角色)行当分类比较清楚(参军、苍鹘分别相当于后来的净、丑二角),而且在情节上有较为固定的设计安排。

(三) 勾栏瓦肆与宋杂剧、金院本

在宋代,唐"参军戏"和其他歌舞杂戏进一步发展融合产生了宋杂剧。其副本一般由艳段、正杂剧和杂扮三部分组成;出场角色有末泥(男主角)、引戏(女生角)、副净(被调笑者)、副来(调笑者)或添装孤(扮演官人)一人。宋杂剧虽仍是滑稽短剧,但所形成的戏剧

结构、角色行当等都已经具备中国戏剧的雏形，更加接近成熟的戏剧。

宋杂剧的出现不是偶然的。宋代都市里已经有了固定的大型游艺场所——勾栏瓦肆。瓦肆又称"瓦舍""瓦子"，内设大小勾栏（用各种花纹图案勾连起来的栏杆，借以圈出演出场地）。勾栏瓦肆汇集各种民间技艺，吸引一批"书会才人"与艺人们共同创造。在这样的条件下，宋杂剧应运而生。到了北方金国，宋杂剧直接发展成为供"行院"（妓院或民间演出组织）演出的"金院本"。金院本体制与宋杂剧相同，是北方宋杂剧向元杂剧过渡的重要形式，开始出现由叙述体向代言体的重大转变。

(四) 元代杂剧与南曲戏文

元代是中国戏剧史上的黄金时代。元代戏剧凭借北曲杂剧（元杂剧）和南曲戏文（南戏）呈现出的成熟戏剧艺术形态和涌现出的大量杰出戏剧作品，成为当时文学艺术发展的主流，为中国戏剧发展开启了新的天地。

知识链接 9-6

元杂剧的特色

元杂剧具有完整的剧本和演出的艺术形式。剧本一般是每本四折加一个楔子，演一个完整的故事。折，是元杂剧剧本结构的重要组成部分，其形式是用同一宫词的若干曲牌联成一个套曲，一韵到底，由一个角色主唱，同时还有宾白以及对演员的表情、动作和环境气氛等所作的文字说明。它们有机地融合在一起，演述着剧中的故事情节。一本四折相互承递勾连，表现出戏剧冲突的开端、发展、高潮和结局。它既是剧中音乐组织的一个单元，又是戏剧情节发展的一个自然段落。楔子，是元杂剧在四折之外所增加的较短的段落。它取木工加楔入榫，使之密全牢固之意，一般用在首折之前，起交代剧情的作用，类似"序幕"；有时用在折与折之间，用以衔接剧情，相当于"过场戏"，只演唱一支或两支曲子。

曲词、宾白和舞台指示是元杂剧剧本的主要组成部分。角色行当一般为末、旦、净三种，一个剧作基本上由正末或正旦一种角色一唱到底，由正末主唱的称"末本"，由正旦主唱的称"旦本"。明代王骥德所作《曲律》指出："北曲仅一人主唱……一人唱则意可舒展。"主要人物在全剧情节发展关键之处连续歌唱套曲，可以充分抒发人物情感，表现人物性格，达到连贯、完整的艺术效果。曲词重于抒情，而宾白长于叙事，元杂剧除主唱角色唱白交互之外，其他人物只能通过宾白交代相互关系、表现性格特征。舞台指示在元杂剧里用"科"或"科介"来说明对演员表演动作、表情及舞台效果的提示。元杂剧每个剧本末尾有"题目正名"。

(五) 明清传奇及京剧

"传奇"一词，在不同时代有不同的内容。唐代称文言写成的短篇小说为传奇，意即奇异故事可以相传。宋、元称戏文为传奇。金、元及明初称杂剧为传奇。而明、清则以演唱南曲为主的篇幅较长的戏曲为传奇。现今知晓的明清传奇作家达700多人，留存下来的剧本有 600 余种。

明清传奇戏的特点与元末南戏大抵相同。音乐上,以南曲为主,较为轻柔婉丽,有的剧本兼用少量北曲;结构上,一般篇幅较长,情节较为复杂,刻画人物也更为细致。由于篇幅过长,一般又带有结构松散和不适合舞台演出等缺点。一些作品成了案头文学作品。角色行当和表演方面,较元杂剧更加丰富和自由,不受元杂剧一人主唱的限制,能够表现更多的人物形象和更加丰富的社会生活。传奇戏的出现,使中国戏剧发展进入了一个新的阶段。特别是明代中叶以后直至清代中叶陆续出现的大批优秀剧作,形成中国戏剧史上的又一个高峰,对后世戏曲产生了深远的影响。

此外,清代地方戏在戏曲艺术形式上有一个突出的贡献,就是在梆子、皮簧剧种中创造了一种以板式变化为特征的音乐结构形式,并由此引起了戏曲文学、舞台艺术以及整个演出形式的一系列变革,为中国戏曲创立了一种新的艺术体制,即板式变化体。它较之以前从南戏、杂剧开始直到昆、弋诸腔戏都采用的曲牌联套体音乐结构体制,有更为单纯、通俗、灵活的优点。由于这种体制的唱词句格是上下两个整齐句子的不断反复,可以视剧情的需要自由伸缩,唱腔结构也是采用上下两个乐句,以板式变化和反复变奏的形式来适应戏剧内容的需要,节奏可紧可慢,唱腔可长可短;因此,唱的安排就不必再受固定套数、句格、字数的限制,其他表现手段(如念、做、打等)的综合运用,也无须恪守以唱为主的套曲体的制约,而能够在不同的剧目和场次中,按照戏剧化的要求灵活处理、合理运用,或以唱为主,或以做为主,或偏于文,或偏于武。这样,在表演艺术上为演员的多种艺术才能和风格的自由发挥提供了广阔天地;同时,在戏曲文学领域,使剧作者可以打破过去套曲体制按套曲分出的形式局限,而采取主要依据戏剧冲突的发展来安排长短不拘的场次的分场结构形式。从而将戏曲艺术的综合性、戏剧化和表现力都推进到一个新的高度,为后来的京剧在表演艺术和戏曲文学的全面发展奠定了良好的基础。

道光二十年至咸丰十年(1840—1860 年),经徽戏、秦腔、汉调的合流,并借鉴吸收昆曲、京腔之长而形成了京剧。其曲调板式完备丰富,超越了徽、秦、汉三剧中的任何一种。唱腔由板腔体和曲牌体混合组成,声腔主要以二簧、西皮为主;行当大体完备;同时形成了一批京剧剧目。程长庚、余三胜、张二奎为京剧形成初期的代表,时称"老生三杰""三鼎甲",即"状元"张二奎、"榜眼"程长庚、"探花"余三胜。他们在演唱及表演风格上各具特色,在创造京剧的主要腔调西皮、二簧和京剧戏曲形式上,以及具有北京语言特点的说白、字音上,做出了卓越贡献。

知识链接 9-7

徽 班 晋 京

在清代初中叶弋阳腔、秦腔相继起来与"雅部"昆腔抗争的基础上,乾隆五十五年,适逢乾隆皇帝的 80 寿辰,安徽艺人高朗亭携徽调三庆班晋京,受到热烈欢迎;道光时期,又有四喜、和春、春台 3 个徽班陆续来京,合称"四大徽班",技艺精绝,各有专长,演员阵容整齐,拥有程长庚、张二奎、余三胜等著名艺人。徽班艺人以徽调中二黄和汉调中西皮为基础,吸收京腔、昆腔、秦腔以及其他地方戏和民间曲调的营养,融汇成皮黄为主的京剧。京剧拥有雄厚的群众基础,也得到统治者的大力扶持,竟至夺取剧坛魁首,成为流布四方的"同剧"。

二、中国戏曲艺术的特征

综合性、程式性、虚拟性是中国戏曲的主要艺术特征。这些特征,凝聚着中国传统文化的美学思想精髓,构成了独特的戏剧观,使中国戏曲在世界戏曲文化的大舞台上闪耀着它独特的艺术光辉。

(一) 综合性

中国戏曲是一种高度综合的民族艺术。这种综合性不仅表现在它融汇各个艺术门类(诸如舞蹈、杂技等)并辅以新意方面,还体现在它精湛涵厚的表演艺术上。各种不同的艺术因素与表演艺术紧密结合,通过演员的表演实现戏曲的全部功能。其中,唱、念、做、打在演员身上的有机构成,便是戏曲的综合性的最集中、最突出的体现。唱,指唱腔技法,讲究"字正腔圆";念,即念白,是朗诵技法,要求严格,所谓"千斤话白四两唱";做,指做功,是身段和表情技法;打,指表演中的武打动作,是在中国传统武术基础上形成的舞蹈化武术技巧组合。这四种表演技法有时相互衔接,有时相互交叉,构成方式视剧情需要而定,但都统一为综合整体,体现出和谐之美,充满着音乐精神(节奏感)。中国戏曲是以唱、念、做、打的综合表演为中心的富有形式美的戏剧形式。

(二) 程式性

程式是戏曲反映生活的表现形式。它是指对生活动作的规范化、舞蹈化表演并被重复使用。程式直接或间接地来源于生活,但它又是按照一定的规范对生活经过提炼、概括、美化而形成的。此中凝聚着古往今来艺术家们的心血,它又成为新一代演员进行艺术再创造的起点,因而戏曲表演艺术才得以代代相传。戏曲表演中的关门、推窗、上马、登舟、上楼等,皆有固定的格式。除了表演程式外,戏曲从剧本形式、角色当行、音乐唱腔、化妆服装等各个方面,都有一定的程式。优秀的艺术家能够突破程式的某些局限,创造出自己具有个性化的规范艺术。程式是一种美的典范。

(三) 虚拟性

虚拟性是戏曲反映生活的基本手法。它是指以演员的表演,用一种变形的方式来比拟现实环境或对象,借以表现生活。中国戏曲的虚拟性首先表现为对舞台时间和空间处理的灵活性方面,所谓"三五步行遍天下,六七人百万雄兵","顷刻间千秋事业,方丈地万里江山","眨眼间数年光阴,寸烛香千秋万代"。这就突破了西方歌剧的"三一律"与"第四堵墙"的局限。其次是在具体的舞台气氛调度和演员对某些生活动作的模拟方面,诸如刮风下雨、船行马步、穿针引线等,更集中、更鲜明地体现出戏曲虚拟性特色。戏曲脸谱也是一种虚拟方式。中国戏曲的虚拟性,既是戏曲舞台简陋、舞美技术落后的局限性带来的结果,也是而且主要是追求神似、以形写神的民族传统美学思想积淀的产物。这是一种美的创造。它极大地解放了作家、舞台艺术家的创造力和观众的艺术想象力,从而使戏曲的审美价值获得了极大的提高。

三、著名的戏曲剧种

中国古代戏剧种类繁多,流传到现在的有 300 多种,其中比较著名的有京剧、昆剧、评剧、越剧等剧种。

(一) 京剧

京剧,曾称评剧,中国五大戏曲剧种之一,腔调以西皮、二黄为主,用胡琴和锣鼓等伴奏,被视为中国国粹和中国戏曲三鼎甲的"榜首"。徽剧是京剧的前身。清代乾隆五十五年(1790 年)起,原在南方演出的三庆、四喜、春台、和春四大徽班陆续进入北京,他们与来自湖北的汉调艺人合作,同时接受了昆曲、秦腔的部分剧目、曲调和表演方法,又吸收了一些地方民间曲调,通过不断的交流、融合,最终形成京剧。京剧形成后在清朝宫廷内开始快速发展,直至民国得到空前的繁荣。它走遍世界各地,成为介绍、传播中国传统文化的重要手段。分布地以北京为中心,遍及中国。京剧脸谱,是具有民族特色的、以人的面部为表现手段的图案艺术。京剧传统剧目有上千个,流行的有《将相和》《群英会》《空城计》《贵妃醉酒》《三岔口》《打渔杀家》等。

知识链接 9-8

京剧行当分类及脸谱特征

1. 行当分类

京剧舞台上的一切都不是按照生活里的原貌出现的。京剧舞台上的角色也不是按照生活当中人的本来面貌出现的,而是根据所扮演角色的性别、性格、年龄、职业以及社会地位等,在化妆、服装各方面加以若干艺术的夸张,这样就把舞台上的角色划分成为生、旦、净、丑 4 种类型。这 4 种类型在京剧里的专门名词叫作"行当"。

生:除了花脸以及丑角以外的男性正面角色的统称,分老生(又分重唱的安工老生、重做的衰派老生、重武的靠把老生)、武生(分长靠武生、短打武生并应工猴儿戏)、小生(分扇子生、雉尾生、穷生、武小生)、红生、娃娃生。

旦:女性正面角色的统称,分青衣(正旦)、花旦、闺门旦、刀马旦、武旦、彩旦。

净:俗称花脸,大多是扮演性格、品质或相貌上有些特异的男性人物,化妆用脸谱,音色洪亮,风格粗犷。"净"又分为以唱功为主的大花脸,分正净(重唱功,称铜锤、黑头)、架子花(重工架)、武二花、摔打花、油花(一称毛净)。

丑:扮演喜剧角色,因在鼻梁上抹一小块白粉,俗称小花脸。分文丑(分方巾丑、袍带丑、老丑、荣衣丑,并兼演彩旦、婆子)、武丑(又称开口跳)等。各个行当都有一套表演程式,在唱念做打的技艺上各具特色。

2. 京剧脸谱

京剧脸谱,是一种具有汉族文化特色的特殊化妆方法。由于每个历史人物或某一种类型的人物都有一种大概的谱式,就像唱歌、奏乐都要按照乐谱一样,所以称为"脸谱"。

红色脸：象征忠义、耿直、有血性，如"三国戏"里的关羽、《斩经堂》里的吴汉。

黑色脸：既表现性格严肃，不苟言笑，如"包公戏"里的包拯；又象征威武有力、粗鲁豪爽，如"三国戏"里的张飞、"水浒戏"里的李逵。

白色脸：表现奸诈多疑，如"三国戏"里的曹操、《打严嵩》中的严嵩。

蓝色脸：表现性格刚直，桀骜不驯，如《上天台》中的马武、《连环套》里的窦尔墩。

紫色脸：表现肃穆、稳重，富有正义感，如《二进宫》中的徐延昭、《鱼肠剑》中的专诸。

金色脸：象征威武庄严，表现神仙一类角色，如《闹天宫》里的如来佛、二郎神。

绿色脸：勇猛，莽撞，如《响马传》中的程咬金。

(二) 昆剧

昆剧又叫"昆山腔""昆腔""昆曲"。原来是在江苏一带流行的民间戏曲，经过元末顾坚等的改进，到明初时已有"昆山腔"之称。经过许多艺人的改进，曲调婉转细腻。后来流行地区渐渐扩大，对现代中国大部分剧种都产生过深远的影响，比如京剧和越剧。昆曲糅合了唱念做打、舞蹈及武术等，以曲词典雅、行腔婉转、表演细腻著称，被誉为"百戏之祖"。昆曲在 2001 年被联合国教科文组织列为"人类口述和非物质遗产代表作"。

昆剧的伴奏乐器有笛、箫、笙、琵琶以及鼓、板、锣等，并有其完整、独特的表演体系。昆曲在长期的演出实践中，积累了大量的表演剧目。其中有影响而又经常演出的剧目如王世贞的《鸣凤记》、汤显祖的《牡丹亭》、李渔的《风筝误》、孔尚任的《桃花扇》、洪升的《长生殿》，另外还有一些著名的折子戏，如《游园惊梦》《阳关》《三醉》《秋江》《思凡》《断桥》等。

(三) 评剧

评剧，是流传于中国北方的一个戏曲剧种，是广大人民所喜闻乐见的剧种之一，位列中国五大戏曲剧种，曾有观点认为是中国第二大剧种。清末在河北滦县一带的小曲"对口莲花落"基础上形成，先是在河北农村流行，后进入唐山，称"唐山落子"。20 世纪 20 年代流行于东北地区，出现了一批女演员。20 世纪 30 年代以后，评剧表演在京剧、河北梆子等剧种影响下日趋成熟，出现了李金顺、刘翠霞、白玉霜、喜彩莲、爱莲君等流派。1950 年以后，以《小女婿》《刘巧儿》《花为媒》《杨三姐告状》《秦香莲》等剧目在全国产生很大影响，出现新凤霞、小白玉霜、魏荣元等著名演员。现在评剧仍在华北、东北一带流行。

(四) 越剧

越剧有第二国剧之称，又被称为是"流传最广的地方剧种"，有观点认为是"最大的地方戏曲剧种"，在国外被称为"中国歌剧"，亦为中国五大戏曲剧种（依次为京剧、越剧、黄梅戏、评剧、豫剧）之一。发源于浙江嵊州，发祥于上海，繁荣于全国，流传于世界，在发展中汲取了昆曲、话剧、绍剧等特色剧种之大成，经历了由男子越剧到女子越剧为主的历史性演变，被首批列入国家级非物质文化遗产名录。

越剧长于抒情，以唱为主，声音优美动听，表演真切动人，唯美典雅，极具江南灵秀之气；多以"才子佳人"题材的戏为主，艺术流派纷呈，公认的就有十三大流派之多。主要曲调有四工调、弦下调等，大都细腻委婉，长于抒情。越剧经典曲目有《梁山伯与祝英台》《西厢记》《红楼梦》等，新中国成立后涌现出了《五女拜寿》《汉宫怨》《胭脂》《春江月》等。

(五) 豫剧

豫剧又称"河南梆子""河南高调"。明末秦腔与蒲州梆子传入河南后与当地民歌、小调相结合而成。还有一种说法，说是由北曲弦索调演变而成。豫剧流行于河南及毗邻省省的部分地区，有豫西调和豫东调两个支派。豫西调以洛阳为中心，多用真嗓，音域较低，俗称"下五音"，唱腔悲凉。豫东调以商丘、开封为中心，多用假嗓，音调高亢，俗称"上五音"。代表剧目有《对花枪》《三上轿》《提寇准》《铡美案》《十二寡妇征西》等。

(六) 川剧

川剧流行于四川省及云南、贵州的部分地区。清雍正、乾隆年间，昆腔、高腔、胡琴、弹戏和当地的灯戏同时流行。后因各腔经常同台表演，相互影响，形成了较多的共同点，于是统称川剧。川剧有一套完整的表演程式，真实细腻，生活气息浓郁。传统剧目有"五袍"（《青袍记》《黄袍记》《白袍记》《红袍记》《绿袍记》）、"四柱"（《碰天柱》《水晶柱》《炮烙柱》《五行柱》），以及"江湖十八本"等。

(七) 黄梅戏

黄梅戏旧称"黄梅调"，流行于安徽及江西、湖北等省部分地区。清乾隆末期，湖北黄梅的采茶调传入安徽安庆地区后，与青阳腔、徽剧及民间歌舞、音乐、说唱融合而成。唱腔委婉清新，表演细腻，生活气息浓郁。代表剧目有《打猪草》《夫妻观灯》《牛郎织女》《天仙配》《女驸马》《罗帕记》等。

(八) 沪剧

沪剧流行于上海和江浙吴语区，渊源于上海浦东的民歌东乡调，清末形成上海滩簧，其间受苏州滩簧的影响。后采用文明戏的演出形式，发展成为小型舞台剧"申曲"。1927年以后，申曲开始演出文明戏和时事剧。1941年上海沪剧社成立，申曲正式改称沪剧。主要有长腔长板、三角板、赋子板等。曲调优美，富有江南乡土气息，擅长表现现代生活。优秀剧目有《罗汉钱》《芦荡火种》《一个明星的遭遇》等。

(九) 粤剧

粤剧又称"广东梆黄""广东大戏"，是广东省地方戏曲之一。源自南戏，自明朝嘉靖年间开始在广东、广西出现，是糅合唱念做打、乐师配乐、戏台服饰、抽象形体等的表演艺术。粤剧每一个行当都有各自独特的服饰打扮。优秀剧目有《西河会》《双结缘》《雪重冤》《宝莲灯》《黛玉葬花》《赵子龙催归》等。

思考与练习

一、实训项目

项目名称	博大精深的戏曲艺术
实训目的	了解和学习我国戏曲文化
实训要求	掌握我国戏曲文化的艺术特征
准备工作	1. 分组，成员 10 人左右 2. 每组选取一戏曲形式，模拟一段戏曲表演
方法	1. 根据班级情况，学生分组 2. 每组选取一戏曲形式，课外组织学习一段戏曲表演 3. 小组表演 4. 教师点评每组同学的表现

二、填空题

1. （　　　）与茶叶、丝绸合称为中国三大特产而名扬中外。

2. 江苏（　　　）制陶始于北宋，盛于明清，有"中国陶都"之称。

3. 江西（　　　）素有"瓷都"之称。

4. （　　　）是我国著名的白瓷产地，与江西景德镇、湖南醴陵并列为中国三大古瓷都。

5. 四大名绣之一的粤绣的代表作是（　　　）。

6. 四大名绣之一的蜀绣的代表作是（　　　）。

7. 四大名绣之一的湘绣的代表作是（　　　）。

8. 四大名绣之一的苏绣的代表作是（　　　）。

9. （　　　）以抒情笔法、章法俱美，被誉为"天下第一行书"。

三、选择题

1. 景德镇的四大名瓷包括以下的（　　　）。

　　A. 青花　　　　　　　B. 青花玲珑　　　　　C. 粉彩　　　　　　　D. 颜色釉瓷

2. 中国的四大名绣包括以下的（　　　）。

　　A. 蜀绣　　　　　　　B. 苏绣　　　　　　　C. 湘绣　　　　　　　D. 粤绣

3. 中国的四大名锦包括以下的（　　　）。

　　A. 蜀锦　　　　　　　B. 云锦　　　　　　　C. 宋锦　　　　　　　D. 壮锦

4. 中国传统工艺三绝包括（　　　）。

　　A. 景泰蓝　　　　　B. 福建脱胎漆器　　　C. 景德镇瓷器　　　　D. 蜀锦

5. 中国三大木版年画包括（　　　）。

　　A. 天津杨柳青年画　　　　　　　　　　B. 苏州桃花坞年画

　　C. 山东潍坊杨家埠年画　　　　　　　　D. 四川绵竹年画

6. 中国四大名玉，是指（　　　）。

　　A. 新疆的和田玉　　　　　　　　　　　B. 河南南阳的独山玉

　　C. 辽宁岫岩的岫玉　　　　　　　　　　D. 湖北郧县绿松石

四、简答题

1. 请简述中国古代游记文学的类型。
2. 简述我国书法艺术的主要特征。
3. 简述我国绘画艺术的发展沿革。
4. 我国的戏曲艺术有哪些类型？

下篇
旅游文化资源
的开发与利用

第十章

旅游文化资源开发的基本理念

【引导案例】

杭州宋城

宋代是中国封建社会发展成熟的朝代,其经济、科技、文化的发展在当时居世界领先地位。杭州宋城就是反映两宋文化内涵的主题公园,它主要分为《清明上河图》再现区、九龙广场区、宋城广场区、仙山琼阁区、金明池、宋城大剧院等部分。

"建筑为形,文化为魂"是宋城的经营理念。怪街、佛山、市井街、宋城河、千年古樟、九龙广场、城楼广场、文化广场、聊斋惊魂、南宋风情街等景点一步一景。景区内斗拱飞檐、车水马龙,还原了宋代都市风貌。宋城是中国非物质文化遗产集聚地,王员外家小姐抛绣球招婿表演更是闻名遐迩,新春庙会、火把节、泼水节、桂花节四大节庆活动精彩纷呈。大型歌舞《宋城千古情》是宋城一绝。文化是宋城的灵魂,它在表现自然山水美、园林建筑美、民俗风情美、社会人文美、文化艺术美上做了自己的探索。宋城是对中国古代文化的一种追忆与表述,它是一座寓教于乐的历史之城,置身宋城,恍如隔世。给我一天,还你千年!

问题讨论:你对杭州宋城这种旅游资源的开发模式有什么样的看法?

分析参考:具体而言,杭州宋城属于复原历史型的主题公园,它是按照宋代历史的相关记载,挖掘宋代文化题材,恢复宋代历史面貌或其中一方面的一种开发方式。我国除了杭州宋城外,诸如西安大唐芙蓉园等也属于此类开发模式。

【学习导航】

通过本章的学习,学生可了解旅游文化资源开发与保护之间的辩证关系;掌握旅游文化资源开发与保护的原则;熟悉和掌握旅游文化资源开发的一般模式。

【教学建议】

　　本章的内容偏重于理论基础知识的介绍,在课堂讲授中建议多列举相关案例,以案例导学的方式加深学生对此章知识的掌握和理解。

第一节　旅游文化资源开发与保护的关系

　　随着旅游业的蓬勃兴起,文化旅游正呈现出迅猛发展的势头。据专家调查,英、美、日、德、法等国的旅游者无一例外地把"与当地人交往、了解当地文化和生活方式"当作出境旅游的三大动机之一。文化旅游也因其独有的文化底蕴和独有的文化氛围而受到广大旅游者的青睐。中国旅游界已经注意到了旅游者这种文化需求的多元性,正越来越注重对文化内涵丰厚的旅游资源进行深度开发。全国各大旅行社在设计旅游线路、组合旅游产品时,不断推陈出新,用各种丰富多彩的旅游文化产品吸引不同游客的文化旅游需求。从1992年开始,国家旅游局组织策划主题旅游年活动,如"94中国文物古迹游""95中国民俗风情游""98华夏城乡游""2002中国烹饪王国游""2011中华文化游"等。其中大部分主题旅游线路和主打项目都体现了中国旅游文化的独特魅力。由此可见,文化资源在旅游资源的开发中占据着非常重要的地位。

　　然而,任何一种旅游资源在开发利用过程中都涉及开发与保护这两个方面的问题。对于旅游文化资源而言,同样需要厘清和协调开发和保护两者之间的关系。旅游文化资源的开发是旅游业发展的重要依据和条件,但从某种意义上讲,开发既是一种保护又是一种破坏。一方面,旅游文化资源的开发即挖掘、传承和发扬文化资源本身,因开发而带来的旅游收益也为文化资源保护创造了经济条件;另一方面,伴随旅游开发而带来的外来文化有可能造成文化漂移和文化涵化等问题,这些跨文化交流而产生的问题又都会对原有文化本身造成影响甚至破坏。旅游文化资源的开发和保护既相互联系又相互矛盾,两者是辩证的矛盾统一体,并在辩证联系中共同改善文化资源利用与传承之间的关系,推动旅游业可持续发展。

一、开发和保护两者相互联系、相互依存

(一) 保护是开发和发展的前提,保护是为了更好地开发

　　旅游资源是旅游者进行旅游活动的基础和前提条件,一旦破坏殆尽,旅游业将失去依存的条件,也就无开发可言了。旅游文化资源作为旅游资源中的构成部分,同样也具有这样的特征。比如,众多建筑等人文资源部分具有不可替代性和不可再生性,一旦开发不当就有可能对资源本身的保护造成较大的损失。因此,保护是开发的前提,是开发与保护这对矛盾中的主要矛盾。

(二) 开发是保护的必要体现,是旅游业发展的基础和前提条件

　　从旅游业可持续发展的角度看,资源保护归根结底是为了旅游业更好地发展。因此,

旅游文化资源必须经过开发利用,才能招徕游客,发挥其功能和效益,也才具有现实的经济意义和社会意义;旅游文化资源保护的必要性只有通过开发才能得以体现。对旅游文化资源的开发是旅游业发展的一个非常重要的资源优势,是旅游资源价值的充分体现。例如,四川红原麦洼寺是川西北现存历史最悠久、建筑规模最大的藏传宁玛派大寺,是外界了解藏传佛教文化的窗口。只有通过合理开发,使之走向世界,并成为具有世界影响的佛教圣地,才能充分体现对其保护的价值。随着社会发展和人们物质文化生活水平的提高,人们对旅游需求也随之多样化和复杂化,开发能反映民族特色的旅游资源和以可持续发展为主题的精品文化旅游产品,已成为旅游业发展的新方向。

(三) 开发本身意味着保护

一般情况下,合理的科学的旅游文化资源开发,是对旅游文化资源加以整修以延长其生命周期,而非令其"自生自灭"。通过对人文旅游资源搜集和整理,并加以创新、修复或传承,众多人文旅游资源一方面可迎合旅游者的需求;另一方面也可从技术和资金上保障自身得以传承和发展。因此,开发本身也意味着保护,充分利用旅游文化资源开发促进旅游业发展带来的旅游收益,通过技术和资金等各种形式返回资源地,用于资源地的环境改造、基础设施和环境建设。

二、保护和开发又是相互矛盾的统一体

(一) 从某种程度上看,开发也是一种破坏

这里提及的"破坏",包括由旅游开发而造成的破坏和非旅游开发而造成的破坏。虽然旅游文化资源的破坏并不仅仅是开发所造成的,还有其他社会、文化等方面的深层原因,但开发所造成的破坏是显而易见的,这与资源保护是背道而驰的。

(1) 旅游文化资源的开发不可避免地会造成某种破坏。旅游文化资源开发一方面需要对文化内涵呈现加以改造以满足旅游者的需求;另一方面对文化资源地所需进行的适度建设是以局部范围的破坏为前提的。可以说,没有破坏也就没有开发,破坏和开发在一定程度上是共生的。比如,近年来,很多地区开展古村古镇旅游资源的开发,但开发过程中存在将原有保存不好的建筑推倒重建,甚至对于保存较好的一些人文景点也被"以新代旧",这其实对于资源本身而言就是最直接的破坏。

(2) 从人为角度看,旅游文化资源的开发也会产生极大的破坏作用。因管理不善,资源地游客涌入量往往超过其承载力,从而给资源本身造成致命的损坏。大量游客形成的喧哗,破坏了寺院庄严肃穆的氛围;游客的不文明行为,诸如"×××到此一游"的乱刻乱画更是对旅游资源的极大破坏。

(3) 由于旅游文化资源所具有的文化性,因开发而带来的外来文化的冲击,也可能是对旅游资源的毁灭性打击。尽管旅游者与资源所在地的交流和影响以及两种文化之间的作用是相互的、双向的,但事实上,外来文化、外来旅游者对资源所在地(旅游地)的冲击和影响远大于他们所接受到的资源地的影响。旅游开发带来了诸多消极的影响,如卖淫、犯罪、赌博等现象的产生、发展以及资源所在地居民观念意识的变化,旅游地经济状况、经济

意识、审美倾向、社会关系等的改变,民俗风情的同化、庸俗化等,给旅游资源及其环境造成了直接或间接的破坏。

(二) 保守式的保护,妨碍了开发

因害怕开发造成破坏,为"防患未然",易导致片面强调保护,从而忽视了对资源的开发。因片面地保护而没有对文化资源进行开发,就不能体现出文化资源本身所具有的价值,甚至出现一些文化资源因为技术和资金等问题造成传承不继乃至消亡等现象,这不仅对资源本身无益,对于旅游业的发展而言也是一种损失。当然,这里提到的对人文资源的开发是在技术和资金都有保障的前提下展开的,对于一些技术不成熟、资金匮乏等问题困扰的人文资源就需要慎之又慎,因为一旦仓促上马开发项目,有可能带来的不是利益,而是对资源的严重破坏。比如,当前围绕着秦始皇陵寝地宫的开发和保护之间的争议就是一个典型的案例。鉴于当前的技术条件,众多专家学者的观点还是偏向于以保护为主,等条件成熟再进行逐步开发利用,以免损害这一人类宝贵的文化遗产。

第二节 旅游文化资源开发保护的原则和措施

一、旅游文化资源开发的原则

(一) 可持续原则

文化资源以精神内涵为主要存在形式,其最大的特点就是可以多次开发和重复利用,这决定了它具有其他资源所没有的强大生命力和巨大开发价值。文化生态又是一个比自然生态更为复杂的系统,文化资源开发必须坚持可持续的开发观。可持续开发就是要实现资源的优化配置与和谐利用,坚持开发与保护并重,实现既满足当代人的需要,又不对后代人满足其需要的能力构成危害和破坏的开发。文化资源是人类共有的,既需要对传统的文化资源加以保护,又要对其传承加以跟进,从而保障当代人对文化传统的了解和分享,又能对后代人继承和发扬传统文化奠定坚实的基础。从这个意义上说,可持续开发是文化资源开发、利用的灵魂。

(二) 兼顾社会效益和经济效益原则

文化资源的产业化开发具有双重属性:一是意识形态属性;二是产业属性。就前者而言,文化资源属于精神范畴,任何文化产品都传播着不同的文化价值观和审美理念。从后者看,文化产品的生产和营销要符合市场规律的要求,要符合大众的欣赏口味,要与时代同步,与市场同步。在文化资源的产业化开发方面,过去我们一直比较重视文化资源的精神价值,而忽视文化资源的市场价值;重视文化资源的事业部分,而忽视文化资源的经营部分;重视文化资源的意识形态属性,而忽视文化资源的产业属性。现在,随着文化产

业的兴起,文化作为新的经济增长点日益受到重视,文化资源的经济价值成为文化资源开发的重点。但是我们在重视文化资源的经济价值的同时,要注意避免从一个极端走向另一个极端,即重视文化资源的经济价值,忽视其社会价值。因为就文化资源及其产品来讲,社会效益仍然是第一位的。文化资源有别于自然资源及其他社会资源的特殊性恰恰在于它在提升人们精神境界、陶冶人们情操方面发挥的作用。因此,在文化资源开发过程中,应寻找文化资源开发的新路径,实现经济效益、社会效益和文化生态效益的最佳结合。

(三) 可行性原则

可行性原则就是要求旅游文化资源的开发要从实际出发,量力而行,要对文化资源开发的组织规划、开发目标及开发的可能性结果进行审慎的评估,确保其既合目的性,又合规律性;在制定与文化资源密切相关的保护条例和政策时,必须考虑到其包容性和可操作性,制定可以阶段性实施的、符合当地实际情况的、可操作性强的具体细则。

(四) 整体协调原则

开发文化资源、发展文化产业是一种集多种要素于一体的综合行为,必须与当时当地的社会、政治、经济、科技以及人们的文化素质水平相协调,必须建立健全有效的协调机制。这至少应该包括以下几个基本的方面,即政府管理部门与开发者的协调,民族文化的传承和民间技艺的培训与面向民众的宣传教育的协调,保护投入与开发收入的协调,长远目标和短期目标的协调,外来投资收益与当地社区利益的协调,区域之间特别是行政区划间的协调。只有进行这样的协调,才能有效避免文化资源开发的雷同及低层次的同质化竞争。

(五) 重点创意原则

在文化资源转变为文化资本和文化产品的过程中要突出重点,找准创意点,在内容、体制和技术等主要环节力求创新。在转换过程中,要注重提炼内涵。创意是对文化资源的高层次加工,是依靠创意人才的智慧、灵感和想象力,借助于高科技对文化资源的再创造、再提高,它会衍生出无穷的新产品、新服务和新商机,是文化产业价值创造的"裂变器"。

(六) 因地制宜,分类指导原则

由于地理环境、区位、民族和经济发展状况以及文化传统等诸多方面的差异,各个不同地区文化资源的类型和特点都会有所不同,很难简单模仿和套用固定、统一的开发模式。因此,要对文化资源进行分类评估,区别对待,探索不同的开发利用模式。资源的产品化、价值化是一个逐步推进的过程,要允许各地根据实际情况进行探索,寻找到最适合自身资源类型和特点的开发利用途径。

知识链接 10-1

旅游文化资源利用开发的要点

1. 存真

尊重历史,不戏说。可以再现,但是不一定全盘恢复。例如柏林墙,保留一段即可。要修旧如旧,尽量用传统材料和工艺。

2. 做深

挖掘其内涵,丰富其内容。文化旅游要像讲课一样让游客通过游览完全了解那段历史——前因后果、大小人物、喜怒哀乐。要注意用细节打动游客。

3. 活化

不但要把虚的文化做"实",让游客能够直接看到,而且要做"活"。不能够简单地放几个雕塑、摆几个玻璃柜子和凳子椅子。中国的博物馆之所以不受游客欢迎,原因主要就是没有活化文化。要通过演出、互动、声音、影像等让人感受文化。

4. 延展

要把文化旅游资源以多样化的形式开发利用,不能搞纯粹的"门票经济",不能局限在静态观光层面,要积极发展文化旅游商品和参与性娱乐。

二、旅游文化资源开发的一般模式

目前,文化旅游资源开发,主要有以下七种模式。

(一) 直接利用型

直接利用型是文化旅游资源开发最早的形式,即利用原生态的文化旅游资源,除了增添必要的旅游设施、设备外,对原有的资源几乎不再进行加工改造,如民族文化村(寨)、民族传统节日等形式。这一模式的旅游资源开发,其最大的优点在于投资少、效益高,而且对于游客来讲,还可体验到当地原汁原味的旅游文化,因而初期多受到旅游者的欢迎。但正由于旅游环境是"原始"的,往往不易控制。又因交通一般欠发达,景区的可通达性较差。即使解决了交通问题,也会由于旅游活动使旅游文化资源无形中成为商品,所以旅游文化的商品化、庸俗化就在所难免。更严重的是它会直接导致文化旅游资源的破坏,失去可持续发展的能力。

我国很多资源的开发都属于这一类型,比如北京故宫、长城、明清皇陵等。

(二) 整合提升利用型

这类开发模式是整理和提炼文化资源中有旅游吸引力、便于加工浓缩的因素和事象,集中表现。这种类型的开发,把相关的文化旅游资源加以整合、提升,集中展现,来自生活又高于生活,特别是对历史上的一些具有代表性文化的恢复和再现,对保护传统文化具有非常重要的意义。同时,对旅游者来说,在较短的时间内能领略到一个或多个典型文化的风采,既能增长知识,又能体验文化差异,自然也会有一定的吸引力。然而,由于这种开发形式要进行大量的前期调查研究,在研究成果的基础上,又有大量的人造景观需要建设,所以用时长、投资大。又因人造景观毕竟是仿制品,即使是建设在该类型文化发祥地,也会或多或少地割裂了与原生态文化的联系。如果是建立在异地,则完全脱离了该文化赖以生存的社会环境和文化氛围。加之这类文化旅游景观由于是人造的,所以没有垄断性,同类产品的竞争更会缩短这类景观的寿命。

比如深圳的锦绣中华就是这一类型的代表。锦绣中华是深圳华侨城的一个旅游区,集中表现了中国的传统文化和民族民俗文化。它是目前世界上面积最大、内容最丰富的实景微缩景区,占地 450 亩,分为主点区和综合服务区两部分。82 个景点均按中国版图位置分布,比例大部分按 1∶15 建造,全园犹如一幅巨大的中国地图。这些景点可以分为三大类:古建筑类、山水名胜类、民居民俗类。安置在各景点上的陶艺小人达 5 万多人。可以让游客在一天之内领略中华五千年历史风云,畅游大江南北锦绣河山。2003 年,锦绣中华和中国民俗文化村两园合一,中国民俗文化村内含 21 个我国少数民族的 24 个村寨,按 1∶1 比例建成,有"中国民俗博物馆"之称,民俗文化村荟萃了中国各地的民族服饰、民族风味、民族建筑及民间艺术风情。

(三) 历史复原型

开发这类文化旅游产品,要有一个前提条件,或是有老祖宗留下的实物遗产,或是通过历史文献记载,至少要有口头传说的凭据。在这些基础上,又必须在当地,或进行复原建设,即我们常讲的修旧如旧,或根据记载、传说恢复文化遗产。但开发这类旅游文化资源,首要的是真实性。比如,古代建筑则必须经过翔实的考证、研究,要尽量做出与记载或传说一致的产品,以免出现不伦不类的情况。至于相关的民俗事象,更要仔细深入挖掘民族文化资源,不断更新和创造出独具特色的旅游产品,以增强市场感召力。这类文化旅游产品,既有垄断性,同时又有较强的生命力,也极易被广大旅游者接受。但开发技术要求高、难度大,开发成本也高,而且这种开发更多的还在于显性文化的展示。比如,开放后再现的是古城、古建筑之类,至于深层次的民俗文化,就比较能够考量开发者的技术和开发理念了。

(四) 文化创意型

文化创意型开发是指在创造创意含量丰富的特定空间(园区、基地),以文化创意构成旅游吸引物,满足游客观光、休闲、娱乐、餐饮等旅游需求的开发方式。文化创意型开发重点是要创造出新颖、独特的文化旅游资源,包括以下三种类型的开发方式。

(1) 艺术园(社)区开发。它是指艺术家和商业文化机构,成规模地租用和改造因历史原因留存下来的城市工业空置厂房,或集中在租金相对廉价区域租用场地,使其发展成为集画廊、艺术家工作室、设计公司、餐饮酒吧等于一体的具有一定规模的融入了旅游活动的艺术创意集聚区,比如 798 艺术区、北京宋庄画家村、上海 8 号桥艺术园区、M50 艺术基地、杭州 LOFT49 等。

（2）影视（动漫）基地开发。它是指将静态的影视（动漫）基地旅游资源经过创意活化，让游客体验影视角色参与、影视独立创作（DIY）、影视（动漫）文化主题教育，进行影视旅游观光体验活动的开发方式，比如首尔 MBC 文化园"大长今村"、横店影视城、北京怀柔影视基地、上海国家动漫游戏产业振兴基地等。

（3）旅游节庆演出基地开发。它是指在传统的旅游节庆活动策划中加入创意元素，通过改变场地、变换活动形式、重组和完善活动内容以及创新宣传等方式，从而扩大节庆演出活动对游客的吸引力。比如印象刘三姐、禅宗少林音乐大典等。

（五）新兴街区型

在新城建设或是旧城改造的过程中，作为文化传承的老建筑、老街区不是被习惯性地拆除，而是另外新建街区，以全新的"IN"生活体验（流行前卫、新潮健康）为旅游创意，使其成为新的街区，焕发活力，融入创意理念，从而打造成为吸引游客的新亮点。

比如，上海新天地是一个具有上海历史文化风貌的都市旅游景点，它是以上海独特的石库门建筑旧区为基础改造成的集餐饮、商业、娱乐、文化的休闲步行街。中西融合、新旧结合，将上海传统的石库门里弄与充满现代感的新建筑融为一体，是领略上海历史文化和现代生活形态的最佳场所。除此之外，还有北京什刹海、北京三里屯、重庆黄桷坪涂鸦艺术街等都属于这一类型的开发模式。

（六）转换价值型

转换价值型开发，是指第一、第二、第三产业中的产品既具有本部门、本行业的一般价值，同时又有着已被开发、尚待开发或本身具有的潜在的文化旅游价值，因此将农业、水利、工业、商业、教育等各项事业的发展成果同时转化为文化旅游资源的开发方式。比如，和产业发展相关联的，农业科技园、创意农业园以及工业科技园等。

（七）大型事件带动型

当今区域旅游业发展战略研究中，大型事件正成为一个令人瞩目的课题，并与旅游业的发展有着密不可分的关系。大型事件对于举办地而言，是有效的形象宣传的机会，能在短时间内迅速提高举办地的知名度，并促进国家和地区间的文化交流，同时也能极大地带动举办地及周边区域旅游业的发展。另外，大事件过后留下的现代遗产也成为重要的旅游资源。

比如，2010 年上海世博会共接待游客 7 308 万人次，上海 2010 年接待国内游客比2009 年增长 73.6%。据估计，上海世博会的"产出影响"为 794.77 亿元、"增量消费"为468.64 亿元。世博会提供了会展商务旅游协同共生发展的平台，世博会带来的滚滚商流、物流、人流、资金流、信息流，以及各国先进的会展举办经验，将进一步提升上海会展商务旅游的产品、服务质量，推动上海建设成为国际商务会展中心城市。

知识链接 10-2

文化旅游最常见的开发方式

1. 博物馆

这是最传统的一种方式,如各地的名人故居博物馆、历史博物馆、一些专题博物馆(如雷州石狗博物馆、潍坊风筝博物馆)。

2. 主题园、风情村(镇)和街区

如凤凰、周庄、阳朔西街(从开发手段上属于"原生自然式")、西安大唐芙蓉园和不夜城("复古再现式")、台湾地区九族文化村和云南民族文化村("集锦荟萃式")、张家界土家风情园("原地浓缩式")。

3. 表演

如丽江《纳西古乐》、郑州《禅宗少林》音乐大典及各地《印象》系列。

4. 嫁接

主题化——主题酒店、主题餐厅、主题度假村。如苏州网师园的"古典夜园"、北京"傣家村"餐厅、台湾地区的大唐温泉物语(唐文化)、广东河源的御临门温泉度假村(巴厘岛民俗文化)、北海的海景桃源酒店(木雕文化)。巴厘岛的威斯汀度假酒店,就是一个充分融合了当地文化的旅游度假村。

5. 节庆

如内蒙古的"那达慕"大会、回族的"古尔邦节"、白族和彝族的"火把节"等,其本意并非为了发展旅游业,不会长年存在,但在节庆期间会吸引大量的旅游者。

一些地方的旅游文化载体分布比较分散,如典型民居、展览馆、表演场地、名牌小吃餐馆等各在一处,由于客观条件的制约,短期内不能集中到一个旅游景点内,只能采取"串点连线式"开发方式,组合包装为一个精品线路产品,供游客整体购买。在形式上它与"北京一日游""广州一日游"是一类的,只不过后者内容不一定是文化旅游。它对于散客主要通过旅行社和散客接待中心组织,需要更大的宣传力度。自驾车的游客需要得到更多的信息指导才能够成行。

三、旅游文化资源的保护措施

(一) 加强宣传,提高全民保护旅游文化资源的认识

文化旅游资源是我们非常宝贵的资源,由于现代科技的迅猛发展,信息传播的加快,世界文化的相互碰撞和集结,文化融合是大趋势,也是人类历史社会发展的必然结果。开发旅游文化资源的过程有着两重性:一是融合创新,二是传统保留。坚持保护第一,开发第二的原则,做到开发与保护相结合,是一项严肃且重要的工作。为此,宣传要先行,通过强有力的宣传舆论工作,动员全民保护旅游文化资源:一是树立全民保护旅游文化资源的意识,特别是区域内人民保护文化资源的意识;二是挖掘重点旅游文化资源,做好重点

旅游文化资源的重点保护工作,防止人为破坏或掠夺式开发;三是要做好旅游规划的舆论宣传工作,动员全社会力量来做好旅游文化资源的开发。

(二) 制定有关文化资源保护方面的政策性法规

要从依法旅游的高度来认识旅游文化的开发,改变重开发、轻保护的现象,加强旅游文化资源保护方面的立法工作,保护文化资源,实现人与自然的和谐发展,杜绝掠夺式开发,为旅游文化资源的合理开发提供良好的法制环境。比如,目前我国还没有一套保护各民族优良传统文化的法律法规,新中国成立以来所制定的《文物保护法》对于民族文化的保护有时是鞭长莫及。当然,在此背景下一些地区也做出了一些尝试。以贵州和云南两省为例,两省已经制定了《民族文化生态保护条例》《无形文化遗产保护条例》等,相关的执法部门有法可依,对于当地的民族文化旅游开发起到了很好的保护作用。因此,针对保护文化资源的其他问题上,如果在国家还没有出台相关法律法规的情况下,像贵州和云南两省的这种做法值得其他地区借鉴,这样有助于及时保护一些弥足珍贵的文化资源。

(三) 建立区域文化生态旅游村进行保护性开发

生态旅游者最重要的目的是寻求人与自然和谐统一和对原生异质文化的新鲜刺激,生态旅游者通过对当地家庭和社区进行更长时间的参观访问,直接与当地居民交流、讨论,这样既可能满足旅游者观察和了解当地居民生活方式、居住环境、文化信仰,享受高质量的旅游经历的愿望,又能使当地人从中得到直接经济收入,以促使当地居民对自己的地区传统文化进行再认识,从而增强对本地区传统文化的自信心和自豪感,提高保护与继承优秀传统文化的意识,实现文化旅游开发与文化保护的双赢。比如,云南民族文化生态村的规划建设,就是从最基层的社区村落开始,广泛开展创建"民间艺术之乡""民间工艺之乡"活动,进行"一产一业""一村一品"特色文化产业开发,发展民族文化旅游业、民间艺术展演业、民间工艺品产销业等,既保护了当地的民族文化,又获得了较高的经济效益和社会效益。

(四) 积极组织申报世界文化遗产进行保护

我国自 1985 年加入世界遗产公约以来,世界遗产的数量增长很快,截至 2015 年7 月,经联合国教科文组织审核被批准列入《世界遗产名录》的中国世界遗产共有 48 项(包括自然遗产 10 项,文化遗产 34 项,自然与文化遗产 4 项),含跨国项目 1 项(丝绸之路:长安—天山廊道路网),在数量上居世界第二位,仅次于意大利(50 项)。这标志着民族文化在世界人类文明史上的创造与贡献,越来越多地被世界所认识;也标志着我国社会经济、文化水平提高,综合国力日益加强。我国可成为世界文化遗产的民族文化项目还有很多,应该积极组织申报,争取成为世界文化遗产。这对于保护好的优美的景观与和谐的历史人文环境,保护好优秀的民族文化,保护好祖先留下的珍贵遗产,促进民族地区的可持续发展具有深远的意义。

知识链接 10-3

中国世界遗产列表

登录名称	登录类型	登录年份	扩展年份	所在地区
长城	C	1987 年	2002 年（辽宁九门口长城）	西起嘉峪关，东至鸭绿江畔
明清皇宫	C	1987 年（北京故宫）	2004 年（沈阳故宫）	北京东城区、辽宁沈阳
莫高窟	C	1987 年		甘肃敦煌
秦始皇陵	C	1987 年		陕西西安
周口店北京人遗址	C	1987 年		北京房山区
泰山	CN	1987 年		山东泰安
黄山	CN	1990 年		安徽黄山市
九寨沟风景名胜区	N	1992 年		四川九寨沟县
黄龙风景名胜区	N	1992 年		四川松潘
武陵源风景名胜区	N	1992 年		湖南张家界
承德避暑山庄和外八庙	C	1994 年		河北承德
曲阜孔庙、孔林、孔府	C	1994 年		山东曲阜
武当山古建筑群	C	1994 年		湖北丹江口
拉萨布达拉宫历史建筑群	C	1994 年（布达拉宫）	2000 年（大昭寺），2001 年（罗布林卡）	西藏拉萨
庐山国家级风景名胜区	C	1996 年		江西九江
峨眉山—乐山大佛风景名胜区	CN	1996 年		四川乐山，包括峨眉山市
丽江古城	C	1997 年		云南丽江
平遥古城	C	1997 年		山西平遥
苏州古典园林	C	1997 年	2000 年（狮子林、沧浪亭、退思园、耦园、艺圃）	江苏苏州
颐和园	C	1998 年		北京海淀区
天坛	C	1998 年		北京东城区
大足石刻	C	1999 年		重庆大足
武夷山	CN	1999 年		福建武夷山市
青城山与都江堰	C	2000 年		四川都江堰市
皖南古村落——西递、宏村	C	2000 年		安徽黔县
龙门石窟	C	2000 年		河南洛阳

续表

登录名称	登录类型	登录年份	扩展年份	所在地区
明清皇家陵寝	C	2000 年（明显陵、清东陵、清西陵）	2003 年（明孝陵、明十三陵）；2004 年（盛京三陵）	湖北钟祥；河北遵化；河北易县；江苏南京；北京昌平区；辽宁沈阳、新宾
云冈石窟	C	2001 年		山西大同
云南三江并流保护区	N	2003 年		云南丽江、迪庆藏族自治州和怒江傈僳族自治州
高句丽王城、王陵及贵族墓葬	C	2004 年		吉林集安和辽宁桓仁
澳门历史城区	C	2005 年		澳门
四川大熊猫栖息地	N	2006 年		四川成都、阿坝、雅安、甘孜
殷墟	C	2006 年		河南安阳
中国南方喀斯特	N	2007 年	2014 年（重庆金佛山、贵州施秉、广西桂林、环江）	云南石林、贵州荔波、重庆武隆
开平碉楼与村落	C	2007 年		广东开平
福建土楼	C	2008 年		福建龙岩、漳州
三清山国家级风景名胜区	N	2008 年		江西上饶
五台山	C	2009 年		山西五台
"天地之中"历史建筑群	C	2010 年		河南登封
中国丹霞	N	2010 年		广东丹霞山、湖南崀山、福建泰宁、江西龙虎山、浙江江郎山、贵州赤水
杭州西湖文化景观	C	2011 年		浙江杭州
元上都遗址	C	2012 年		内蒙古正蓝旗
澄江化石地	N	2012 年		云南澄江
新疆天山	N	2013 年		新疆阿克苏、伊犁、巴音郭楞、昌吉
红河哈尼梯田	C	2013 年		云南红河
中国大运河	C	2014 年		北京市、天津市、河北省、山东省、河南省、安徽省、江苏省、浙江省

续表

登录名称	登录类型	登录年份	扩展年份	所在地区
丝绸之路：长安—天山廊道路网	C	2014 年		中国（河南省、陕西省、甘肃省、新疆维吾尔自治区）；哈萨克斯坦（阿拉木图州、江布尔州）；吉尔吉斯斯坦（楚河州）
中国土司遗产	C	2015 年		湖南永顺老司城遗址、贵州播州海龙屯遗址、湖北唐崖土司城遗址

注：C(Cultural)表示世界文化遗产，N(Natural)表示世界自然遗产，CN(Cultural and Natural)表示世界文化与自然遗产。该表截止到 2015 年 7 月底。

思考与练习

一、实训项目

项目名称	旅游文化资源的开发模式
实训目的	了解和掌握旅游文化资源开发的模式
实训要求	通过对现有资源的开发模式分析，掌握旅游文化资源开发的一般模式
准备工作	1. 分组，成员 10 人左右 2. 每组选取不少于三处相关旅游文化资源(注意不要选取同类型开发模式的资源)
方法	1. 根据班级情况，学生分组 2. 每组选取相关旅游文化资源 3. 小组讨论选取资源的开发模式，制作汇报 PPT 4. 小组结合案例汇报旅游文化资源的开发模式 5. 教师点评每组同学的表现

二、简答题

1. 简述旅游文化资源开发与保护之间的关系。
2. 简述旅游文化资源开发的原则。
3. 简述旅游文化资源开发的一般模式。
4. 旅游文化资源的保护措施有哪些？

第十一章

主要旅游文化资源类型的开发与利用

四川佛教文化旅游的开发

四川佛教文化旅游资源在全国具有相当高的知名度,其在历史考古、文化艺术、对外交流、宗教朝觐等方面都具有很高的价值,对游客具有很强的吸引力。目前现存的四川佛教文化资源中,已列入全国重点文物保护单位的有14处,列入省一级文物保护单位的有42处,列入市、县一级文物保护单位的有60处。另据统计,目前列入《中国名胜词典》的四川名胜点有130多个,其中有70多个是佛教圣地。

四川有着丰富的自然风光旅游资源,比如高山、河流、峡谷、湖泊等景观,而这些自然风光旅游资源又与当地的佛教文化旅游资源有机地融合在一起,使得游客在欣赏美丽的自然风景的同时,又能领略到佛教文化的丰富内涵,这些无不对生活在城市里的游客产生巨大的诱惑力,因此每年吸引着大量的游客前来四川旅游。

四川省出台了有利于佛教文化旅游发展的政策。首先,国家和四川省政府非常重视对旅游业的投入,从2002年到2007年,国家和省政府对四川旅游业投资共计5.4亿元,从2003年开始,每年拨出5 000万元资金用于发展四川旅游的硬件设施,这对完善四川佛教旅游基础建设,加大佛教旅游宣传起到了积极的促进作用。其次,2002年四川省旅游局出台了《四川省旅游发展总体规划》也将佛教文化旅游视为四川旅游发展的一个重要内容,提出要积极开发四川省境内的佛教文化旅游资源。这些措施为四川省发展佛教文化旅游提供了政策支持。

问题讨论:这类旅游资源的开发为什么会获得成功?结合案例谈谈你的看法。

分析参考:宗教文化旅游,主要指以宗教活动或宗教景点为主要旅游吸引物,通过旅游者的参与,为旅游业所利用并产生一定经济或社会效益的旅游活动。我国历史文化古迹众多,宗教文化资源丰富。据有关部门统计,在我国现存的主要名胜古迹中,宗教遗迹大概占据一半,国务院公布的全国重点文物保护单位中就有近1/2为宗教景观。对宗教文化旅游的进一步开发,将有助于引导宗教为促进社会和谐发挥积极作用,推动我国社会经济发展。

【学习导航】

　　通过本章的学习,需要了解和掌握宗教旅游文化资源的开发方式和措施;了解和掌握旅游建筑文化资源的开发原则和开发方式;熟悉和了解饮食文化资源的开发形式;掌握民俗风情文化资源的开发原则和措施;了解旅游文学和艺术的开发形式。

【教学建议】

　　本章涉及旅游文化资源的开发形式和措施,建议课程讲解中以案例导学为主要讲授方式。依托案例,加深学生对相关开发原则和开发形式的理解和掌握。

第一节　宗教文化资源的开发和利用

一、宗教旅游资源的特征

　　宗教旅游资源一般是指因宗教观念、宗教活动而形成的对人们具有旅游吸引力并且具有经济开发价值的各种事物、因素和现象。其范围相当广泛,内容非常丰富,主要包括宗教圣地、宗教名山、宗教建筑、宗教艺术文物、宗教节庆、宗教名人、宗教饮食等。作为一种特色鲜明的人文旅游资源,它具有以下特征。

(一) 从宗教旅游资源本身来看

　　从宗教旅游资源本身的特性来看,它具有境界玄奇神秘、文化底蕴深厚、文化倾向性强三方面特征。

　　1. 境界玄奇、神秘

　　这是宗教旅游资源最突出的特征,也是它区别于其他旅游资源的根本之处。宗教的本质属性在于其对超自然、超人间、超现实力量的崇拜与信仰。从宗教教义、宗教建筑到各类宗教艺术、宗教仪式、宗教活动、宗教用品及其异常丰富的宗教神话传说故事等,各个方面都含有虚幻、想象、夸张、荒诞成分以及超现实世界的神秘感。这使宗教旅游资源带有强烈的玄奇、神秘的特征和氛围。

　　2. 文化底蕴深厚

　　宗教是人类历史上一种古老而又普遍的社会文化现象,具有多种表现形态和丰富的内涵。而宗教旅游资源的形成,一般都是宗教与当时政治、经济、社会文化等因素相互影响、相互作用的结果,这多种因素的互动及长期积淀才形成了现存的宗教旅游资源。所以,它们既具有宗教内涵,又具有丰富的历史、社会、文化、艺术、民俗方面的深厚底蕴。

3. 文化倾向性强

文化倾向性是指旅游资源对旅游者具有文化意识上的倾向和诱导作用,它是人文旅游资源区别于自然旅游资源的一个显著特征。这一点在宗教旅游资源中表现得极为突出。幽静的环境、深邃幽暗的殿堂、缭绕的烟雾、神态安详的塑像、神奇的壁画、舒缓的音乐、深沉悠扬的经声佛号,这一切形成一种强烈的宗教氛围,容易使人们不由自主地在不知不觉间产生一种超脱凡世的感觉,对人的意识具有明显的倾向和诱导作用。

(二) 从旅游资源开发的角度来看

从旅游开发的优势条件来看,宗教旅游资源具有知名度高、影响广泛,层次丰富、综合性强,旅游基础深厚、历史悠久三方面的特征。

1. 知名度高,影响广泛

宗教旅游资源大都影响广泛,具有相当高的知名度,这对于旅游开发极其有利。其知名度和影响首先来自于宗教传播,其次来自于历史上统治阶级对宗教的重视与提倡,还来自于社会名流、文人学士的游览及其所创作的相关文学、艺术作品,这些文艺作品扩大了宗教旅游资源的影响,提升了其知名度。

2. 层次丰富,综合性强

宗教旅游资源的内容非常丰富,既包括有形的物质性资源,也包括无形的精神性资源;既包括各类静态资源(如圣地、建筑、艺术品、文物等),又包括各类动态的资源(如仪式、修炼活动、节庆活动等),可提供多种形式的游览项目和活动方式。

3. 旅游基础深厚,历史悠久

许多宗教名山在历史上早就成为民众的朝拜圣地和游览胜地,而许多寺庙道观在历史上既是宗教场所,也是百姓进行娱乐活动的游艺场所,担负着地方文化娱乐活动中心的功能。寺庙用于旅游的历史相当悠久,旧时寺庙旅游的内容已相当丰富,主要有烧香拜佛、观光寺貌、参观寺藏、观戏买物(庙会)、观灯赏月、品茶闲话、纳凉避暑等。另外,有不少宗教活动如庙会早已成为地方游乐民俗节庆活动,影响深远。这种悠久深厚的旅游基础为今天的旅游开发提供了不少有利条件。

知识链接 11-1

我国宗教旅游资源的分布特征

1. 总体发展的不平衡性

佛教和道教处于相对的强势地位,其分布的数量多、地域广,几近遍布全国;而伊斯兰教和基督教处于相对的弱势地位,其分布的数量较少,分布地域相对狭小。

2. 分布的差异性

从分布地势上来说,佛教、道教遍布于平原、丘陵、山地甚至高原,故有"自古名山佛占多"一说。伊斯兰教清真寺、基督教教堂则主要分布于平原和少量的丘陵地带。从分布的地域来看,道教和佛教,特别是佛教的分布非常广泛,无论是东部沿海,还是西北内陆,甚至干旱的荒漠戈壁都有大量的宗教遗存。伊斯兰教的分布也有别于基督教,它主要分布在沿海的大中城市,与中国历史上的对外交流有密切联系,另外还集中分布于内陆的少数民族聚居区,他们是信仰伊斯兰教的阿拉伯人的后裔,在唐、元时期由陆路迁入中国。基督教则主要分布于东部沿海的大城市,出现于鸦片战争以后中国的早期开放城市和口岸中。

3. 信众来源的差异性

佛教和道教的信徒非常广泛,来自社会的各个阶层、民族、区域,是大众化的宗教。伊斯兰教则主要以穆斯林为对象,国内主要是维吾尔族、回族等民族的人民。基督教则多于使领馆人员、侨民和少量的当地信徒。这也是造成各宗教分布差异性的原因之一。

4. 教义、修习方式的不同导致微观分布的差别

佛教和道教与山林有着不解之缘。如相传文殊菩萨的道场在山西五台山,观音菩萨的道场在浙江普陀山;道教张天师的道场长期在江西龙虎山,张三丰则长期在武当山布道。佛教和道教讲求清净无欲和神仙崇拜,而传说中神佛的存在与优美的环境密不可分。因而佛教与道教宗教旅游资源遗存的景观背景多以山林地为主,而在城市中也集中于人口较少、风景秀美的区域。伊斯兰教和基督教礼拜、斋戒均有聚众特点,集中分布于人口比较密集的地区。

二、宗教旅游资源的旅游价值分析

宗教旅游资源的上述特征决定了它的旅游价值主要体现在以下三个方面。

1. 宗教价值

对于信徒而言,就是朝圣、朝拜等信仰活动上的价值。宗教场所的实用功能依然存在,至今仍开展正常的宗教活动,对信徒具有宗教活动功能上的吸引力。对于一般游客而言,宗教价值主要体现在宗教教义的哲理性和宗教氛围的神秘性上。宗教教义中包含一些游客乐于了解和接受的积极内容,如劝人为善、自我约束、积极奉献等处世哲理。宗教氛围的神秘性则是指宗教场所为一般游客提供了一个由"人界"进入"神界"的机会,其间的巨大文化环境差异构成吸引力。

2. 社会历史文化价值

丰富多彩的宗教旅游资源是宗教文化的集中体现,而宗教文化是我国传统文化中极为重要的组成部分。所以,人们不仅把宗教旅游资源看作宗教的产物,还把它们看作具有重要历史文物价值的文化设施,并作为一种历史人文景观来欣赏。

3. 景观审美价值

宗教旅游资源的很多内容有相当高的艺术性,宗教环境、宗教建筑、宗教艺术品等具有较强的艺术魅力,有很高的景观审美价值,不论对于信徒香客还是对于一般游客都有很强的感染力和吸引力。

三、宗教旅游资源开发应遵循的原则

正是由于宗教旅游资源具有鲜明的特色和多方面的旅游价值,它在今天旅游业发展中受到人们的高度重视。但应注意的是,宗教旅游资源是一类特色独具的人文旅游资源,它既有历史文物类旅游资源的所有特征,又具有鲜明的宗教性特征。由于我国的宗教问

题具有长期性、群众性、民族性、国际性、复杂性等特点,所以宗教旅游资源的开发较其他旅游资源的开发更具复杂性,其开发必须遵循下列原则。

(一) 科学性原则

宗教旅游资源开发中科学性原则的内涵是:要以科学的态度对待历史上和现实中的宗教现象和宗教问题,在涉及宗教的所有问题上都要坚持科学态度;要切实遵守国家各项有关宗教法规,正确贯彻党的宗教政策,既尊重宗教组织和宗教信徒的宗教感情,切实保护其合法权利和利益,又要防止非法宗教、伪宗教及迷信因素借开发宗教旅游资源之名渗透进来;整个开发工作都要遵循科学的程序,采用科学的方法进行分析、论证和建设,决不能盲目地、想当然地去操作。

(二) 历史性原则

宗教旅游资源大都是珍贵的历史文化遗产和文化财富,其开发必须遵循历史性原则。在开发前进行资源评价时首先应判定该资源在历史上宗教信仰地位的高低和宗教影响范围的大小;对宗教建筑的修复或重建,应尽可能地在形态、结构、材料、风格、颜色等各方面忠于历史原貌,切忌不伦不类,更忌无中生有;开发工作不能破坏长期历史形成的宗教景观文化生态(景点与环境之间、景点与景点之间、景点各构成要素之间的合理关系);应重视对宗教旅游资源历史文化艺术内涵的挖掘与展示,提升其文化品位。

(三) 效益原则

宗教旅游资源开发既要追求经济效益,更要重视社会效益和环境效益。对经济效益的追求,要求开发工作要遵循旅游资源开发的一般经济秩序,如科学的可行性分析与论证、严肃的投资效益与风险评估、正确的宗教旅游市场调查与分析等,都是必不可少的。决不能仅根据"想象中的旅游吸引力"而进行盲目开发与建设;对社会效益的追求,要求我们必须切实注意开发活动的社会影响,这一点对宗教旅游资源开发尤为重要。因为宗教中既然有很多哲理、智慧的成分,同时又有不少神秘超验的唯心成分与因素。开发时主要应展示优秀的宗教文化和精湛的宗教艺术,在满足宗教信徒信仰活动需求的同时,满足一般游客了解宗教知识、欣赏宗教艺术、体验宗教情感的需求;对环境效益的追求,要求任何开发建设都不能破坏宗教旅游资源的整体环境和独特氛围,而是要充分挖掘并弘扬宗教理论本身所含的积极的生态环境保护思想(如佛、道两教都有其独特的生态观),提升宗教景观的环境魅力。

(四) 个性原则

鲜明的"个性"是旅游景观吸引力的源泉和灵魂,而目前的宗教旅游资源开发普遍存在旅游项目雷同、游览方式单调等问题,因使游客产生重复、乏味之感而削弱了吸引力。如何在同类旅游地中显示出个性与特色,已成为宗教旅游资源开发工作面临的艰巨任务。此处的"个性"主要是指在创造整体宗教环境、氛围的基础上,根据自身在某一方面的突出特点而确定的特色化方向或角度。可从两个方面来考虑:一是从宗教资源本身挖掘,如信仰地位、历史文化地位、有影响事件、宗教名人、圣物、圣迹、文物珍品等;二是从宗教旅游资源所处的地域环境中挖掘,展示资源的地域特征与民族、民俗文化特色。另外,在开发中还要善于根据旅游者人口行为特征的变化对相关资源进行恰当组合,这也有助于宗教景点个性的形成。

(五) 综合性原则

此处的综合性一是指开发内容上的综合性,主要是指对宗教旅游资源各种内容进行综合开发,注意游览内容、游览方式的丰富性和多层次性,避免单调,以满足各类、各层次旅游者的不同旅游需求;二是指整个开发工作本身的综合性,它既包括宗教旅游景观的开发,又包括各类相关设施的开发,还包括对工作人员的培训、教育以及对有关宗教旅游的政策、法规的制定和完善等。要综合考虑到多方面的问题,把宗教旅游资源开发作为一个复杂的系统工程来对待。

(六) 可持续性原则

此处的可持续性一方面是指宗教旅游资源大多是历史文化遗产,在开发中应注意保护,切实处理好保护与开发的关系,避免开发性破坏;另一方面是指开发工作必须充分地考虑到宗教组织、宗教信徒的宗教情感,考虑到他们对旅游开发的心理承受能力。是否可以开发,能开发到何种程度、何种范围等问题都要尽可能多地征求相关宗教组织、信徒及当地居民的看法与要求,以确保开发工作能够顺利进行。

遵循上述开发原则,是宗教旅游资源开发工作能够取得积极成效的基本保证。

四、我国宗教文化旅游资源开发应注意的问题

(一) 政府扶持宗教文化旅游的开发,确立宗教资源管理制度

目前,我国多数宗教旅游资源长期依赖于宗教团体和信徒的"香油钱",勉强维持生计,既谈不上保护,更无力开发。我国的宗教旅游资源在一定程度上具有公共产品(即具有公共消费性质的物品)的特征。从政府经济学出发,国家各级部门应该适当运用政府的财政来补充单个宗教旅游景点资金的不足,同时政府的扶持对我国宗教旅游整体形象的塑造具有突出的作用。今后要继续注重宗教团体和个人在宗教旅游资源开发、保护中的作用,又要适当地发挥政府在宗教旅游资源开发中的作用。

(二) 充分发掘宗教旅游资源的文化内涵、提高旅游的文化品位

宗教旅游文化内涵十分丰富、深邃,开发时要注意文化内涵的发掘和选择,根据旅游产品的现实要求与价值取向,确定宗教开发的原则。现在已经将"回归自然""历史复归"定为宗教旅游资源开发的核心内涵。

当前,对于宗教文化旅游资源的开发和利用大多注重物化和仪式两个方面,忽视了宗教理念。然而,宗教的存在有着深刻的社会历史根源,具有长期性。宗教文化中的道德内容是宗教劝善惩恶的社会职能的表现,现在社会真正的危机是道德危机、人与自然的危

机、人与社会的危机等,而宗教有捍卫人类道德并提升人类道德的作用。因此,在开发宗教文化旅游资源时,要进一步挖掘宗教文化有利于社会进步、有利于社会道德建设特别是个人道德建设的内容,在宗教旅游产品中适度增加有益的宗教理念,举行有关宗教学说的讲座,以提升旅客的精神修养,加深人们对宗教的认识,满足旅游者修学考察需要。

(三) 宗教文化旅游资源的开发利用既要在特色上下功夫,又要抓住时机

特色是旅游产品的灵魂,特色越显著其旅游吸引力就越大,挖掘和弘扬宗教文化旅游资源的特色也就成为开发的重点。开发前要认真研究宗教文化旅游资源的特点、宗教地位,使新开发出的旅游产品个性鲜明、特色突出。

客源较稳定是宗教文化旅游资源开发利用的有利条件,一年四季都有信徒朝圣、普通游客观瞻。随着宗教文化的传播,一些宗教节日,由于符合人们的心理要求,不仅是信徒的节日,也成了民间流行的节日,如基督教的圣诞节、复活节等,可通过宗教节日的各种活动,吸引宗教信徒和旅游者,从而促进旅游业的发展。

(四) 对宗教旅游资源进行多层次的开发利用,丰富宗教旅游活动

我国大多数宗教圣地都在景色优美的名山或风景区,容易将宗教文化旅游资源开发成圣地、观光游,但单纯的朝圣观光游很难满足游客多方面的需求,应从宗教文化的内涵入手,进行多类型多层次的开发。比如,一是推广养生保健游。不仅道教、汉地佛教有养生之道,藏传佛教、穆斯林也有养生的好方法。一些藏传佛事中设有医学院,专门培养藏医人才。二是开展宗教音乐游、舞蹈游。举行宗教仪式、纪念宗教节日时,演奏的宗教音乐、表演的宗教舞蹈对旅游者有较强的吸引力。三是举办宗教知识学习游。宗教文化是我国传统文化的重要组成部分,影响着人们生活的方方面面,学习一些宗教知识是非常必要的。

(五) 重视宗教文化旅游商品的开发

宗教行为是一种文化现象,是文化的一种特殊表现形式,它表现为许多物质实体,通过根据宗教文化的特点来丰富旅游商品,吸引宗教信徒和旅游者,如出售各种宗教纪念品,像佛教的木鱼、进香袋、数珠、雕像,道教的"八仙过海""福禄寿三星"画幅,介绍宗教名胜古迹的书籍等。好的宗教文化旅游商品,会带来可观的经济收益,扩大宗教文化的影响。这类商品不仅是旅游纪念品,还应是联系人们宗教情感的艺术品。吸取全国各宗教旅游地旅游商品大同小异的教训,开发时要围绕不同宗教圣地的特色搞个性开发,精工细作,突出艺术性。

(六) 提高导游业务水平,展示有关宗教文物,搞好环境卫生

宗教文化具有深厚的哲学理念与文化内涵。宗教旅游属于较高层次的文化旅游形式,对导游的要求特别严格。要求有一定宗教文化知识,能够解释宗教博大精深的文化内涵和传达相关的审美信息。由此,想要使宗教文化旅游长足发展,旅游部门和旅游院校需

要高度重视导游人才的培养,提高宗教文化旅游质量。

目前,我国各种宗教文字注解、说明较少,加之很多游客宗教知识缺乏。如能将文物适当展出,多一些解释说明,当然也可配一些电子语言系统补助说明,既可以增加游览项目,又可以激发游客的兴趣,提升该宗教圣地的形象。

同时,伴随着宗教旅游业的发展,对环境卫生我们必须加以重视,应加强对宗教圣地卫生设施的改善。

当今社会旅游业日益繁荣发展,作为开发者应该重视宗教文化旅游资源的开发与保护这两方面的工作,走可持续发展之路,形成宗教文化旅游资源开发与保护双赢的良性循环,通过宗教旅游观光,带动第三产业,进一步促进当地经济的发展和文化的繁荣。

第二节　建筑文化资源的开发和利用

一、建筑文化资源开发利用的原则

(一) 保护优先原则

建筑文化资源的旅游开发必须以建筑保护为前提。众多古代建筑遗存旅游资源是我国悠久历史的缩影和中华民族绚丽多彩的文化的反映,其自然景观优美,人文景观宝贵独特。若没有保护优先原则,在经济利益的促动下,难免会造成建筑文化景观破坏及景观差别的缩小乃至消失。

(二) 科学管理原则

科学管理是减小旅游开发活动对建筑文化旅游资源及环境影响的有效手段。尤其是建筑文化资源类型不同、分布于不同区域等因素需要有针对性地分区管理,在建筑文化旅游活动的管理中,可采用制定环境保护及传统文化保护与建设规划,建立环境管理信息系统,开展旅游环境保护科学研究,强化法制观念,健全环保制度,加强游客及市民的保护意识、生态意识等对策来加大管理力度。

(三) 法制监控原则

为了确保旅游开发活动不对建筑文物古迹、生态环境等造成很大的破坏,需要建立建筑旅游开发约束机制,在旅游项目开发之前要进行环境影响评价,在旅游建筑项目的实施和管理中进行环境审计。同时,管理部门要严格管理和保护环境,根据地域特点,建立健全各项规章制度,然后根据"谁主管,谁负责"的原则分类、分层次、分范围,明确管理职责,配设专人进行监督,以此来加大法制监控力度。

(四) 生态原则

任何一个稳定的生态系统都是经过千百年的进化形成的,有特定的物质能量循环方式和规模,任何外来的干扰都将对这一循环系统产生影响,一旦打破原有的平衡,会对当地社区产生不可估量的严重后果。生态原则要求建筑文化旅游开发及经营带给文化生态系统的干扰尽可能的少,其旅游开发不鼓励大兴土木,而是提倡因地制宜地实行自然生态和文化生态的建设,保障原有建筑文化内涵的质朴自然,体现现代文化生态观念和中国古代天人合一的追求。

(五) 公众参与性原则

发展旅游业,不可避免地会给当地的社会、经济生活带来一定的负面影响,如居民的正常生活秩序可能由于游客的涌入而被打乱、物价可能上涨等。如果不能使当地居民参与到其中并从中获利,尤其是在经济欠发达的地区,可能会在主观上片面夸大这些负面影响,引发"反观光客情绪",甚至以各种方式破坏旅游业的发展。比如,近年来我国一些古城开发的过程中就出现过原有居民大量强制外迁,古城核心区全部引进外部商业元素,导致区域内居民与外来旅游者之间关系不佳等现象。所以,我们在对建筑文化资源进行旅游开发建设时,应倾听当地居民对开发的意见和建议,尊重他们的生活习俗,邀请当地社区居民参与项目的开发与监督。

(六) 可持续性原则

旅游可持续发展,是以保持生态系统、环境系统和文化完整性为前提的,是在保持和增加未来旅游发展机会的条件下所实现的旅游发展。在旅游开发过程中,经济与生态发生矛盾时,一些开发经营者急功近利,总是牺牲生态,让位于经济,为实现利润最大化,不顾后果地采用破坏资源的掠夺式开发方式,其结果是导致生态经济系统失衡,旅游区环境严重破坏,威胁旅游业的生存与发展。应当明确,一个旅游地的竞争力不仅体现为暂时的旅游客流的增加,而且体现在一个地区旅游业长远的发展能力上,因此在旅游开发中必须充分考虑旅游地的承载能力。因而,在旅游开发中应当以维持区域生态经济系统的动态平衡为前提,对旅游区进行科学合理的长远规划,将资源保护放在首位,控制旅游的负面作用,进行有步骤的适度开发,走可持续发展的道路。尤其是建筑文化资源,文物古迹资源极其脆弱而且是不可再生的,一旦破坏,建筑文化的特色将逐渐消失。因此,在开发过程中加入"监测"环节,整个开发过程由规划、建设、管理和监测四个环节构成环状结构,监测实施的主体包括管理方、社区居民和游客,监测旅游产品在运营过程中存在的不足和旅游活动对社会经济、生态环境的影响,并反馈给管理方,为进一步优化规划、指导建设和管理提供依据,使旅游开发成为一个循环往复、不断优化的过程。

二、建筑文化资源开发的主要形式

(一)"修旧如旧"的原则

"修旧如旧"是极难严格、科学、清晰贯彻的原则。从本意上说,"旧"是相对于"新"而言的。八达岭长城建于 1505 年,在当时它是"新"的,此后直至今天的 500 多年间,它都是"旧"的。按照这 500 年间任何一天的样子修缮都是"修旧如旧"。1981 年重修的黄鹤楼以清同治楼为蓝本,但更高大雄伟,如果以唐朝的样式重修,也是可以的。

另外,有些情况下不应该"修旧如旧",不能把"旧"神化。修复的目的不仅仅是为了修复,而是为了更好地利用,更好地居住和生活。有些古建筑阴暗潮湿,不能满足现代人生活的要求,需要安装供暖、空调、电梯等设施。有些私家园林和村庄原本人口极少,现在修复之后要接待游客,对于瓶颈卡口就要改善拓宽。

建筑是人的生活空间。居民出于改善生活的需要,从自身的审美出发,不断改建、加建房屋,建筑和聚落的风貌因此一直处在一个动态的变化过程中。只不过,对于古建筑来说,重建是全局性的,平时的维修则是局部的。毁坏导致的修复是被动的,为了发展而新建、加建是主动性的。无论是古建筑原样重修还是扩建,或是贝聿铭设计的苏州新博物馆这样的新建筑,只要富有美感、文化艺术内涵丰富、功能实用,都是对优秀民族文化的继承和弘扬。

因此,对古代建筑文化资源的修复,要科学、辩证地理解"修旧如旧"。应当遵循以下四个原则。

1　整体保护

中国传统文化讲究整体美,浑然一体的神韵美。这和西方个体建筑的宏大审美不同,风貌的保护和修复应该尽量是整体性的,不能改变聚落与地形的格局关系。对于其中的建筑,应根据文化价值区别对待。文物建筑应当尽量采用"复古建筑"的做法,依据"原址、原形制、原结构、原材料、原工艺"的原则进行。

2. 风貌控制

划定文化风貌区,区分开现代风貌与历史风貌区,要研究历史文献,确定某一合理的历史时代的建筑风格,对建筑的样式、层高、用材、色彩等做出严格的限制,不混搭不同时代的建筑风格。历史时代的选择应当依据其最为辉煌的时代,如最有名、最优美的时代或依托最有名的人,不然就选择与现在最接近的时代。除了文物建筑之外的一般建筑的内部功能可以调整,如作为博物馆、客栈、餐厅、酒吧等,应适应现代生活和经济建设的需求。

3. 大胆纠偏

比如,以云南独克宗古城为例,在该古城发生火灾前已经大量出现大圆木,出现现代砖瓦民居,与传统风格建筑不一致。修复中,现代民居建筑当然不能复建,也不能再用几人都不能合抱的大圆木,因为用大圆木就要破坏森林资源,而且古城过去很长一段历史中是没有用大圆木的。

4. 适度优化

过去的村镇基本上是自然建设的,规划缺位和管理不力导致了一些问题,如给排水系统缺乏、电力电信线路混乱、缺乏公共活动空间和绿化场所、道路堵塞路口较多等。如果教条式地修复,一定要100%地恢复"原样",那就错过了借助修复来优化的大好契机。

此外,修复还要尊重历史与现实。古建筑的修复分为局部修缮与整体修复。目前,仿古建筑主要存在两种不同形式:一种是用木结构建造,另一种则由钢筋混凝土或钢筋结构构建。二者虽然形式相似,但其实质和存在的根基却根本不同。众所周知,中国传统建筑是木结构建筑,我国传统文化的特征如坡面屋顶、斗栱和彩画等均与木结构的受力等特点相适应。用木材建造的仿古建筑,至少在内容和形式上与古建筑保持了一致,此类建筑可以称为"复古建筑"。

(二)"以旧换新"的形式

我国是一个历史悠久的文明古国,大江南北遍布着不计其数的古建筑。在古建筑保护方面向来有"修旧如旧"和"修旧如新"两种不同的观点。保护古建筑是保护它的文化价值,以及它所具有的艺术和科学价值。古建筑的形制、结构材料以及加工工艺都是十分宝贵的遗产,一经破坏就很难重建,古建筑的艺术和科学价值也就随之消失了。

从古至今碍于政权的财力、统治者的个人意愿,我国对于古建筑更新的处理是"修旧如新",每一次修缮并不是哪里坏了修哪里,而是总体重建,造成了对古建筑的破坏。不少古建筑虽然名留千古,但是最后往往都变成了明清的建筑样貌。

然而,我国以木结构为主体的古建筑在维修工程中,对木结构而言,由于材料特性的限制有许多不得不"以旧换新"的部分,如已经损坏而无法恢复的非永久性材料,如芦苇、黏土、夯土、土坯等易损材料,它们在腐朽破坏之后,很难继续保存,必须更换。有一些程序,如木构件表面的地仗油漆以及彩画,它们不同于西方建筑墙面或天棚上的绘画,即使剥落了也不影响建筑整体的存在。

为了使结构得以长久保存,我们不可能听之任之。对于这部分的材料和工艺,是否就只能简单地全部更换,并使其焕然一新呢?其实,这个过程中仍然有一个价值评价以及如何避免"以假乱真"的问题。

对于以假乱真的问题,认识的立论点应该放在:更换的依据是否充分;更换材料与工艺是否符合文物保护法中关于"保存原来的建筑型制;保存原来的建筑结构;保存原来的建筑材料;保存原来的工艺技术"的思想以及是否具备"可识别性"。

在此基础上,主要采用的方法包括以下几种。

(1)必须替换部分,则采用同时代其他建筑上拆除下来的旧料,保持"风格和个性"。在日本,创造了一种符合这种思路的方法。针对木建筑中必须更换材料的时候,他们把损坏的木头取掉,再加入同年代的木头,木头和木头之间用扣件扭紧,再用几千年前的方法来重建这些古建筑。

(2)应允许采用与原来同样的工艺和同样材质的材料进行替换,重新处理。例如,我国传统古建筑采用的主要树种为楠木,在维修中也尽量采用与之相近的松木。这种做法既符合我国承认物质生命自然更迭的传统价值观;另一方面,通过采用传统材料与工艺技术,符合保持原真性要求。

(3)分情况慎重选择保护方法。比如,王仲杰先生在其文章《中国古建筑彩画保护》就中提出,旧有彩画能保存的应尽量保持。在新做油饰彩画时则应根据不同时代、不同等级、不同类别去进行且有相应的依据,以保持传统文化信息。官式手法和地方手法也应加以区别对待。

(4)对于必须配补替换的新构件,如木构件、砖、瓦等,分别在新构件之隐蔽处书写其替换时间。同时,在图纸及影像资料上标注更换的具体位置,以资识别,资料必须存入正式档案。这也是一种基于中国木结构建筑特色的保护修复措施,它将可识别性与最大限度保存历史信息的需要有机地结合在一起考虑。

(三) "修新如旧"的形式

如今很多建筑古迹保存得不太完整,在我国古建筑文化资源的开发理念中,修复原貌的观念占据主流,但针对保存较差的建筑而言,大规模地修复后其在某种意义上而言是一个非常"新"的建筑了,这就失去了原有建筑文化的内涵。因此,"修新如旧"也就成为众多建筑文化资源开发过程中借鉴的方式。对于"修新如旧"而言,需要考虑以下两个方面的问题。

(1) 从技术手段上寻找"做旧"的方法,使最终的效果尽可能做到"修新如旧"。比如,罗马角斗场最近的修复方式就采用了比较接近原态的补充方式,将修复的独立性降低到次要地位。最近,在法国巴黎圣母院尖塔的修复工程中,科学家通过生物学分析,得出老尖塔碎片表层的微生物状况,还将其培育在新尖塔石材表层,使新尖塔的色泽与质感酷似千年前,另外还附加了生化保护层以延长建筑寿命。所以,针对我国传统建筑的特色,也需要从技术手段上解决"做旧"的方式,从而呈现出"古建筑"原有的风貌。

(2) 在表面层的整理修复工序完成后,应及时采用"表面层防氧化及固化措施",是防止或延缓遗产再次受损的科学方法。在国外砖石结构的建筑修复中使用比较普遍。在我国传统修复技术中基本上没有该环节,致使修复的彩画、油漆等必须处于定期反复维修的状态,这不仅增加破坏的可能性,也增加了保护的工作强度。

第三节　饮食文化资源的开发和利用

一、饮食文化对旅游业的影响

饮食文化是指食物原料开发利用、食品制作和饮食消费过程中的技术、科学、艺术,以及以饮食为基础的习俗、传统、思想和哲学。饮食文化对中国旅游业发展有巨大影响。在旅游的整个过程中,无时不渗透着文化因素。旅游产业发展中除去较为单纯的经济活动外,其余活动均是旅游文化所包含的内容。

中华饮食文化源远流长,历经中华民族五千年历史的洗礼,成为中华文化中一颗璀璨的明珠。同时,"食"作为旅游的六大要素之一,素来为中外游客所关注。古往今来,多少文人骚客在饱览祖国大好河山的游程中因为美食而诗兴大发,留下传世的佳作。旅游离不开美食,它们互为花叶,相得益彰。目前,"食"的消费在旅游六大要素中所占的比例越来越高,在国际旅游消费中仅次于购物消费,占据第二位,在国内旅游消费中更是高居首位。如何弘扬中华饮食文化,发展特色旅游项目,开拓城乡饮食文化旅游市场,推动餐饮业和旅游业的发展,是一个值得深入研究的问题。

二、饮食文化旅游资源的开发现状

虽然我国饮食文化历史悠久,而且我国的饮食在世界上享有盛誉,然而将饮食与旅游结合起来,开发特色饮食文化旅游产品却还是一个较为新鲜的课题。在旅游过程中,"食"

是一个很重要的方面,是旅游业发展的三大支柱之一。但目前,我国旅游业中饮食文化资源的开发利用程度还不是很高,很多地方仅仅将"食"作为旅游构成的一个方面,甚至仅仅把它作为满足旅游者饱腹的最低层次的要求,而没有深层次挖掘饮食文化资源,没有完全将饮食文化旅游作为特色旅游产品来开发。目前,我国饮食文化旅游资源的开发一般可划分为以下几个层次。

(一) 基础层次——佳肴品尝类旅游产品

一边旅游,一边品尝当地的美酒佳肴,可以说是饮食文化旅游资源开发的最基础的层次。近年来,随着居民消费水平的提高、双休日的实行和假日的延长,居民外出旅游就餐的机会增多,消费增加。旅游者不再仅仅满足于吃饱,而是希望尽情地享受各地的佳肴美食,满足求新、猎奇的心理和审美观念等多方面的需求。为适应人们新的消费需求,中国各地的传统风味菜肴纷纷上市,除北京的仿膳菜外,西安、杭州、开封、济南、扬州等地还挖掘研制了仿唐菜、仿宋菜、孔府菜和红楼菜等。目前,基础层次的饮食文化旅游产品开发出来的已经比较多,各个地方都有,呈现出一番欣欣向荣的景象。如西安德发长饺子宴、浙江湖州全鱼宴、广州蛇菜宴、北京全聚德"挂炉烤鸭",都已成为名闻海内外的特色产品,为旅游者所钟情。

(二) 发展层次——饮食医疗保健类旅游产品

用食物防病治病、保健强身、美容养颜在我国有着悠久的历史。其最大的特点就是具有有病治病、无病强身、延年益寿等功能。目前已开发出一些较浅层次的饮食医疗保健游产品,如南京双宝楼宾馆推出的"时珍苑"药膳品尝游,药膳种类多达300多种,菜、粥、点、饮无一不由南京中医学院养生康复系的专家学者精心搭配,再通过名厨精心烹调,形成了中国目前为数不多的药膳系列,满足了人们在心理上更高层次的需求,受到国内外旅游者广泛欢迎。

(三) 更高层次——饮食文化类旅游产品

餐饮市场一向以激烈的竞争著称。近年来,一方面由于大酒店也把眼光投向了工薪阶层,放下架子做起了小买卖;另一方面,各类小餐馆如雨后春笋般出现在大街小巷,更加剧了竞争的白热化。同时,西式快餐纷纷进入中国市场,抢占市场份额,中餐企业发展更加举步维艰。有眼光的旅游专家和部分企业家已经清楚地认识到,开发饮食文化旅游资源,关键不在于饮食和旅游,而在于"文化",于吃中讲求文化,于旅游中弘扬文化,令旅游消费者真正达到以吃为方式、以精神享受为目标的愿望。开发饮食文化旅游产品的最终目的还是要弘扬文化。中华饮食文化可以看成具体而微的中国文化。中国文化中的诸如"天人合一"说,"阴阳五行"说,"中和审美"说以及重"道"轻"器",注重领悟、忽视实证等特征都渗透在饮食心态、进食习俗、烹调原则中。可以说,追求饮食文化旅游开发,是生活的艺术,是对中国文化的肯定。饮食文化旅游的发展意在突出饮食生活给人们带来的物质上和精神上的双重享受。

我国目前饮食文化旅游尚处于起步阶段,发展并不十分理想,这是由于饮食文化对于一般的大众旅游来说显得过于单薄，很少有人专门为某一种饮食而不远千里地花上大把的钞票。另外，人们普遍认为，饮食是为饱腹之用，要把它作为一种文化来开发，只能是对一些专门的人开放。但是，我们也应认识到旅游本身便带有一定的"贵族"性质，是人的高层次需要，所以说这其中还是有许多值得发掘的地方。

三、饮食文化旅游资源的开发原则

随着旅游产业的发展，单一的观光游览已远远滞后于产业本身的需要，人们渴望在欣赏自然人文景观的同时，在文化上进行交流或者沟通，文化旅游成为目前开发的一个热点。我国饮食文化博大精深，文化旅游的发展正好给饮食文化提供了一个舞台，而这个舞台本身便具有很强的可塑性。尽管目前饮食文化旅游资源的开发不很理想，但长远来看，我国饮食文化旅游市场是一个充满生机和活力、蓬勃发展的大市场，蕴藏着巨大的消费潜力。目前，我国饮食文化旅游资源的开发应遵循以下原则。

(一) 弘扬饮食文化的原则

中华饮食文化发展了几千年，从原始蒙昧时代到两千年的封建王朝统治时期，形成了富有中国特色的形形色色的饮食习俗。弘扬饮食文化的传统特色也就是发掘其内在的文化思想。中国人赋予饮食的强烈文化意义，单从菜名就可略窥一斑。如橙子拌生鱼片名为"金齑玉脍"，"酿豆腐"叫"玛瑙白玉"等，让人在进食的同时浮想联翩、精神愉悦。中国人还擅长用自然现象及大自然中的事物对一系列菜肴来命名，如风消饼、雪花酥、雪花豆腐、芙蓉鸡片、百花清汤肚、珍珠丸子、炸秋叶饼、冬凌粥等，意趣横生。所以，在推出特色旅游饮食文化产品的同时，还要特别注意把握这些传统的文化特色，弘扬民族文化，进而提高更多人的文化素养。

(二) 丰富饮食文化内容的原则

在中国的饮食习俗中，人们的"趋吉"心理表现尤为强烈，不少年节和喜庆之日的食品都带有祈求平安幸福、向往进步光明之意。中国传统节庆多用"吃"来纪念或庆祝，因此出现了大量与之相关的食品。如春节除夕，北方家家户户都有包饺子的习惯，就寓含着亲人团聚、阖家安康的意义和祝愿；而江南各地则盛行打年糕、吃年糕的习俗，寓含着家庭和每个人的生活步步升"高"（糕）的良好祝愿。汉族许多地区过年，家庭中往往少不了鱼，象征"年年有余"。还有中秋节的月饼，与自然天象的圆月相对应，寓含了对人间亲族团圆和人事和谐的祝福，月饼既成为自然景象的象征物，又被赋予浓重的文化意义。另外，有些菜肴，人们仅从它的名字上就能看出富于情趣，生动形象。如"叫花鸡"，又称"黄泥煨鸡"。相传明末清初时，常熟虞山麓有一叫花子偶得一鸡，苦无炊具、调料，无奈，宰杀去除内脏后，带毛涂泥，放入柴火堆中煨烤，熟后敲去泥壳，鸡毛随壳而脱，香气四溢。适逢隐居在虞山的大学士钱牧斋路过，试尝，觉其味独特，归家命其家人稍加调味如法炮制，更感鲜美。此后，遂成为名菜，并一直流传至今。因此，在饮食文化旅游资源的开发过程中，我们要牢牢把握这条原则，它能使一道普通的菜肴富于韵味，从而更加吸引旅游者。

(三) 勇于创新的原则

发展经济学认为，一项旅游产品从其开发、投入生产、进入市场直至完全退出竞争都要经过一个生命周期，即投入期、成长期、成熟期、衰退期。因而，一项产品若希望能够延长其寿命就必然需要不断地更新和创造，使之尽可能地在市场中处于竞争的状态。饮食文化特色旅游产品的开发也避免不了这一原则性问题。我国目前饮食文化旅游产品开发比较成功的是八大菜系旅游产品。开发者应该看到在这一旅游产品日益为广大人民所接受、所喜爱的同时，该产品也正渐渐地从成熟初期步入完全成熟期，很快就有可能进入衰退期。为了使这一黄金旅游产品长期存在，就需要去创新、去研究，去创造它的第二生命周期，从产品的设计、开发到产品的市场定位等多方面全方位地加以改革，使产品不断适应市场激烈的竞争需求，在消费者心中保持常新的概念，而这也就是我们一直非常强调的"个性化"。

(四) 产品规范性的原则

饮食文化事实上包含着传统文化和边缘文化(也就是平时所说的野史)两部分。对饮食文化旅游的开发也存在着传统饮食文化旅游和边缘饮食文化旅游开发之区分。我们应该清楚地认识到，无论是传统开发还是边缘开发，都要注重在创新的过程中强调一定的规范，避免在某种因素下盲目地求效益而忽视了文化本身带有的规范性和严肃性。开发饮食文化旅游的重要目的是弘扬我国的文化内蕴，即希望通过饮食这一途径将我国几千年的饮食文化传承给更多的人，为更多的人所了解和接受。而要达到这种效果，又必须站在大众的角度上来考虑问题才能取得很好的效果。因此，开发者要充分地在饮食旅游文化产品中表达他们的愿望和意见，规范地遵循开发过程中所必须遵循的原则，注重经济、环境和社会效益的结合。

(五) 可持续发展的原则

坚持开发与保护并重，注重保护旅游生态环境，是 21 世纪旅游产品开发最重要的原则。对于食品而言，从表面上看，似乎与生态资源的保护并没有太大关联，而实际上，食品原料的采集在很大程度上取决于当地自然环境的良好与否，保护好环境，才有可能拥有更多的原料提供给食品生产。许多地方由于对食品原料不注意保护，盲目取材，比如曾经风靡一时的熊掌、虎鞭等，发展到现在，已经使中国的东北虎、熊等动物濒临灭绝，直接导致了该类菜肴的"沉默"。所以，现代的美食家已经越来越注重饮食过程中的生态平衡，开发商同样应该适时地迎合这一目标需求市场，以求持续有效地发展。

总之，开发中必须注重旅游者的精神享受，在"文化"上做文章。要全面、翔实地搜集关于饮食文化资源的文化背景、历史渊源、民间传说、神话故事、风土人情、风物特产等资料，并加工、整合这些资料，使之与旅游活动恰当地结合起来，让游客边听(听故事)、边看(看原料、工序)、边尝(尝味道)、边思(思意蕴)，使游客乐在其中。这样既弘扬了中华饮食文化，又提高了旅游地区的综合吸引力，增加了经济收入。此外，应开发多种特色饮食文化旅游，除了传统的八大菜系外，针对中国几千年的饮食文化沉淀、两千多年封建社会的长盛不衰,可以再推出皇家贵族饮食文化旅游、市井饮食文化旅游、宗教饮食文化旅游等特色旅游项目。同时,可以利用我国独特的药用食物和中草药,让医药和美食相结合,借旅游或医药的舞台开展各种各样的专题旅游活动。

四、饮食文化开发的措施

现阶段,我国饮食文化的开发过程中还存在着开发的力度不够、文化韵味欠缺、游客的参与性亟待提高以及舆论氛围不浓、品牌化不够等问题。鉴于此,应当从加强对民族饮食文化的扶持、强调地域特色、促进旅游和饮食相得益彰、深入挖掘饮食文化资源等角度出发,从而利用好我国历史悠久、文化内涵丰富的饮食资源。

(一) 加强对民族饮食文化的扶持

在旅游产业中开发饮食文化,加强对民族饮食文化的扶持很重要。为了发展饮食文化,旅游主管部门应当充分落实和实践科学发展观,不断加强对民族饮食文化的扶持。加强对民族精神文化的研究力度,大力促进物质文化的开发,不断加大投入资金,大力挖掘资源,大力培养人才,加强规划的科学性,做这几个方面的主导者、引导者和身体力行者,通过饮食文化的发展促推动旅游产业的成熟发展和长远可持续发展。如果旅游主管部门不能有所作为,任由饮食文化随意发展,将会起到极大的负面作用。

(二) 强调地域特色

除了加强对民族饮食文化的扶持之外,地域文化特色也十分必要。旅游是一种文化享受的过程,在这种过程中,很多游客注重的是在饮食和旅游的过程中品味文化、弘扬文化。要想达到让旅游者在吃中享受精神文化的熏陶,就必须强调地域文化特色。所以说,在旅游开发过程中,一定要尽可能地把具有地域特色的文化传统、历史渊源、民间故事等地域文化展现出来。唯有如此,才能大力吸引游客,提升当地旅游整体发展水平。

(三) 促进旅游和饮食相得益彰

在旅游产业中开发饮食文化,还要促进旅游与饮食相得益彰。在饮食文化的开发过程中,第一项要做的工作应当是把当地最能吸引游客的旅游资源发掘出来,在此基础上对其加以整合,促进旅游和饮食相得益彰。在菜肴的搭配方面,应当把旅游者的所思所想、所要参加的活动,与开展美味佳肴品尝活动以及民族风味美食节的举办结合起来,通过多元化的形式开展饮食文化旅游特色活动。

(四) 深入挖掘饮食文化资源

深入挖掘饮食文化资源对饮食文化的开发来说至关重要。因此,旅游地点要系统地对特色菜肴、游览路线、旅游纪念品以及旅游建筑设施等多方面深入挖掘饮食文化资源。此外,要大力把饮食中心建设、饮食文化展览与饮食文化节的举办结合起来,努力发现地方旅游业发展和地方区域经济发展的契合点。最近几年,我国休闲旅游等全新的旅游形式不断涌现,饮食文化的开发也已经发展为旅游业整体发展的重要方面。虽然旅游饮食文化的发展还存在着开发力度不够、文化韵味欠缺、游客参与性亟待提高以及舆论氛围不浓、品牌化不够等问题,然而,我国饮食文化市场的发展后劲十足,具有极为强大的生命力。因此,旅游开发过程中有必要提升饮食文化内涵,强调地域风味,不断优化旅游生态环境,全力提升我国旅游业的发展水平。

因此,在旅游产业的发展过程中,饮食文化的发展不可或缺,对整个旅游产业的壮大具有十分重要的意义。作为旅游产业的重要组成部分,饮食文化是旅游过程中必备的环节,旅游过程不能没有饮食文化。饮食文化在旅游产业发展过程中的地位十分重要,是旅游产业的重要组成部分,与旅游发展的关系十分密切,对旅游质量的影响十分巨大。所以,应当从加强对民族饮食文化的扶持、强调地域特色、促进旅游和饮食相得益彰、深入挖掘饮食文化资源等角度出发,加强旅游文化开发。我们相信,只要旅游部门努力创新,不断进取,就一定能大力促进旅游产业中的饮食文化开发,提升我国旅游业的整体发展水平。

案例 链接 11-1

德发长的"饺子宴"

德发长创建于 1936 年,是历史悠久的中华老字号、国家特级酒家、中国 AAAAA 级绿色饭店、中国商业名牌企业。它坐落于古城西安的中心,东依钟楼,西傍鼓楼,面临广场。其外貌传承民族风范,古色古香。内部装饰融汇现代流韵,华贵典雅。经营面积 4 847 平方米,设有风味快餐厅、宴会大厅和 30 多个高档包间,可同时容纳 1 200 余人同时就餐,是当今中国供应品种最多、规模最大、档次最高的特色饺子宴和风味水饺、精品菜肴的专营店。

德发长的水饺以北京风味为基础,有馅足皮薄、味道醇厚鲜美的特点。十一届三中全会以后,随着改革开放的进一步深化和市场经济的不断发展,在"以德为本,拼搏奉献,开拓进取"的企业精神鼓舞下,经过广大职工的一番艰苦努力,在饺子包席的基础上,推出风味独特的饺子宴(见右图)。吸收和融会中国南北菜系烹饪之精华,采用多种原料,包括高档的鱼翅、鲍鱼等山珍海味和普通的时鲜果蔬甚至野菜等。经过复杂的工序制成馅料。并采用蒸、煮、煎、炸、烤等多种烹制方法。烹饪出咸、甜、麻、辣、酸、怪等多种肉香型、卵香型、果香型、酱香型、索香型和海鲜香型六个香型的多种口味。

饺子宴

饺子造型综合捏塑、雕塑、组合、点缀等技艺,塑造出花、鸟、鱼、虫等千姿百态的造型,把每一种饺子造型技术与艺术巧妙结合。上席的饺子有的像金鱼戏水,有的如欢蹦的小兔,有的形似寿桃,有的如珍珠。众多的宾客被这种高超的技艺所折服,常常不忍将这一逼真的艺术品送入口中。

问题讨论：思考为什么德发长能将平常人家的饺子做得如此声名远播,谈谈你对德发长饺子宴这种饮食创新的看法。

分析参考：同传统的饺子相比较,德发长饺子宴有以下新的突破。

一是打破了一般只用猪肉、牛肉、羊肉和蔬菜做馅的传统,鸡、鸭、鱼肉、蛋、海味、山珍、鲜蔬、干菜、果品等,凡是好吃而又富含营养的材料,都可以做馅。

二是打破了一般以生皮、生馅进行制作然后煮熟的传统,有生馅,但更多地采用了熟馅;馅的制作不只是调味,还采用了烹、炒、煸、爆、炸、溜等方法;有煮饺,但更多地采用了蒸、煎、烤、炸等方式。

三是打破了单纯咸鲜口味的传统,增添了酸、甜、麻、辣、鱼香、怪味等多种味型。

四是打破了单一月牙形、角儿形的传统,融烹调技术与造型艺术于一体,制作出花草鱼虫等多种多样、形象逼真的造型。

五是打破了吃饺子就单纯吃饺子的传统,以饺子为主,也上冷菜、热菜及饮料,并且进行巧妙有机的组合搭配,给不同原料、形状、颜色、口味的饺子以不同的名字,大大提高了宴席的文化色彩和欢庆气氛。

正是这样的不断创新才使得极为普通的饺子呈现出不同寻常的魅力,吸引了无数的食客慕名而来,使得德发长饺子宴成为我国民族饮食中一颗璀璨的明星。

第四节　旅游文学艺术类资源的开发和利用

随着我国社会文明的进步,人们的精神需求层次也越来越高,人们对旅游的需求更加趋向于对景区景观的文化内涵的深入了解,希望自己的文学艺术素养能够在自然景观中找到契合点,希望从我国的自然、人文景观与中华文明的联系上去获得审美愉悦和感悟生活的真谛,希望通过旅游达到对自身知识结构的补充和完善,陶冶性情,美化心灵。从这个意义出发,文学艺术旅游资源的开发可以达到上述目标。文学艺术旅游资源的开发可以帮助旅游者领悟中华文明的博大精深和光辉灿烂的历史,领悟中华文化的特质和精髓,可以加强对游客的爱国主义教育,增强其民族自豪感和自信心。

一、文学艺术类旅游资源开发价值

(一) 旅游文学艺术所反映的内容带有旅游资源的属性

旅游文学艺术所反映的内容带有旅游资源的属性,而且是一种活生生的、富于感召力的旅游资源。众所周知,旅游资源包括自然景观和人文景观两大类,而每一大类又包罗了许多亚资源类别。这些资源都是以其客观存在的景物特色来吸引游人的,而游人通过户外观赏、浏览及旅游指南、导游介绍来了解景观的艺术、特色、历史文化和科学研究价值。旅游活动是高质量生活的重要内容和衡量标准,人们为使物质文明和精神文明相结合,并使之具有更深的层次和内涵,就要借助文学的作用和艺术感染力,把作为资源的"景"和作为旅游者的"情",以及客观现实和丰富的想象结合起来,实现旅游与文学的统一,从而开发出一种经人类"加工"的文学旅游资源,以增强观赏对象对游人的吸引功能。旅游文学中的抒情和议论,往往能使山水花木等旅游资源具有更深层次的意义。所以,旅游文学作品本身就是具有吸引力的一种独特旅游资源。

这种例子很多。如在我国古代山水诗文中,虽然有不少是纯然写景之作,但更多的作品是融合了作者的思想感情。相当一部分作者是离家远客,羁旅行役是由于遭贬谪而被流放,或迫于战乱而颠沛流离;有的隐居田园、遁迹山林,有的浪迹江湖,登临凭吊,寻幽探胜,寄情于山水之间。在这样的生活中,他们抒发了乡关之思、乱离之感以及脱离世俗官场、渴望建功立业、憧憬美好未来等高尚情怀、政治抱负、思想感情。这种抒情,往往是触景而生,融情于景,记实和抒情紧密结合。实感包括时序、方位、名称、色彩、气候、环境、山川、景物、历史、现状、游踪、旅趣等;抒情有自我感受、想象和幻想等,二者缺一就不能称其为旅游文学,更不能称其为旅游资源。

(二) 文学艺术类旅游资源具有吸引旅游者前来探索文学审美性的作用

文学艺术类旅游活动是捕捉美感的高级精神活动,而"美"是一种气象万千的诗意、画意和理想交融的境界。美感的捕获又主要靠山水名胜的优美度,同时也要靠旅游文学对这些山水名胜诗情画意的描写。干巴巴的介绍固然也能领略部分美,但是在运用旅游文学的艺术手法后,会使人们得到的美更趋本底性、原始性,能够使美升华,使之回味无穷。旅游者的审美过程实质上就是文学旅游资源内涵开发的过程。

(三) 文学艺术类旅游资源有助于人们陶冶情操,提高素养,激发爱国热情,传播精神文明

我国是有着五千年历史的文明古国,文学旅游资源非常丰富。人们可以通过品赏著名作家作品或者作品所描绘的景物,了解祖国壮丽的山河、悠久的历史,从而激起人们爱祖国、爱乡土的感情,对陶冶理想情操、培育高尚品德有巨大的作用。特别是那些身居国外的华人,对这些文学旅游资源更是思潮起伏、浮想联翩,从中感到身为炎黄子孙的骄傲,对祖国产生眷恋之情,更欲亲临其境,一饱眼福为快。

(四) 开发文学艺术类旅游资源是传播文化知识的重要途径

旅游活动从本质上来说,从旅游者的角度看,就是文化性活动。食、住、行、游、购、娱6个环节是物质的消费,但本质还是文化消费。人们通过旅游这种特殊的生活方式,满足自己求新、求知、求乐、求美的欲望。由此而形成了综合性现代文化现象和大规模的文化交流活动。可见文化,不论是古典文化还是现代文化,对旅游业的发展均起着重要的作用。游客不仅吸收游览地的文化,同时也带来了所在国所在地的文化,形成了相互交流和渗透的局面。这种文化交流除了通过直接旅游观察和了解外,还要借助一些书籍加以实现。其中大量的描写文学旅游资源的作品,就有着独特的作用。从这个意义上说,文学旅游资源的灵魂乃是文化知识,有文学旅游资源的开发就很有文化内涵。

二、文学艺术类旅游资源开发的原则

(一) 文学艺术类旅游资源开发中应注重意境的创造

一些旅游文学作品所营造的意境往往是文学旅游资源开发的焦点。文学旅游资源开发注重意境的创造,一些旅游文学作品中创造的意境往往指导着文学旅游资源的开发,特别是古代旅游文学作品意境所显示出来的一些原则对我们今天的旅游资源开发仍有重要意义。例如柳宗元在《永州龙兴寺东丘记》一文中提出"游之适,大率有二:旷如也,奥如也,如斯而已"。就是说,对游览来说,最适宜的是旷达雄健和隐谧博奥两种境地。这种旷达、隐博所组成的游览境地不但为柳宗元所追求,而且也为许多旅游者所向往。再如唐王之涣《登鹳雀楼》所展示的旷达意境,常建《题破山寺后禅院》所展示的隐奥意境,都是古代旅游文学家们所极力追求的,历代园林家、旅游资源开发者也都力图让开发出来的旅游资源达到这样的审美境界。

(二) 文学艺术类旅游资源开发应反映生活美

在景点开发中依照文学作品所描绘的景致修建景点,让开发出的景点成为文学作品描绘的现实世界。文学旅游资源开发者常常参照旅游文学家描写的内容修建景点,再现旅游文学所反映的生活美。在唐代,人们就按照东晋大诗人陶渊明的《桃花源记》所描写的内容修建寺观,宋代时达到鼎盛,后时兴时衰,目前尚存桃园、佳致碑、菊圃、方竹亭、集贤祠、桃花观、蹑风亭、探月亭、水源亭、千丘田、缆船洲等。这些景点及观赏线路都是按照"武陵渔人"当初进入桃源时的所见、所行而修建的。再如《枫桥夜泊》一诗,不但使这原本荒凉寂寥,不被世人所注意的江桥、寺院闻名天下,而且人们还依照诗中所描绘的景物、意境把这里全面开发为一个可游、可观、可闻、可以参与的综合性的著名旅游热点,寺院整洁,香火旺盛,江桥飞架,枫树成行,特别是根据诗中所写的"夜半钟声"而开辟的撞钟活动,更是吸引了中外游客前来。

三、文学艺术类旅游资源开发的策略

(一) 深层次营造艺术氛围

文学旅游资源的艺术风格千姿百态,极富意境美感,开发者对那些经典文学作品的价值、艺术风格以及美的意境挖掘得越深入,这些文学资源的内容就会越丰富,那么它对旅游者的吸引力就会越大。仍以庐山的瀑布为例,著名诗人李白的《望庐山瀑布》,诗情豪迈,用紫烟袅袅的香炉来比喻阳光下白云缭绕的香炉峰,又用夸张的手法,把飞流直下的瀑布比喻成从九天之上落下来的银河,把庐山瀑布之美表现得淋漓尽致,形象、生动且具有非凡的气势,使得作品的品位更高。所以,开发时要注重庐山瀑布的无形文化价值的开发,在重视对其艺术解读的同时不能忽视了对庐山生态的保护。

(二) 注重体验式开发策略

从旅游体验的角度来说,形式多种多样,其中的文学旅游是体验旅游中的重要内容。

我国的文学旅游资源丰富,可以根据各地的情况开发各种形式的旅游产品来增强旅游者的体验性,这也为文学旅游资源开辟了新的发展空间,创造了新价值。如山西永济的普救寺曾经是《西厢记》记录的故事的发生地,他们抓住这一点,在景区表演精心排练的戏剧《西厢记》,让游客既能欣赏经典的戏剧,又能身临其境,亲身感受古典艺术的独特魅力。这种开发方式属于表演式的开发。还可以开展品尝式的体验和情景式的体验方式,如在景区开发当地的特色食品让游客品尝或根据经典文学作品模拟其中的场景,使游客能够重温古代文人的情感和思想。

(三) 利用现代媒介的开发策略

本质上来说,文学是很抽象的,要想使文学旅游资源能最大限度地吸引消费者,必须对其进行包装,依据现代旅游产品的开发规律来开发,使其能够真正符合旅游市场的需求并通过恰当的方式展示出来。因此,对旅游资源的开发还应注重科学的结合,在原作品的基础上进行创新,利用现代的先进技术来包装和宣传,突出文化内涵,坚持高雅和大众化相结合。利用这种方式成功的例子很多,比如 20 世纪 80 年代热播的电视剧《红楼梦》,让河北正定的"荣国府",北京、上海的"大观园"一举成名;《西游记》的热播也催生了各地的"西游记宫"等。当然,现代媒介的形式有很多,我们可以尽可能多地利用一些方式来对文学旅游资源进行开发。

(四) 打造文化品牌策略

文学旅游是一种文化商品,创造出品牌才能使其更具有竞争力,这也是旅游产业成熟的一种重要标志。以河南省为例,这里虽然有着悠久的文化历史,但能称得上是国家级和世界级的旅游文化品牌很少,所以应该从以下几个领域来重点打造品牌。首先是文学旅游演艺品牌。河南具有戏曲、武术、杂技等方面的资源优势,应利用这些优势打造如《程婴救孤》《大宋·东京梦华》等类似的演艺品牌,创造一些国内知名的文学节目。其次是文学主题文化节的品牌。如开封的菊花节、洛阳的牡丹花会以及安阳殷商的文化旅游节。把文学资源融入文化庆典,突出庆典的文化内涵,借助文化节这种方式开发文学资源。最后是打造文学主题娱乐园。地方相关部门应建立专门的主题公园,将文化关系密切的作品集中展示出来,促进旅游的开发,以此来突出该地的历史优势和文化特色。

案例 链接 11-2

成都艺术类文化资源的旅游开发

成都是一座具有几千年文明发展史的国家级历史文化名城,漫长的历史岁月孕育了丰富多彩的古蜀文化。作为蜀文化重要组成部分的艺术类文化资源,以其鲜明的地域特色、浓郁的民族文化气息与独特的美学风范闻名于世。

成都地区艺术类文化作品种类繁多,特色也很鲜明,比如川剧、皮影戏(川灯影)、书画、诗歌、成都曲艺(扬琴、四川评书、竹琴、花鼓、四川相书、四川车灯、清音、金钱板、荷叶、谐剧)等都具有浓郁的地方文化特色和视觉刺激要素,表现形式多元化,富有情趣。

虽然艺术文化品类繁多,但结合成都一些知名景点的关联度却不高,进入著名作品的诞生环境主要有杜甫草堂、薛涛井、望丛祠,但以杜甫草堂所诞生的作品在全国的知名度为最高。

此外,成都市的城市艺术文化氛围还有待进一步提升。成都市目前有美术馆6家,到目前为止,够得达到专业画廊标准的却很少。成都市比较有代表性的画廊有蓝色空间画廊和四川美术家画廊等。送仙桥古玩艺术城是全国三大艺术品市场之一。成都共有演出场所28家,演出团体共计57个。成都市属文化部门电影放映单位(不含社会民营的)共7个,全市共有文化馆10个,还有成都锦城艺术宫等6个演出场所,其中除锦城艺术宫和成都艺术中心的规模较大外,其他的规模较小。

问题讨论:结合上面材料,分析一下如何对成都艺术文化类资源展开开发和利用。

分析参考:

1. 成都主要文艺资源现状评价

艺术类文化资源的吸引力的大小取决于资源本身的知名度、审美度(表现力)及其独特性等综合评价因素。下面将以此三维度就成都主要的艺术类文化资源进行旅游价值评价。

(1)知名度。成都市的艺术类文化资源虽多,但富有知名度的不多。需要不断加强宝贵文艺资源的知名度,通过加大宣传力度使文艺资源知名度提高,以期吸引更多游客,更快更好地发展地方旅游经济。

(2)独特性。成都市的文艺资源丰富且极具地方特色。例如川剧、皮影戏、蜀绣等国内外知名且为地方所独有的文艺资源可以充分地加以利用,以期达到吸引游客的目的。

(3)审美度(表现力)。成都市的艺术文化资源中,绝大部分都较有表现力,或给人以恢宏大气的场面,或给人以色彩的视觉冲击,或令人叹服于手工工艺的精美绝伦。应该充分认识并利用好成都文艺资源给游客带来的视觉、心灵的双重享受,做好宣传,提高艺术类文化旅游资源的旅游价值。

2. 成都艺术文化类旅游资源的开发建议

(1)保证旅游资源的可持续发展。旅游资源可分为可再生性资源和不可再生性资源,而艺术类文化资源大多属于不可再生性资源。在成都艺术类文化旅游资源开发与保护的关系上,应坚持"保护与开发并重"的原则,一是对此类资源,应紧紧抓住国家西部大开发的契机,加速旅游开发,提升其知名度,为成都旅游发展创造更广阔的前景;二是对面临失传、逐渐消失的艺术文化资源,需制定相关政策进行战略保留,在维护文化得当的基础上再加以科学合理地利用,实现旅游资源的可持续发展。

(2)提高成都文化资源的知名度。一个城市不管有多么丰富、多少独具价值的艺术文化资源,若不大力宣传促销,游客同样不清楚、不了解。对于成都市的艺术类文化资源开发而言,需要借用现代先进的促销传播工具,这样才能很好地帮助其与游客建立良好的沟通,使得人们能更深入、形象地认识到地方艺术的魅力。

思考与练习

一、实训项目

项目名称	旅游文化资源的利用与开发
实训目的	了解和掌握旅游文化资源利用开发的方式
实训要求	了解旅游文化资源利用开发的方式,能够对现实案例分析其利用开发中存在的问题及不足
准备工作	1. 分组,成员 3~5 人 2. 每组选取一个旅游文化资源开发利用的现实案例
方法	1. 根据班级情况,学生分组 2. 每组选取相关旅游文化资源开发利用的现实案例 3. 小组讨论其资源开发利用中存在的问题和解决措施 4. 小组结合案例汇报 5. 教师点评每组同学的表现

二、简答题

1. 简述宗教文化资源开发的原则。

2. 简述建筑文化资源开发的主要形式。

3. 简述我国饮食文化旅游资源的开发现状。

4. 民俗文化旅游产品都有哪些类型?

参 考 文 献

[1] 沈祖祥.旅游文化学[M].福州：福建人民出版社,2011.
[2] 余意峰,杨俭波.中国传统文化与旅游[M].北京：科学出版社,2011.
[3] 吉良新.旅游文化[M].青岛：中国海洋大学出版社,2010.
[4] 宋采义,程遂营,宋若涛.中国旅游文化[M].开封：河南大学出版社,1999.
[5] 张启.旅游文化学[M].杭州：浙江大学出版社,2010.
[6] 王衍军.中国民俗文化[M].2版.广州：暨南大学出版社,2011.
[7] 白以娟.中外民族民俗[M].北京：旅游教育出版社,2013.
[8] 高照明,赵昭.中国旅游文化[M].北京：冶金工业出版社,2009.
[9] 陈犒.旅游文化[M].北京：北京理工大学出版社,2010.
[10] 潘宝明.中国旅游文化[M].北京：中国旅游出版社,2010.
[11] 庄坚毅.中国旅游文化[M].北京：北京理工大学出版社,2010.
[12] 刘建明.旅游文化[M].上海：华东师范大学出版社,2014.
[13] 黄成林.旅游文化[M].芜湖：安徽师范大学出版社,2010.
[14] 徐日辉.中国旅游文化[M].北京：清华大学出版社,2014.
[15] 闫红霞,李玉华.旅游文化学概论[M].北京：北京大学出版社,2014.
[16] 陈来生.中国旅游文化[M].天津：南开大学出版社,2008.
[17] 潘文焰.旅游文化与传播[M].北京：北京大学出版社,2011.
[18] 邹本涛,谢春山.旅游文化学[M].北京：中国旅游出版社,2012.
[19] 刘敦荣.旅游文化学[M].天津：南开大学出版社,2007.
[20] 周永振.旅游文化概论[M].武汉：武汉大学出版社,2010.
[21] 马勇,余冬林,周霄.中国旅游文化史纲[M].北京：中国旅游出版社,2008.
[22] 朱立新,左薇薇,顾佳琦.旅游文化学[M].天津：南开大学出版社,2012.
[23] 周毅.旅游文化学[M].上海：上海交通大学出版社,2011.
[24] 刘明广.中国旅游文化[M].北京：经济管理出版社,2014.
[25] 姚昆遗,贡小妹.旅游文化学[M].北京：旅游教育出版社,2010.
[26] 李朝军,郑炎.旅游文化学[M].大连：东北财经大学出版社,2010.
[27] 王明强,曹菊枝.中国旅游文化[M].天津：南开大学出版社,2011.
[28] 张维亚.旅游文化[M].大连：东北财经大学出版社,2011.
[29] 王明星.文化旅游[M].天津：南开大学出版社,2008.
[30] 韦燕生.中国旅游文化[M].北京：旅游教育出版社,2014.
[31] 王仁湘,贾笑冰.中国史前文化[M].北京：商务印书馆,1998.
[32] 梅鹏.中国旅游文化[M].北京：中国人民大学出版社,2011.
[33] 沈祖祥.旅游文化学导论[M].福州：福建人民出版社,2006.
[34] 陈水雄,等.旅游文化概论[M].哈尔滨：哈尔滨工程大学出版社,2012.
[35] 蔡敏华,刘秀峰.新编旅游文化[M].杭州：浙江大学出版社,2011.
[36] 王明煊,胡定鹏.中国旅游文化[M].杭州：浙江大学出版社,1998.
[37] 曲玉镜,邹本涛.旅游文化新论[M].北京：知识产权出版社,2013.
[38] 赵宏.中国旅游文化概览[M].西安：西安交通大学出版社,2010.
[39] 石云霞,祁超萍.中国旅游文化概论[M].天津：南开大学出版社,2013.
[40] 李伟.中国旅游文化[M].北京：清华大学出版社,2013.
[41] 张祖群.旅游文化与鉴赏[M].北京：对外经贸大学出版社,2013.